《무신론자 아버지 vs. 신학자 아들》은 이미 수많은 독자에게 거대하고 긍정적인 영향을 끼쳐 왔다. 이 책의 재출간은 새로운 세대의 독자들에게도 큰 기쁨이 될 것이다. 그레고리와 그의 아버지가 주고받은 서신은 그 자체로 매우 흥미진진하다. 무엇보다 기독교에 대한 아버지의 날카로운 질문들에 대한 저자의 답변은, 내가 지금까지 읽어본 것 중 가장 분별력 있고 성경적이며 이성적이다. 만약 내가 미국의 모든 청년에게 이 책을 필독서로 지정할 수 있다면 기꺼이 그렇게 할 것이다. 그렇게 된다면, 기독교가 삶의 근원적인 질문들에 대해 지적으로 만족스러운 해답을 제시한다는 새로운 인식을 심어줄 수 있을 것이다.

— 로저 E. 올슨 | 베일러 대학교 신학 교수,
《현대 신학이란 무엇인가》 저자

이 책이 재출간된 것은 매우 반가운 일이다. 특히 최근 기독교 신앙에 대한 무신론적 공세가 빗발치는 상황이라는 점에서 더욱 그렇다. 이 매력적인 책은 탄탄한 연구가 뒷받침되어 있고 깊이가 있으면서도, 읽기 쉽고 흥미롭다. 여러분 자신을 위해 한 권, 주변의 회의주의적인 지인을 위해 한 권을 꼭 구입하기 바란다.

— J. P. 모어랜드 | 바이올라 대학교 철학 석좌교수,
《그리스도인을 위한 지성 활용법》 저자

《무신론자 아버지 vs. 신학자 아들》은 단연코 이 분야 최고의 책이다. 이처럼 다양하고 중요한 변증학적 주제들을 이토록 읽기 쉬운 형식으로 소개하는 책은 없을 것이다. 특히 그레고리 보이드가 아버지의 질문에 답하는 정직하고도 사랑이 담긴 태도는 변증가가 되고자 하는 모든 이들에게 귀감이 될 만하다. 이 책을 사서 읽으라. 그리고 기독교 신앙에 의문을 가진 이들에게도 선물하라.

— 짐 베일비 | 베델 대학교 신학 및 변증학 교수

실제 삶은 우리에게 최고의 스승이며, 이 책에 가득 담긴 지혜의 원천이기도 하다. 그레고리 보이드는 자신의 개인적인 탐구를 통해 그리스도를 믿는 신앙의 깊은 지혜를 발견했다. 그리고 그 지혜를 사랑과 존중이 담긴 대화를 통해 아버지 에드워드 보이드와 함께 나누었다. 만약 누군가 자신만의 영적 탐구를 이어가고 있거나 삶의 가장 중대한 질문들에 대해 대화하는 이가 있다면, 이 책은 바로 당신을 위한 책이다. 이보다 더 강력하게 추천할 만한 책은 없다.

— 데이비드 K. 클라크 | 베델 신학대학원 신학 교수

무신론자 아버지 vs. 신학자 아들

무신론자 아버지 vs. 신학자 아들

Letters from a Skeptic

무신론자 아버지
vs.
신학자 아들

그레고리 보이드 · 에드워드 보이드

정옥배 옮김

완고한 무신론자 아버지와 복음주의 신학자 아들
사이의 지적이고 영적인 대화 29편

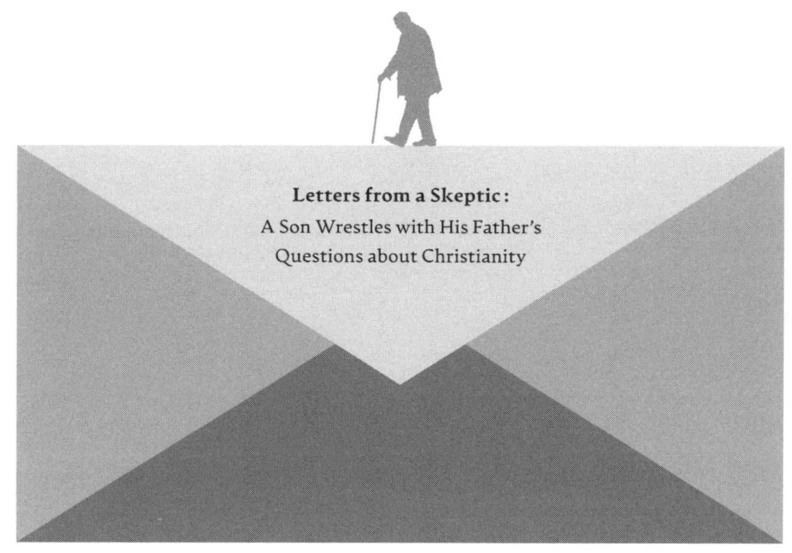

비전북

알라일 보이드(Arlyle Boyd)를

그리워하며

알라일 보이드(Arlyle Boyd)를

그리워하며

나는 왜 아버지에게
편지를 쓰기 시작했나

상당히 지적이고 심히 회의적인 데다 고집도 센, 나이 일흔의 내 아버지보다 회심 가능성이 더 **희박한** 사람이 또 있을까? 아버지는 내게 일말의 희망조차 주지 않으셨고 복음에 관한 한 한 번도 마음을 여신 적이 없었다. 교회에 대해서는 적개심이 가득했고, 아버지가 '거듭난 족속들'(born-again types)이라고 부른 사람들에게도 노골적으로 증오심을 보이곤 하셨다.

내가 그리스도인이 된 이후 아버지와 편지 왕래를 시작하기 전 14년 동안 우리는 신앙에 관해 대화를 나눈 적이 거의 없었다. 그나마 몇 마디 주고받을 때도 상당히 거북했고 별 효과도 없었다. 솔직히 나는 아버지가 구원받으리라는 소망을 버린 지 오래였다.

그럼에도 1989년 3월부터 나는 '아버지와 기독교 신앙에 대해 한 번 더 얘기해 보라, 이번에는 직접 얼굴을 보고 할 게 아니라 편지로 시도해 보라'는 주님의 강한 인도를 느꼈다. 결국 나는 오랜 시간이 걸리더라도 우리가 서로 가진 패를 테이블 위에 전부 올려놓고 솔직한 대화를 해 봐야겠다고 생각했다. 나는 아버지에게 기독교 진리를 반대하는 이유를 전부 제기할 기회를 드리고 싶었다. 그러면 아버지도 내게 그 이유들에 답할 기회와 더불어 기독교 신앙에 대해 긍정적 근거를 제시할 기회를 주시지 않을까. 솔직히 말해, 처음에는 이 대화에서 건질 게 별로 없을 거라 생각했다. 하지만 밑져야 본전 아닌가?

놀랍게도 아버지는 내 제안을 받아들이셨다. 그 이후로 3년 간 30여 통의 편지가 오고 간 뒤, 1992년 1월 15일 나의 아버지 에드워드 보이드(Edward K. Boyd)는 드디어 예수님을 삶의 주님이요 구세주로 받아들이셨다.

몇 가지 이유로, 나는 이 편지들을 공개하는 것이 의미 있다고 생각한다.

첫째, 내 경우처럼 수많은 그리스도인 주변에는 믿지 않는 사람들이 많다. 그들 중 일부는 나의 아버지처럼 지극히 합리적이고 회의적이어서 겉보기에는 전혀 구원의 소망이 없어 보일 수도 있다. 그래서 나는 나와 비슷한 상황에 처한 사람들이 이 편지들을 통해 소망뿐 아니라 필요한 정보도 얻을 수 있기를 원하고 기도한다. 여기서 아버지가 제기했던 질문과 반론들은, 사실 비신자들이 기독교에 관해 가장 빈번하게 제기하는 문제들이다.

둘째, 이 대화는 아버지처럼 기독교 진리를 주의 깊게 살펴보고 있는 불신자들뿐 아니라 신앙의 본질적인 문제로 씨름하는 신자들에게도 도움이 될 것이다. 아버지가 던진 예리한 질문들은 기독교 신앙에 반대하는 거의 모든 주제를 다루고 있다.

마지막으로, 이 편지들이 변증학과 개인 전도를 공부하는 사람들에게도 유용할 것이라고 믿는다. 우리는 변증학이 복음 전파 현장에서 실제로 발생하고 있는 일들과는 상관없는 '상아탑' 속 학문이라고 보는 편견이 있다. 또한 기독교 신앙이 본질상 지성보다는 도덕적이고 종교적인 것이라고 생각하기 때문에 죄인들에게 진정 필요한 것은 언제나 '설교'라고 여기는 경향이 있다. 이 편지들이 이러한 잘못된 신화를 제거하는 데 일조하기 바란다.

물론 비신자가 복음을 반대하는 이유는 언제나 영적인 차원이기 때문에(고후 4:4), 이성적이고 합리적인 답변만으로는 회심에 이르기에 결코 충분하지 않다. 그래서 언제나 기도와 영적 전투가 필요한 것이다. 그렇다고 해서 비신자들이 믿음을 갖는 데 장애가 되는 이성적 사고가 전부 부당하다는 것은 아니다. 또한 신자들도 자신들이 지닌 믿음의 이성적 근거에 대해 서로 이야기해야 할 책임이 있다. 오히려 성경에서는 그러한 책임을 당연하게 여긴다(벧전 3:15).

이 편지들은 복음에 대한 비신자의 저항에 지적인 요소와 영적인 요소가 어떻게 결합될 수 있는지, 또 어떻게 그 요소들을 동시에 다룰 수 있는지 보여 주는 실례다. 더불어 변증학이 얼마나 실제적이고 효과적일 수 있는지, 그래서 하나님이 복음의 빛에 둔감했던 사람의 마음을 지적 영역을 통해서 어떻게 움직이고 변화

머리말

시켜 주시는지 보여 준다. 아울러, 이 편지는 변치 않는 사랑과 복음에 대한 솔직한 의사소통이 사람을 변화시키는 능력을 지니고 있다는 사실을 증언한다.

이 편지에 대해 한 가지 덧붙여야 할 것 같다. 아버지와 나는 주고받은 편지 원본을 가능한 한 그대로 보존하려고 애썼다. 물론 내용의 명확성과 체계를 위해 주제별로 배열하는 편집 과정은 거쳤지만 가능하면 원래 표현들을 유지하려고 노력했다.

대부분의 경우, 아버지가 사용한 비속어를 굳이 '삭제'하려 하지는 않았다. 그런 표현을 빼 버리면 우리 대화가 실감나지 않을 거라고 생각했기 때문이다. 이 점이 거슬리는 독자들이 계시다면 먼저 용서를 바란다. 마찬가지 이유로 생생한 대화를 위해 때로 성경 말씀을 내가 임의로 풀어서 인용한 것도 모두 포함시켰다. 정확하게 성경 그대로 인용한 경우에는 NIV(*The New International Version*)에서 가져왔다.

이 편지들을 책으로 엮는 데 도움을 준 많은 분들에게 감사를 전하고 싶다. 베델 대학에서 중급 변증학 강의를 들은 학생들의 통찰력 있는 논평과 편집에 대한 제안에 깊이 감사드린다. 그 강좌가 채 끝나기 전에 아버지가 회심한 기쁨을 함께 나눌 수 있어서 정말 기뻤다.

또한 베델 대학과 오픈도어 교회에서 이전 나의 변증학 강의를 들은 이들에게도 감사드린다. 그들 역시 강의가 진행되는 동안 아버지가 보낸 편지들을 함께 읽고 많은 제안을 해주었다.

무엇보다 편지 속에 열린 마음으로 자신의 생각과 느낌과 시간을 쏟아부어 주신 아버지께 마음 깊이 감사드린다. 아버지의 솔직하고 꾸밈없는 마음과 진지한 태도는 우리가 주고받은 편지들을 처음부터 끝까지 빛나게 해주었다. 그뿐 아니라 애초부터 내가 가르치는 학생들에게 편지를 공개하고 우리 대화 전체를 함께 나눌 수 있도록 허락해 주셔서 감사드린다.

마지막으로 아버지와 나는 우리 주 예수 그리스도께 가장 큰 감사를 드린다. 우리 두 사람의 삶에서 입증되었듯이 주님의 은혜는 정말로 놀랍다! 이 편지 모음이 다른 사람들, 어쩌면 구원의 희망이 없다고 느끼는 이들에게도 동일하게 '놀라운 은혜'로 임할 수 있기를 기도한다.

그레고리 보이드

머리말

차례

2부 예수에 관한 질문

3부 성경에 관한 질문

4부 삶과 교리에 관한 질문

소망을 품고
아버지께

To Dad, with hope

아버지와 새어머니는 햇살 가득한 플로리다에서 별고 없이 잘 지내고 계신지요. 저희 가족은 감기 바이러스가 끈덕지게 따라다니는 것만 빼면 미네소타의 긴 겨울 끝자락을 상당히 잘 헤쳐 나가고 있답니다. 그런데 정말 봄이 오긴 오나요?

아버지가 관심 가지실 만한 소식 하나 전할게요. 어제 미네소타 이슬람센터(Islamic Center of Minnesota)에서 초대장이 왔어요. 미네소타 대학의 유명한 무슬림 학자 한 명과 삼위일체를 주제로 공개 토론회를 해 달라는 내용이었는데요. 전문 토론가인 그 무슬림 학자는 학문적인 면에서 백과사전과 다름없는 사람이지만, 어쨌든 저는 그 초청에 응하기로 했답니다. 사실 조금 위축되기도 하고, 이런 기회를 얻게 돼서 흥분되기도 하네요. 그 토론회는 4월 13일에 있을 예정이랍니다.

이제 이 편지를 쓰게 된 이유를 말씀드릴게요. 아버지도 아시다시피 저는 여기 베델 대학에서 변증학을 가르치고 있습니다. 변증학이란 기독교를 반대하는 비그리스도인들의 반론에 맞서 기독교 신앙을 변호하고 기독교 신앙이 필요한 이유들을 제시하는 학문이지요. 변증학은 학문 영역에서 제 첫사랑입니다. 4월에 있을 무슬림 학자와의 토론은 변증학 실습이 될 거예요.

제가 한 번도 말씀드린 적 없어서 모르셨겠지만, 저를 이 분야에 뛰어들게 해주신 **아버지**께 감사하다는 말씀을 드리고 싶어요. 14년 전쯤 제가 그리스도인이 되었을 때 아버지는 제가 어떤 무분별한 사이비 종교에 말려든 게 아닌지 심히 염려하셨지요? (물론 아버지의 염려가 전혀 틀린 건 아니었지요!) 아버지는 계속해서 질문하고 반대 의견을 말씀하면서 제 신앙에 도전하셨어요. 물론 그때는 그리 달갑지 않았지만 지금은 정말 감사히 여긴답니다. 그로 인해 제가 왜 하나님을 믿는지 더 진지하고 비판적으로 생각하게 되었거든요. 결국 아버지 덕분에 저는 변증학을 공부하게 된 거랍니다.

그렇지만 그로부터 1년 뒤쯤 기독교에 관한 우리의 대화는 중단되었지요. 그 사이 제 신앙이 더 성숙해지고 덜 **편협해졌기에** 아버지의 염려도 그만큼 줄어들었기 때문이라고 생각해요. 그 후 몇 번인가 가볍게 기독교를 대화 주제로 꺼낸 적은 있지만, 아버지와 그 문제를 깊이 추적해 나간 경우는 없었습니다. 이 편지의 요점이 바로 그와 관련된 거예요.

아버지, 저는 제가 왜 지난 14년간 계속 그리스도인으로 살아

왔는지 아버지와 진실하고 깊은 대화를 나누고 싶어요. 그건 단지 제가 변증학을 좋아하기 때문만이 아니라 아버지를 **사랑하기** 때문입니다. 가장 소중한 것을 사랑하는 이와 함께 나누고 싶어 한다고 해서 저를 비난할 사람은 없겠지요.

예수 그리스도를 향한 저의 믿음, 그리고 그분의 구원의 능력과 사랑에 대한 경험은 저에게 세상에서 가장 소중하고 중요한 것입니다. 저는 그리스도와의 관계가 이 땅에서 한 인간이 가질 수 있는 가장 귀한 경험이라고 믿어요. 그 관계가 저를 영원한 세계로 연결해 주기 때문이지요.

그런데 애당초 아버지의 염려와 관심 덕분에 제가 이 분야에 발을 들여놓게 되었는데, 정작 아버지와는 기독교에 대해 깊이 논하지 않고 다른 사람들과의 토론에만 시간을 많이 쓴다는 게 뭔가 이상하고 잘못되었다는 생각이 들었어요. 그래서 이제 일흔이 되신 아버지와 이 토론을 시작할 때가 되었고, 부자(父子) 관계 면에서도 서로의 철학을 솔직히 나눠 보는 게 좋겠다는 생각이 들었습니다.

물론 아버지가 어떤 분인지 알기에 제가 아버지께 '설교'하는 건 아무 소용없으리라는 것도 잘 압니다. (제가 그리스도인이 된 첫해에는 그렇게 하려고 노력했지요. 기억하세요?) 믿어 주세요, 지금은 그럴 마음이 전혀 없으니까요. 그보다는 기독교에 대해 저와 지속적으로 토론해 보는 게 어떠하신지 여쭤 봅니다. 저는 아버지가 그리스도인이 되기를 거부하는 이유를 직접 말씀하실 기회를 드리고 싶고, 저 역시 제가 왜 예수 그리스도를 믿는지 아버지께 말씀드릴 기회를 갖고 싶을 뿐입니다.

제 부탁을 들어주시겠어요? 저는 최소한 이 대화가 저희 둘 모두에게 좋은 자극이 되고 서로를 더 잘 알아 가는 계기가 되리라고 믿어요! 믿음에 대한 도전은, 그것이 어떤 믿음이든지 간에 언제나 좋은 일이지요. '불 고문'을 견딜 수 없는 믿음이라면, 고수할 만한 가치가 없겠지요. 기독교가 되었든 무신론이 되었든 말이에요. 그러니 우리, 사랑 안에서 서로 도전해 보면 어떨까요? 아버지, 어떻게 하시겠어요?

1989년 3월 10일
희망을 품고서, 당신의 아들 그렉 올림

1부

하나님에 관한 질문

기독교는 왜 그렇게
많은 해를 끼쳤는가?

Why has Christianity done so much harm?

사랑하는 그렉에게

어제 네 편지를 받고 많은 생각이 들었다.

네가 무슬림 학자와 토론을 한다니 무척 흥분되고 거기 참석해서 네가 토론하는 모습을 보고 싶구나. 혹시 가능하다면 그 토론 녹음테이프를 보내 줄 수 있겠니? 알려 주기 바란다.

네 말대로 기독교를 주제로 대화해 보자는 생각은 꽤 흥미로울 것 같다. 기꺼이 그렇게 하마. 나는 시간이 충분하니 말이다. 하지만 그렉, 네가 나를 너무 치켜세우는 것 같구나. 나의 신조(혹은 불신)는, 내가 갖고 있는 어떤 긍정적인 견해보다는 부정적인 것에 근거한단다. 나는 종교적이거나 정치적인 관점에 대해서는 잘못된 점들을 발견할 수 있지만, 나라는 한 개인의 믿음, 적어도 종교에 관해서는 확고한 근거를 갖고 있지 않아. 다만 내가 믿지 않는다는 것만 확실히 알고 있을 뿐, 어떤 종류의 '믿음'과 '세계관'이 옳은 것인지는 사실 잘 모른다. 또한 너와는 달리 나는 훈련받은 철학자가 아니지 않니? 그러니 네가 학위 논문 쓰듯 내게 글을 쓰려 한다면 일찌감치 그만두기 바란다. 그렇게 한다면 나는 네 말을 전혀 이해할 수 없을 테니까.

그렉, 너도 알다시피 나는 네가 받아 온 교육에 감탄을 금치 못한다. 그리고 네가 자유주의적인 학교들에 다녔음에도 불구하고 어떻게 지금껏 기독교 신앙을 견지할 수 있는지도 종종 궁금했단다. 사실 그래서 더 당혹스럽기도 하다. 나로서는 기독교의 모든 것이 상당히 받아들이기 어렵거든. 하지만 나는 한 번도 논쟁을 사양한 적이 없는 사람이다. 그러니 지금이라고 사양할 게 뭐 있겠니?

마음에 떠오르는 어떤 반대든 말해 보라고 했지? 그러니 바로 본론으로 들어가마. 내가 아주 궁금하게 여기는 문제가 있다. 그건 그토록 전능하고 사랑 많은 신이 어떻게 교회가 인류에게 그토록 오랫동안 많은 해를 끼치도록 허용했는가 하는 점이다. 지상에서 하나님을 대리하는 존재가 바로 교회라면, 그렇게 해서는 안 되는 것 아니냐? 내가 가톨릭교회에 나갈 때는 그렇게 배웠다.

그래서 나는 그리스도인들이 '거룩한' 십자군 전쟁 동안 여자와 어린이들을 포함하여 무슬림과 유대인들을 대량 학살하고 있을 때 하나님은 대체 어디 계셨는지 궁금하다. 또 왜 하나님은 스페인 종교 재판 동안, 스페인에서 '하나님의 백성'이 유대인 '불신

첫 번째 편지

자'들을 화형시키도록 내버려두었느냐? 또 왜 사랑이신 하나님이 교회로 하여금 유대인 대학살과 같은 일에 참여하도록 허용했으며, 그 모든 것을 '하나님의 이름으로' 하도록 했느냐는 말이다.

내 생각에는 이런 사실만 봐도 교회에는 제대로 된 철학이 전혀 없다는 것을 입증하기에 충분한 것 같다. 그리고 몇몇 책들을 '신성한' 것이라고 뽑아서 '성경'이라고 엮어 놓은 것도 바로 그 교회가 아니더냐? 이것만으로도 성경을 웃음거리로 만들기에 충분해 보이는구나.

기독교를 반대하는 이유를 하나 말해 보라고 했지? 자, 이제 한 가지를 말했으니 너의 대답을 기다리마.

셸리와 아이들에게 나의 사랑을 전해 주렴.

1989년 3월 13일
언제나 너를 사랑하는 아버지가

사랑하는 아버지께

보내 주신 편지 정말 감사해요. 이번 토론회 녹음테이프를 구할 수 있다면 꼭 보내 드릴게요. 전에 이런 토론들을 비디오로도 찍어 놓았다는 걸 알거든요. (저와 함께 논쟁할 그 사람은 그런 비디오테이프를 300개나 보관하고 있어요!) 하지만 이 토론회를 후원하는 무

슬림 협회에 어떤 계획이 있는지는 저도 잘 모르겠어요. 나중에 알게 되면 더 자세히 알려 드릴게요.

아버지가 기독교에 대해 지속적으로 토론하는 일에 기꺼이 관심 가져 주셔서 정말 기뻐요. 이 일은 분명 우리 모두에게 흥미롭고 좋은 자극이 될 거예요. 아버지 말씀대로, 아버지가 '무엇을 믿는가'보다는 '무엇을 믿지 않는가'를 더 확신하고 계시다는 것을 알겠습니다. 어느 쪽이든 상관없어요. 참된 이론이 참되다고 증명하기보다는 틀린 이론이 틀렸다고 증명하는 것이 언제나 쉬운 법이니까요. 그러니 아버지가 참되다고 생각하는 것보다 틀렸다고 생각하는 것에 더 관심 가진다는 것은, 건강하고 비판적인 정신을 지니고 있다는 증거라고 봅니다.

다만 기독교가 전통적으로 가르쳐 온 중심 신조들 중 적어도 일부는 참된 것일 수도 있다고 열린 마음으로 들어 주시면 좋겠어요. 제가 유일하게 변호하고자 하는 바는, 기독교의 근본 신앙이 삶의 기초로 삼기에 가장 합당하다는 것입니다. 인격적이고 사랑 많으신 하나님이 예수 그리스도 안에서 자신을 궁극적으로 계시하시고 은혜로 구원의 길을 열어 주셨으며, 그분과 교제할 수 있는 수단으로 우리에게 성경을 주셨다는 믿음만큼은 그 어떤 세계관보다 더 잘 입증되어 있다고 생각합니다.

솔직히 말씀드리면, 제 목표는 아버지께 이러한 진리들을 납득시켜서 아버지가 예수 그리스도와 개인적인 관계를 맺도록 하는 것이에요. 저는 이런 관계가 주는 삶의 충만함, 평화, 기쁨을 직접 체험해 보았기 때문에 잘 알거든요. 이제 이것을 아버지와 함께 나누고 싶습니다. 물론 아버지가 요청하신 것처럼 비전문가의 입장에서 토론해 나갈 것을 약속드려요.

아버지가 지난 편지에서 제기하신 문제는 정말 좋은 내용이 었어요. (아버지의 겸손한 걱정처럼 절대 아버지를 치켜세우려고 드리는 말씀이 **아니에요**.) 아버지의 문제 제기에 대한 제 첫 번째 답변은, 가톨릭이나 다른 어떤 종교가 행했거나 앞으로 행할 일에 대해서 하나님이 모두 책임지실 필요는 없다는 것입니다. 성경이 말하는 하나님, 즉 예수 그리스도 안에서 성육신하신 하나님을 사랑의 하나님이라고 표현할 때에는 그 속에 자유의 하나님이라는 의미도 포함된다고 생각해요. 자유 없이는 사랑을 가질 수 없기 때문이지요. 한 가지 놀라운 사실은, 우리가 바로 하나님처럼 자유의지를 지니고 창조되었다는 것입니다. 그래서 우리는 사랑을 선택할 능력과 함께 반대로 악을 선택할 수 있는 잠재력도 가지고 있지요.

우리가 저지른 악, 심지어 '하나님의 이름으로' 저지른 악의 책임자가 하나님이시라는 말은, 인간이 그저 하나님이 미리 계획하신 프로그램에 따라 행동하는 로봇에 지나지 않다는 뜻입니다. 만일 그게 사실이라면 우리는 절대 사랑할 수도, 사랑받을 수도 없는 존재였을 거예요. 저는 궁극적으로 세상에 있는 모든 악은 하나님으로부터가 아니라, 이것저것 선택할 수 있는 사람의 자유의지에서 온다고 생각해요. 하나님이 뜻하시고 행하시는 것은 언제나 선합니다. 선하지 않은 것은 무엇이든 하나님이 아닌 다른 존재로부터 유래된 것이지요.

아버지가 말씀하신 대로, '기독교 교회'가 역사적으로 하나님의 이름을 이용해서 자행한 악에 대해서 저도 잘 알고 있어요. 다만 저는 '기독교'라는 이름 아래서 자행된 모든 것이 반드시 다 기독교적인 것이 아님을 말할 수 있을 뿐입니다. 기독교는 일종의 종교나 제도가 아니라 **관계**입니다. 기독교 안에는 진정한 기독교인들, 즉 예수 그리스도와 더불어 구원과 변화의 관계를 맺은 진정한 사람들이 있어 왔고, 오늘날까지도 존재합니다. 이 점은 기독교가 (악행에도 불구하고) 세상에 끼친 큰 선한 영향력을 설명합니다. 하지만 기독교라는 '종교', 교회라는 '제도' 자체가 그리스도인은 아니에요. 제도가 아니라 사람만이 그리스도인이 될 수 있기 때문입니다.

그래서 저는 기독교와 '기독교 교회'를 확실하게 구분하고 싶습니다. 이 두 가지는 이름만 비슷할 뿐 아무런 공통점도 없어요. 저는 '기독교'라는 이름으로 행해진 모든 것을 변호할 생각은 추호도 없습니다. 아버지와 마찬가지로 저 역시 그중 많은 것에 매우 분노하고 있거든요.

답장을 보내 주신 것에 다시 한번 감사드려요. 우리가 이런 문제를 솔직하게 대화로 나눌 수 있어서 얼마나 기쁜지 말로 다 할 수 없답니다. 제가 한 얘기를 잘 생각해 보시고 아버지의 생각을 말씀해 주세요. 아셨죠?

1989년 3월 16일
아버지를 사랑하는 아들 그렉 올림

첫 번째 편지

세상은 왜 이토록 많은 고난으로 가득 차 있는가?

Why is the world so full of suffering?

사랑하는 그렉에게

네가 답장을 바로 해주니 좋구나. 바쁜 일정 중에 이렇게나 빨리 편지를 써 보낼 시간이 있다니 놀랍다. 하지만 나는 시간이 넉넉하니 천천히 답해 줘도 괜찮다. 너와 마찬가지로 나 역시 우리의 생각을 나눌 기회를 갖게 돼서 기쁘구나.

네가 '기독교 교회'와 '그리스도인들'을 구분한 것은 흥미롭고도 새롭더구나. 하지만 솔직히 나는 그 구분에 찬성하지 않는다. 교회는 지상에서 하나님의 권한을 위임받은 존재가 되어야 하는 것 아니냐? 아니면 그런 생각은 그저 내가 우연히 갖게 된 가톨릭적인 개념인 것이냐? 어쨌든 교회가 세상을 구원하기 위한 하나님의 통로가 되어야 한다면, 누구라도 하나님이 교회의 활동 중

하나님에 관한 질문

적어도 일부라도 감독해야 한다고 생각할 게다.

하지만 이건 내가 '오직 사랑이신 하나님'이라는 개념에 대해 품고 있는 문제들 중 아주 작은 부분에 불과하다. 문제는 교회 안에 있는 악뿐 아니라 전 세계에 퍼져 있는 악이지. 하나님이 이 세상을 만드셨고 아끼신다면, 왜 세상에는 그토록 많은 고난이 있는 것이지?

너는 지난 편지에서, 하나님이 인간에게 옳거나 그른 일을 선택해서 할 수 있는 자유를 주셨기 때문에 하나님에게는 책임이 없다고 답했지. 하지만 그렉, 나는 그 문제를 그렇게 쉽게 일축해 버릴 수는 없다고 생각한다. 해로운 일을 하기로 결심한 그 자유가 죄 없는 사람들에게 고통과 고난을 가져온다면, 하나님은 네가 말하는 것처럼 '사랑 많으신' 분이 전혀 아닌 게다!

나는 여기 플로리다에서 십대 소녀를 강간한 후 그 여자아이의 두 팔을 잘라서 무참히 살해했던 한 미치광이가 감옥에서 7, 8년 만에 풀려났다는 기사를 읽었을 때, 이 문제에 대해 생각해 봤다. 물론 범죄를 저지르기로 한 건 그 미치광이의 자유로운 선택이었지. 하지만 죄 없는 소녀에게는 어떤 선택권이 있었느냐? '사랑 많으신' 하나님이 그 여자아이를 완전히 잊어버리신 것이냐? 왜 하나님은 범죄자의 자유는 존중하면서 희생자의 자유는 존중하지 않는단 말이냐?

이와 비슷한 또 다른 상황은, 수백만의 사람들을 굶어 죽게 만드는 아프리카의 기근이다. 자연의 물 공급이 엉망이 되면서 어린 아이들을 포함하여 수만 명의 무고한 사람들이 선택의 여지 없

31

이 끔찍한 죽음을 맞이하지. 이 모든 일이 일어나는 동안 '사랑 많고 보호하시는' 하나님은 도대체 어디 계셨지? 아니면 하나님이 잠깐 그들을 잊어버리기라도 하셨던 게냐? 어떤 멍청한 전도자의 말처럼 사람들의 어떤 죄 때문에, 이를테면 그들이 무슬림이라는 것 때문에 그들을 벌하고 계셨다는 말이냐? 그런 거라면 그냥 그들을 잊어버린 하나님보다 더 지독한 하나님이 될 게다!

요점은, 이 세상이 전능하신 사랑의 하나님이 배후에 계신 것처럼 보이지가 않는다는 거야. 네가 자유에 대해 설명했다만, 그렇다고 해서 상황이 그리 나아지는 것 같지는 않구나.

오늘은 이 정도로 하자. 네 편지 기다리마.

1989년 3월 23일
많은 사랑을 담아 아버지가

사랑하는 아버지께

아버지, 아버지가 매우 중요한 부분을 지적하고 계시다는 걸 인정할 수밖에 없네요. 아버지는 유신론자가 직면할 수 있는 가장 난해한 질문들을 제기하고 계세요. 이건 정말 훌륭한 소재랍니다.

아버지는 사랑 많은 하나님이라면 어떻게 한 여자아이가 미치광이에게 강간당하고 신체가 절단되도록 내버려두실 수 있는

32

지 의아하다고 생각하시지요? 그래서 하나님이 이 미치광이에게 자유의지를 주셨다는 설명에 수긍하지 않으셨어요. 이 말은 즉, 그 여자아이의 (침해당한) 자유의지는 전혀 고려되지 않았다는 거니까요.

이건 어떤 대답도 할 수 없을 만큼 무척 어려운 문제입니다. 사실 이런 악몽 같은 일에 정서적 충격을 받았을 때, 하나님과 세상 모든 것에 화를 품는 것은 너무나 당연합니다. 이러한 비극 속에서 즉각 분노하는 것은 온당한 반응일 거예요. 실제로 성경에는 많은 '믿음의 영웅들'(예를 들면, 욥, 다윗, 예레미야)의 솔직한 질문들과 심지어 그들의 성난 기도까지 기록되어 있어요. 하나님은 우리의 분노나 의심에 어떠한 위협도 느끼지는 않으시지만요.

하지만 마침내 혼란이 가라앉고 나면, 이러한 악이 정말로 누구 책임인가 하는 문제를 깊이 생각해야 할 때가 옵니다. 그리고 그때 그 책임을 하나님께 물을 수 없다는 것이 제 주장입니다.

아버지, 제가 보기에는 하나님이 자신의 피조물들에게 자유의지를 주려 하신다면 그들에게 그 자유를 오용할 수 있는 가능성도 허락하실 **수밖에** 없는 것 같아요. 비록 그것이 다른 사람들에게 해를 끼친다 해도 말이지요. 자유롭다는 것은 도덕적 책임을 진다는 것이고, 이것은 곧 서로에게 도덕적 책임이 있다는 말이지요. 사랑하거나 사랑하지 않을 자유가 다른 사람을 풍요롭게 하거나 또는 해를 끼치는 자유가 아니라면, 그건 대체 무슨 의미가 있을까요? 하나님이 자유의지를 주지 않으셨다면 우리 인간은 그저 사랑이 불가능한 로봇이나 마찬가지였을 겁니다. 하지만 그런 피

두 번째 편지

조물은 별로 창조할 만한 가치가 없지 않나요?

그렇다면 왜 하나님은 어떤 누군가가 자유를 오용하여 다른 이에게 해를 끼치려 할 때마다 간섭하지 않으실까요? 제 생각에 그 답은 자유의 본질에서 찾을 수 있습니다. 오용되려 할 때마다 방해받는 자유라면 그것 역시 자유가 아닌 것이지요.

이렇게 생각해 볼까요? 제가 딸 디나이에게 5달러를 준다면, 아이가 그 돈을 어떻게 쓸지 제가 완전히 통제할 수 있을까요? (저의 판단으로) 그 아이가 돈을 지혜롭지 못하게 쓰려 할 때마다 매번 간섭한다면, 그 돈이 진실로 **그 아이** 돈이라고 할 수 있나요? 정말 제가 그 아이에게 무언가를 **준** 것일까요? 아이가 자기 돈으로 살 수 있는 것이 아이 아빠인 제가 쓸 만하다고 생각하는 것들뿐이라면, 그 돈이 정말로 **그 아이** 돈이라고 할 수 있어요? 그것은 여전히 제가 아이를 통해 간접적으로 사용하는 **제** 돈이라고 봐야 하지 않나요?

마찬가지로 하나님이 우리에게 진짜로 자유를 주셨다면, 그것은 적어도 **무를 수 없는** 것이 되어야 합니다. 어느 범위 내에서 하나님이 '손을 떼셔야' 한다는 것이지요. 하나님은 자신이 하고 싶은 대로 할 수 있는 자유인을 창조하셨지, 매번 하나님을 기쁘게 하는 일만 하는 도구를 창조하지는 않으셨으니까요.

제 글이 까다로운 문제를 이해하는 데 조금이나마 도움이 되셨기를 바랍니다. 제 생각이 옳다면, 사람들이 서로에게 가하고 있는 끔찍한 악은 이 세상이 사랑이 가능한 곳이 되기 위해 불가피한 것입니다. 하나님도 어찌할 방도가 없는 요소이지요. 아버지에게 다른 의견이 있으시면 알려 주세요.

답장 기다릴게요.

1989년 3월 29일
언제나처럼 사랑을 가득 담아서, 그렉 올림

자유는 과연 모든 고난을 감수하고도
얻을 만한 가치가 있는 것인가?

Is the risk of freedom worth all the suffering?

사랑하는 그렉에게

너와 네 가족 모두 잘 지내리라고 믿는다. 무슬림과의 토론은 어떻게 진행되고 있니? 지난번 편지에 답장이 조금 늦어져서 미안하구나. 그 편지를 받고 꽤 오랫동안 생각을 해야 했거든.

자유와 책임의 관계에 대한 너의 논점에는 뭔가 사람을 끄는 게 있어 매우 흥미로웠다. 하지만 성가신 질문을 또 하나 던지마. 자유를 위해 그토록 많은 것을 거는 창조주가 과연 지혜로운가 하는 질문을 하지 않을 수 없구나. 정말 그럴 만한 가치가 있는 걸까? 수백만 명의 자유를 그리고 생명을 빼앗기는 위험 부담을 안은 채로 히틀러나 스탈린 같은 미친 사람들이 자유를 오용할 수 있는 세상을 만든다는 건, 솔직히 말해 대단히 서툰 경영이다. 하나님이 자유를 그렇게 귀중하게 여긴다면, 도대체 왜 하나님은 자유를 그토록 미약하게 만들어서 한 명의 의지가 수백만의 자유를 망쳐 버리도록 했단 말이냐?

이 모든 게 정말 그만한 가치가 있다고 생각되니? 자유는 좋지만 그게 과연 이 세상에서 우리가 보는 모든 악과 고통을 감내할 정도로 대단한 건지는 의심스럽구나. 미치광이에게 강간당하고 팔이 잘려 나갔던 그 소녀에게 물어 본다면 아마도 그 아이는 분명 그럴 가치가 없다고 대답할 게다. 네가 아우슈비츠의 유대인 희생자들과 이야기한다면 그들은 히틀러의 위대한 자유의지 같은 건 개나 주라고 말할 거야. 네가 만약 말라비틀어진 엄마 젖을 한 방울이라도 더 빨아먹으려고 발버둥 치며 죽어 가는 에티오피아 아기들의 엄마와 이야기한다면 그들은 과연 뭐라고 할 것 같니? 까다롭게 굴어서 미안하구나. 하지만 내가 보기에는 타당한 질문인 듯하다.

1989년 4월 8일
많은 사랑을 보내며, 아버지가

사랑하는 아버지께

우리가 주고받는 편지를 그렇게 진지하게 생각해 주서서 감사해

세 번째 편지

요. 아버지가 얼마나 심사숙고하며 이 편지들을 쓰고 계신지 알겠어요. 그렇게 해주셔서 정말 기쁘고 감사합니다. 아버지가 제기하신 문제는 분명 타당하다고 봅니다.

아버지의 질문에 대한 답으로 네 가지를 말씀드리고 싶어요. 첫째로 자유의 위험은 자유가 지닌 선을 행할 수 있는 잠재력과 정확하게 비례해야 한다고 봅니다. 내가 한 사람만 사랑할 자유를 가지고 있다면, 동시에 나는 한 사람에게만 상처 줄 자유를 가지고 있는 것이지요. 내가 몇몇 사람들을 사랑할 자유를 가지고 있다면 그들 몇몇에게만 상처 줄 자유를 가지고 있는 것입니다. 내가 많은 사람을 사랑할 수 있다면 그들 모두에게 상처 줄 수 있지요.

우리 인간은 악에 대한 놀라운 잠재력과 함께 선을 행할 수 있는 엄청난 잠재력도 지니고 있습니다. 그래요, 세상에는 히틀러나 스탈린 같은 사람들도 있지만 한편으로는 라울 발렌베리(Raoul Wallenberg), 마더 테레사(Mother Teresa), 마틴 루터 킹(Martin Luther King, Jr)과 같은 사람들도 존재해요. 우리에게 수많은 사람들을 억압하고 살해할 잠재력이 있다는 것은, 동시에 우리에게 수많은 사람들을 해방시키고 사랑할 잠재력도 있음을 의미하지요.

왜 아버지가 이것을 '서툰 경영'이라고 보시는지 저는 이해할 수 있어요. 만일 이보다 나은 결과가 나올 수 있는 다른 길이 있다면 그건 맞는 말이겠지만, 제 생각에 다른 길은 없어 보입니다. 이처럼 자유 안에 내재해 있는 선과 악의 가능성 사이의 비례를 소위 형이상학적 진리라고 부르지요. 그것은 마치 삼각형의 세 변과도 같습니다. 참 자유를 가진다는 건, 동시에 그에 따른 위험 부담도 안아야 한다는 것이지요.

그렇다면 그 모든 것이 과연 그만한 가치가 있는 걸까요? 이제 제 두 번째 요점을 말씀드릴게요. 악몽 같은 고통을 겪고 있을 때에는 분명 그럴 만한 가치가 없다고 생각할 것입니다. 물론 이해돼요. 하지만 이 세 가지를 생각해 보세요. 첫째로, 우리 모두는 자신의 삶에서 사랑이 상처를 줄 수 있다는 것을 압니다. 다른 사람을 사랑하면서, 아이들을 키우면서, 깊은 우정을 쌓아 가면서, 우리는 종종 적잖은 고통을 겪지 않나요? 저는 아버지가 이미 아버지 몫의 이러한 고통을 겪으신 것을 압니다. 사람들이 우리를 거부하고, 사랑하는 누군가가 죽고, 아이들은 반항하고… 대개 이런 것들이지요. 하지만 그러면서도 우리는 계속해서 사랑을 합니다. 반대로, 그렇게 하지 않는 것을 비겁하고 비극적이며 대단히 불건전한 것으로 간주합니다. 어떤 사람이 사랑을 하지 않는다면 사랑 때문에 그가 고통을 겪지 않을지는 모르나 그것은 진정으로 사는 게 아닐 것입니다.

하나님도 이와 똑같은 입장에 계신 것은 아닐까요? 물론 하나님이 경험하시는 영역은 우리 인생보다 훨씬 큰 우주이겠지요. 위험 부담이 너무 크다는 것 때문에 사랑이 가능한 세상을 창조하기를 거부한다면 그게 더 하나님답지 않을 거예요. 사랑만이 하나님이 이 세상을 창조할 만한 진정 유일한 이유거든요! 하나님이 귀중히 여기시는 것은 자유를 위한 자유가 아닙니다. 사랑이지요. 자유는 단지 사랑을 가능케 하는 유일한 수단일 뿐입니다.

39

　　다음으로 세 번째 요점을 생각하게 됩니다. 기독교적 관점에서 볼 때, 창조에 수반된 위험은 인간들만 감수하는 게 아닙니다. 세상을 창조하신 하나님도 상당한 위험을 감수하세요. 성경의 지난 역사를 통해 보면, 하나님도 인간들의 잘못된 선택들 때문에 수많은 고통을 당해 오신 것을 알 수 있어요. 하나님이 사람을 사랑하시기 때문에 받으신 고통이지요. 하나님이 호세아서를 통해, 자신을 정숙하지 않은 아내와 결혼했으나 그 아내를 깊이 사랑하는 남편으로 묘사하십니다. 그 아내는 몸을 파는 것으로 자신은 물론 남편과 자녀들에게도 해를 끼칩니다. 이처럼 하나님은 상당한 고통을 감내하면서까지 자기 백성, 자기 신부가 다시 자신과 신실한 관계를 맺도록 끊임없이 부르고 계십니다.

　　성경에 따르면 창조란 하나님께 너무나 큰 모험을 요구하는 것이어서, 결국 하나님이 인간이 되어 십자가에서 참혹하게 죽으셔야만 했습니다. 하나님은 세상을 너무 사랑하셔서 우리와 영원한 관계를 맺기 위해 그런 희생까지도 기꺼이 감내하셨답니다. 하나님은 갈보리의 십자가 위에서 세상의 모든 죄와, 죄로 인해 생겨나는 모든 고통과 처벌을 스스로 짊어지셨습니다. 꼭 그렇게 하실 필요가 없었는데도 불구하고 그분은 사랑으로 친히 그렇게 하셨어요. 사랑은 그만한 값어치가 있기 때문이지요. 사랑은 이처럼 하나님이 보시기에도 목숨을 바칠 만한 가치가 있는 것입니다.

　　이제 저의 네 번째 요점을 말씀드릴게요. 우리는 사랑이 과연 그만한 가치가 있는 것인지 가장 넓은 관점에서 질문할 필요가 있습니다. 이 짧은 인생이 전부라면, 희생자들의 고통스러운 죽음이 그들의 존재를 완전히 끝내 버리는 결과를 가져온다면, 아마 그런 위험은 전혀 감수할 만한 것이 아니라고 주장하는 것이 더 타당할 거예요. 적어도 그 희생자들에게는 말이지요.

하지만 기독교가 참되다고 생각하면 문제는 완전히 달라집니다. 우리가 이 땅에서 잠시 사는 인생은 영원히 계속될 삶의 짧은 서곡에 불과하거든요. 너무나 많은 사람들에게 이 땅에서의 삶은 말 그대로 고통과 고난으로 가득 차 있습니다. 하지만 영원의 관점에서 보면 전체 이야기의 작은 일부일 뿐이지요. 예수님이 십자가에 죽으심으로 인간들은 하나님의 평화와 기쁨, 곧 하늘나라 가운데 영원히 존재할 수 있게 되었습니다. 그리고 성경에서는 이 영원한 삶이 우리가 현재 받는 고난과는 도저히 비교할 수 없는 대단한 것이라고 약속하고 있습니다(롬 8:18). 그 혹독한 아우슈비츠를 생각한다면, 그곳은 더욱 더 아름다운 곳이어야 합니다. 그리고 성경은 진정 그러하다고 분명히 말하고 있습니다(고전 2:9).

아버지, 만일 하늘나라가 없다면 모든 고난과 눈물, 죽어 가는 어린아이의 울음에 대한 답을 어느 곳에서도 찾을 수 없을 거예요. 인생은 우리 모두에게 결국은 비극적인 것입니다. 우리의 모든 소망, 열망, 투쟁, 분투는 순전히 무(無)가 되어 버리지요! "인생은 엉망이고 그다음에는 죽음만이 찾아올 뿐"입니다. 하지만 아버지, 아버지 마음 깊은 곳에 이것을 진실이라고 받아들이기를 거부하는 무언가가 있지 않나요? 아버지 안에 이 이야기가 분명 해피엔딩으로 끝난다는 성경의 선포와 공명(共鳴)하는 무언가가 있지 않나요?

세 번째 편지

　제게는 하나님과 기독교를 진리라고 믿는 많은 이유들이 있습니다. 앞으로 아버지와 함께 나누었으면 하는 것들이지요. 그러나 그것들은 별개의 문제라고 하더라도, 저는 우리 삶이 지금 눈에 보이는 것처럼 무의미한 악몽일 뿐이라는 데에는 동의하고 싶지 않습니다. 실제로 이 짧은 인생이 유일한 삶이라고 해도 말이지요.

　답장 기다릴게요. 사랑해요, 아버지!

1989년 4월 11일

그렉 올림

하나님에 관한 질문

하나님은 미래를
다 알고 있는가?

Does God know the future?

사랑하는 그렉에게

지난번에 너희 부부와 전화 통화를 할 수 있어서 정말 즐거웠다. 너는 곧 있을 무슬림 학자와의 토론회 때문에 꽤 흥분한 것 같더구나. 나도 마찬가지다. 어떻게 되어 가는지 내게도 꼭 알려 주렴.

전화로도 말했지만, 네가 지난번에 보내 온 편지는 정말로 잘 읽었다. 하늘나라에 대한 네 생각은 무슨 희망사항처럼 들리더구나. 인생이 우리가 현재 보고 있는 것처럼 비극적인 것이 되어서는 '안 된다'고 누가 말했더냐? 하지만 자유, 사랑, 책임 등에 대한 네 소견은 통찰력이 있다. 그러다 새로운 질문이 떠오르더구나. 하나님은 아마도 모든 것을 아실 텐데, 왜 그냥 앞일을 내다보면서 누가 자유를 제대로 사용하고 누가 제대로 사용하지 못할지 살펴보면서 선한 사람들만 창조하지 않으셨을까? 그랬다면 우리는 여전히 자유로우면서 동시에 세상은 고난이 없는 곳이 되었을 텐데…. 하나님이 이런 '모험'들을 감수하셔야 한다는 사실 자체가 내게는 이상해 보인다. 하나님은 (너의 관점에 따르면) 완전한 통제권을 가지고 계시지 않니?

이 문제를 곰곰이 생각해 보고 네 생각을 말해 주려무나.

1989년 4월 17일
언제나 너를 사랑하는 아버지가

사랑하는 아버지께

무슬림 학자인 바다위(Badawi) 박사와의 토론회는 아주 잘 끝났어요. 무슬림들로 꽉꽉 들어찬 강당에서 예수님이 성육신하신 하나님이심을 믿는 이유 몇 가지를 그들과 함께 나눈 것은 정말로 큰 기쁨이었답니다. 토론회는 사실 삼위일체에 관한 것이었지만 대부분 시간이 예수님에 대한 이야기로 채워졌어요. (그 두 주제는 따로 분리할 수 없기 때문이지요.) 짐작하실 수 있겠지만, 제 이야기를 들은 사람들 중 그리스도인은 누구나 제 주장이 훨씬 설득력 있다고 생각했을 거예요. 무슬림들도 분명 바다위 박사에게 동일한 감정을 느꼈겠지요. 그는 대단히 명석했어요. 하지만 저는 제 발표

하나님에 관한 질문

와 그에게 답변한 부분도 꽤 괜찮았다고 느낍니다.

이제 **우리의** 토론으로 넘어가지요. 지난번 편지에서 아버지는 하나님의 예지(豫知)에 대한 참 좋은 질문을 해주셨어요. 하지만 제 생각에 그것은 하나님의 전지하심(하나님이 모든 것을 아신다는 것)이 무엇을 의미하는지 오해를 해서 나온 질문 같아요. 기독교 관점에서 볼 때 하나님은 모든 실재, 즉 알아야 할 모든 것을 다 아십니다. 하지만 각 사람이 어떻게 자유롭게 행동할지 하나님이 미리 아신다고 추정하는 것은, 각 사람의 자유로운 행동이 이미 정해져 있다고 가정하는 것과 같아요. 심지어 그가 그 행동을 하기도 전에 말이지요. 하지만 그렇지 않아요. 우리가 자유를 부여받았다면 그 자유에 따라 어떤 결정을 내림으로 실재를 만들어 가는 것입니다. 우리가 그러한 결정을 내리기까지 알 수 있는 건 아무것도 없어요. 그러니 적어도 제가 보기에는, 하나님이 인간을 창조하셨다 하더라도 인간이 주체적인 결정을 내리기까지는 그 결정이 선할지 악할지 미리 아실 수 없다는 것이지요.

그러나 아무래도 이게 전통적인 기독교 입장은 아님을 말씀드려야 할 것 같네요. 전통적인 기독교의 이해는 하나님이 모든 사람의 자유행동을 미리 아신다는 것입니다. 그러나 그런 경우에도 사람들이 이미 그 행동을 하리라 마음먹었기 때문에 하나님이 아실 수 있다는 것을 전제하지요. 하나님의 지식이 사람들의 (미래) 행동에 근거하고 있는 것이지, 사람들의 행동이 하나님의 지식에 근거하고 있는 것은 아니라는 겁니다. 그러므로 하나님이 사람들이 언제 행할지도 모를 행동에 근거해서 그들을 창조한다는

네 번째 편지

것은 불가능한 일입니다. 그들 미래의 행동은, 하나님이 그들을 창조하지 않으셨다면 존재조차 하지 않을 테니까요!

저 개인적으로는 마지막에 말씀드린 전통적 입장은 철학적으로 지지하기 어렵다고 생각해요. 하지만 이 주장은 하나님이 실제 세상과는 동떨어진 채 세상에 대한 지식을 갖고 계시다는 것은 철저히 부인합니다. 하나님의 지식은 창조된 세상에 기초하고 있기 때문에, 하나님이 창조 전부터 미리 알고 계셨던 불완전한 세상을 바탕으로 완전한 세상을 창조할 수 있다고 생각해서는 안 되는 것이지요.

제 대답이 다소 철학적이라는 것을 알아요. 이전에 가능한 '일상용어'로 설명드리겠다고 약속했지만 아버지의 질문이 상당히 철학적이었는걸요? 그러니 저도 어쩔 수 없었어요!

제가 이번에 말씀드린 것을 곰곰이 생각해 보시고 아버지의 생각을 알려 주세요.

1989년 4월 29일
모든 사랑을 담아, 그렉 올림

하나님에 관한 질문

하나님은 왜 지진과 기근이 일어나게 하는가?

Why does God create earthquakes and famines?

사랑하는 그렉에게

무슬림 학자와의 토론회가 잘 끝났다니 매우 기쁘구나. 가능하다면 녹음테이프를 하나 구해서 보내 주렴. 비디오테이프면 더 좋겠고 말이야. 꼭 보고 싶구나.

너의 지난번 편지를 보고 깜짝 놀랐다. 나는 그 편지를 이해하기 위해 아주 여러 번 읽어야 했어. 더구나 네가 말하는 것은 내가 가톨릭교회에 다니던 시절 하나님에 대해 배운 많은 것과 반대되더구나. 하나님에 대한 너의 견해는 내가 늘 생각해 왔던 것보다는 훨씬 더 '인간적인' 것처럼 보인다. 물론 나는 성경 전문가가 전혀 아니지만, 성경에 하나님은 미래를 아는 분으로 나와 있지 않으냐? 네 견해가 전통적인 견해보다 훨씬 나은 듯해 보이는 것은 일단 인정하마. 그 전통적 견해라는 것은 도저히 이해할 수가 없었거든! 하지만 네 견해가 그저 너 스스로 만들어 낸 것인지 궁금하구나.

어쨌든 너는 왜 하나님이 사람들의 자유의지를 오용하지 않도록 미리 보장할 수 없는지 적절하게 설명해 주었다. 하지만 오직 사랑이신 하나님에 대한 너의 믿음에는, 자유에 대해서나 하나님의 지식에 대한 너의 견해로도 해결이 어려운 또 다른 난점이 있다. 어떤 악들은 사람들의 자유의지 때문에 생겨나는 것이 아니지 않니? 이런 경우에 하나님에게 책임이 없다고 할 수 있을까? 하나님은 모든 것을 직접 창조하는 분인데 왜 기근, 지진, 산사태, 에이즈, 기형아 같은 것을 만들어 내지? 이러한 것에 대해서는 어느 누구의 자유의지에도—하나님의 자유의지를 제외하고는—비난할 수 없을 거야! 하나님이 오직 사랑이라면 자신의 피조물에 조금 더 신경을 써야 하지 않겠니?

오늘은 이 정도로 하자구나.

1989년 5월 11일
너를 무척 사랑하는 아버지가

사랑하는 아버지께

지난번 편지에 답장을 늦게 드려서 죄송해요. 저는 이곳 베델 대학에서 '학기말'을 지내느라 정말 정신이 없었답니다. 먼저 미래에 대한 하나님의 지식이라는 문제를 다루고, 그다음에 자연 발생적으로 생겨나는 자연 속 악에 대해 말씀드려 볼게요.

하나님이 사람들의 자유의지에 따라 결정되는 미래에 대해 모르신다는 관점은 저만의 생각이 아니며, 상당히 많은 신학자들도 같은 의견을 가지고 있습니다. 물론 이것은 하나님이 미래에 대해 **아무것도** 모른다고 주장하는 게 결코 **아닙니다**. 단지 미래에 사람들이 내릴 자유로운 결정들을 미리 알지는 못하신다는 거예요. 현재 상황이나 하나님 자신의 뜻에 의해 결정되는 미래의 어떤 영역들은 하나님이 미리 아실 것입니다. 하지만 인간의 자유행동에 의한 미래는 그렇지 않습니다. 그러니 미래는, 우리와 마찬가지로 하나님께도 완전히가 아니라 어느 정도만 공개되어 있는 셈이지요. 심지어 하나님이라 하더라도 이처럼 창조에는 감수해야 할 모험이 있는 것입니다.

이제 이 견해가 성경에 있는지 없는지에 대해서 말씀드리자면, 신학자들 역시 이 문제에 의견이 분분합니다. 하지만 제가 확신하기로는 이 견해는 매우 성경적이에요. 세세한 것을 이야기하여 아버지를 따분하게 해드리지는 않겠지만, 저는 하나님이 미래

다섯 번째 편지

를 어느 정도 열린 마음으로 바라보시며 사람들과 소통한다는 것을 성경 속에서 발견합니다. 미래는 영원히 고정된 것이 아닙니다. 예를 들면 성경에서는 하나님이 사람들에게 질문을 던지시는 경우가 종종 있는데, 어떨 때는 심지어 새로운 상황으로 인해 자신의 생각을 바꾸기까지 하십니다. (출 32:14; 삼상 15:11; 렘 18:7-10; 26:19를 보세요.) 물론 하나님이 모든 사건에 대해 미리 고정된 청사진을 그리고 계셨다면 이런 일은 불가능하겠지요.

하나님에 대한 이런 개방적인 관점은 예컨대 '인간적'으로 보입니다. 그러나 그것이 보다 성경적이기 때문에 더 인간적이라는 것입니다. 처음부터 모든 미래를 알고 통제하는 하나님이라는 관념은 성경적이라기보다는 아리스토텔레스적 철학의 산물이라고 저는 판단합니다.

아버지 말씀대로 자연재해와 인간의 의지가 직접 연관이 없는 것은 사실이지만, 그렇다고 해서 하나님이 그 재앙들의 책임자라고 말할 수 있을까요? 저는 아니라고 주장하고 싶습니다. 지금부터 말씀드릴 세 가지를 고려해 보면요.

첫째로, 세상에서 일어나는 대부분의 고통과 고난은 자연이 아니라 악한 사람들로 인한 결과라고 생각해요. 심지어 대부분의 자연재해로 인한 고통조차 하나님이 창조하신 그대로의 모습을 인간이 유지했더라면 최소화되거나 제거될 수 있었을 거라고 봅니다. 기근을 예로 들어 볼게요. 아버지는 모든 사람이 "자기 이웃을 자기 자신과 같이 사랑"한다면 굶는 사람이 과연 생길 거라고 생각하시나요? 그 분야 전문가들의 말을 들어 보면, 세상에는 모든 사람을 먹이고도 남을 만큼의 식량이 있다고 합니다. 다만 소수의 사람들이 불필요하게 많은 식량을 쟁여 놓은 탓에 생존에 필요한 최소한의 양조차 없는 이들이 고통받고 있는 것이지요. 좀더 구체적으로 말하면, 미국인들은 세계 인구의 7퍼센트밖에 안되지만 세계 자원의 절반 이상을 소비합니다! 평균적으로 선진국국민이 필요량을 초과해서 소비할 때 제3세계 국민은 필요량 미만을 소비하는 거지요.

또한 정치 전쟁이 없었다면 얼마나 많은 '자연적' 악이 예방될 수 있었을지 생각해 보세요. (에티오피아의 비극은 분명 예방될 수 있었을 것입니다!) 만약에 군비 경쟁이 없었다면, 세계 자원이 평등하게 분배되었다면, 돈과 자원을 가진 사람들이 다른 이들의 안전과 복지를 위해 투자할 마음을 내었다면 어떻게 되었을까요? 방글라데시의 홍수 역시 환경(파괴된 오존층)과 복지(그들이 홍수 방재 건축을 하도록 도와줄 수도 있었겠죠)에 대한 무관심에서 비롯된 결과라고 합니다.

그래서 아버지, 저는 '자연적'인 악처럼 보이는 것 중 많은 부분이 늘 자연적인 것은 아니라고 봅니다. 그것은 악한 마음들에서 생겨나는 것이지요.

둘째로, 우리가 '악'이라고 부르는 것 중 상당수는 하나님의 창조물들이 모두 일정한 한계를 갖고 있다는 사실에 기인한 것일 수 있습니다. 하나님이 창조하신 것이 하나님 자신보다 못하기 때문에 발생하는 여러 한계와 불완전함 말이에요. 예를 들어, 모든 피조물은 다른 존재와 조화롭게 살아가기 위해 한계를 지녀야만

다섯 번째 편지

합니다. 그러나 어떤 환경에서는 이 한계들이 운 나쁜 결과를 초래하기도 합니다. 우리를 지탱해 주는 바위는 발끝에 채여도 끄떡없을 정도로 단단해야 하고, 우리가 호흡하는 공기는 우리가 통과할 정도로 밀도가 낮아야 하고, 우리의 갈증을 해소해 주는 물은 그 안에서는 숨을 쉴 수 없을 정도로 밀도가 높아야 합니다. 세상이 이처럼 각각의 특성에 의존하여 유지되게끔 되어 있기 때문에, 합리적이고 도덕적으로 책임 있는 존재들이 그 안에서 살아갈 수 있습니다. 그러나 어떤 환경에서는 그 특성들이 우리에게 반하여 작용합니다. 실로 어떤 피조물의 긍정적인 특징이 다른 환경에서는 잠재적으로 부정적인 특징이 되는 거지요.

따라서 실재의 한계(limitations of reality)는 실재의 유한함(definiteness of reality)과 떼려야 뗄 수 없습니다. 그렇다고 딱히 이것을 본질적 악으로 간주하는 것은 아니에요. 그저 매사가 그렇게 돌아가도록 되어 있을 뿐이지요. 인류가 타락하지 않았더라면, 우리가 만물의 한정되고 때때로는 운 나쁜 특성들과도 꽤 조화롭게 지내지 않았을까 생각합니다.

하지만 이런 세상의 한계 때문도, 사람들이 원래 창조된 대로 서로를 완벽하게 사랑하지 않기 때문도 아닌 듯 보이는 몇몇 자연적 악은 여전히 남아 있습니다. 예를 들어 기형아는 둘 중 어느 것으로도 설명이 안 됩니다. 유신론자들은 이러한 문제에 대해 어떻게 반응할까요? 이제 세 번째 사항을 살펴볼게요.

아버지, 성경대로라면 하나님의 피조물 가운데 오직 인간만이 자유의지를 가진 것은 아닙니다. 우주에는 헤아릴 수 없이 많은, 물리적으로는 볼 수 없는 영적 존재들이 존재해요. 적어도 우리가 물리학을 이해하는 바로는 말이지요. 이런 생각이 아버지께는 좀 우습게 보일 수도 있다는 것 알아요. 하지만 이 관점이 현존하는 모든 문화권의 공통 견해라는 것을 이해하려고 최소한 노력은 해주시면 어떨까요.

이런 존재들을 성경에서는 '천사들' 혹은 '악마들'이라고 부릅니다. 그렇다고 흰옷을 입고 하프를 연주하는 날개 달린 존재나 붉은 뿔이 달리고 쇠스랑을 들고 있는 괴물을 생각하지는 마셨으면 좋겠어요. 성경에 그런 바보 같은 개념은 전혀 나와 있지 않답니다. 그들은 '정사'(政事)와 '권세'라고도 불리는데, 이는 구체적 실체이기보다는 '영적인 세력'이라는 인상을 더 강하게 줍니다.

어쨌든 성경에 기초한 기독교적 이해는, 이러한 실체들이 우리와 마찬가지로 인격적이고 자유로우며, 그들 중 일부는 자신의 자유를 악을 위해 사용했다는 것입니다. 이러한 악한 영적 세력들, 굳이 말하자면 '악마들'은 지금 하나님과 하나님께 속한 모든 선한 것에 대적하는 전쟁 상태에 있으며, 지구는 (아마 다른 여러 곳들 역시) 그들의 전쟁터입니다. 성경에는 이들이 잠재적으로 인간을 능가할 정도의 사랑이 있는 존재였음을 알리는 뚜렷한 증거들이 나와 있습니다. 그러나 그에 상응하여 그들이 악을 행할 수 있는 잠재력은 훨씬 더 컸습니다. 아버지도 들어 보셨겠지만, 한때 '루시퍼'(Lucifer)였던 사탄은 하나님의 모든 피조물 중 가장 아름다운 존재였습니다. 저는 이 말이 그가 사랑할 수 있는 역량이 가장 많았던 존재였다는 의미로 여겨집니다. 하지만 이제 그는 희석되

다섯 번째 편지

지 않는, 순수 악입니다. 우주적 규모의 히틀러인 거죠! 그가 가진 권세와 또 다른 '악마들'의 영향력은 엄청납니다. (우리가 4월 11일자 편지에서 이야기했던 사랑과 책임의 상호 관계를 다시 생각해 보세요).

그래서 기독교적 견해로 보면, 세상은 외부 세력에게 문자 그대로 포위 공격을 당하고 있는 셈이죠. 오늘날에는 세상의 모든 것과 모든 사람에게 영향을 미치는 순전한 악의 세력이 있습니다. 더 이상 창조주만이 유일한 영향력을 가진 존재가 아니에요. 바로 이 때문에 세상이 한편으로는 그토록 아름답지만, 다른 한편으로는 점차 더 악몽 같은 곳이 되어 가고 있는 것이지요. 우리는 개인으로 또 집단으로 선과 악의 충돌 한가운데 살고 있습니다. 무심히 내버려둔다면 세상이 아름다워지지 않았겠지만, 선한 계획이 있었다면 악은 존재하지 않았을 겁니다. (이게 바로 '악의 문제'의 본질이지요.)

따라서 저의 주장은 이 세상이 전쟁터라는 것입니다. 제2차 세계대전 당시의 노르망디상륙작전처럼 우리는 사탄의 일제 공세를 받고 있습니다. 아버지도 아시겠지만 전쟁터에서는 온갖 종류의 끔찍한 일들이 일어나지요. 그런 상황에서 모든 것은 잠재적인 무기가 되고 모든 사람은 잠재적인 희생자가 됩니다. 그래서 성경은 전 우주가 혼란에 빠져 있다고 말합니다(롬 8장).

저는 이러한 악의 세력들이 자연을 **어떤 식으로** 망치고 있는지 다 안다고 말할 생각은 전혀 없습니다. 성경 역시 이 진상에 대해 완전히 침묵하고 있고요. 하지만 세상의 필연적 한계나 인간의 의지에 의한 것일 수 없는 모든 악은, 이와 같은 존재들에 의한 것임을 저는 깊이 확신합니다. 결국 우리 모두는 어느 정도 전쟁으로 인한 사상자인 셈이지요.

아무래도 이 마지막 주장은 다소 소화하기 어려우시리라 생각돼요. 저도 한때는 분명 아버지와 같은 생각이었지만 이제는 이것을 사실로 받아들입니다. 성경적 가르침이라는 이유 외에도 제게는 성경이 참이라고 생각할 만한 무수한 이유들이 있거든요. 그것만으로도 오직 사랑이시고 전능하신 하나님의 존재와 '자연적 악'이 양립할 수 있는 이유가 됩니다. 저에게는 또한 하나님을 믿을 수 있는 많은 이유들이 있답니다. 언젠가 아버지의 질문에 대답할 뿐 아니라 이러한 믿음의 이유들도 함께 나눌 수 있기를 바랍니다.

아버지의 답장 기대할게요.

1989년 5월 29일
소망을 품고, 그렉 올림

하나님은 왜
사탄을 창조했는가?

Why did God create Satan?

사랑하는 그렉에게

와! 지난번 편지는 정말 대단했다! 네가 짐작했듯이 그중 많은 부분은 받아들이기가 좀 어렵더구나. 창조의 한계에 대해서는 그런대로 수긍하겠다만, 마귀 같은 이야기는 좀 황당했다. 그런데 나도 이 세상이 오직 사랑이신 하나님의 예술 작품이기보다는 '전쟁터'에 더 가깝다는 것은 인정한다. 그러니 누군가 그런 하나님을 믿으려 한다면, 네가 말하는 이 '우주적 전투' 같은 것도 믿어야 할 것 같구나. 하지만 내가 보기에 그것은 하나님에 대한 네 견해가 전부 잘못되었다는 또 하나의 표시에 불과하다.

네가 내 질문에 아직 지치지 않았다면 몇 가지 더 물어 보마. 먼저 어떻게 너처럼 프린스턴과 예일 대학을 졸업한 사람이 천사나 악마 같은 것을 진심으로 믿을 수 있는지 궁금하다. 세상에 선이나 악을 행하는, 눈에 보이지 않는 존재가 있다는 생각은, 솔직히 말해 영화 〈스타워즈〉(*Star Wars*)나 중세 미신에 등장하는 이야기처럼 들리는구나.

또 한 가지 질문은, 그렇다면 왜 하나님은 애당초 사탄을 창조하셨는가 하는 거다. 너는 아마도 악하게 되기로 한 것은 사탄의 자유로운 선택이었다고 말하겠지. 하지만 사탄이 그처럼 뛰어나게 창조되었다면 어떻게 그런 악한 선택을 할 수 있었느냐는 말이다. 악한 사람들은 악한 선택들을 하고, 그것이 그들을 악하게 만든다. 선한 사람들은 선한 선택들을 한다. 그것이 그들을 선하게 만드는 거겠지. 그러니 사탄이 원래 그리도 선한 천사였다면 어떻게 그렇게 악한 선택을 했고 지금까지 많은 악을 행할 수 있단 말이냐?

이제 생각해 보니 인간에게도 똑같이 적용되는구나. 어떻게 본래 선하게 창조된 하나님의 백성이 그렇게 악해질 수 있지? 너는 인간이 얼마나 사랑 없고 남을 돌보지 않는지 지적하면서(물론 여기에는 동의한단다), 자연재해에 대해 하나님을 변명하려 애썼지. 하지만 나는 지금 이 변명이 효과가 있는지 의문스럽구나. 하나님이 우리를 창조하시지 않았느냐? 그 하나님이 우리에게 성품도 부여해 주셨지? 그러니 결국 하나님이 비난받아야 하는 것 아니냐?

마지막으로 질문 하나가 더 있다. 나는 가톨릭교회에서 하늘나라는 영원한 곳이라고 배웠다. 그 말은 한 번 들어가면 영원히 그곳에 있다는 뜻이지. 하지만 사탄도 하늘나라에 있었지 않았

57

여섯 번째 편지

니? 그런데 그는 타락했지. 그러면 너는 사람도 하늘나라에 들어간 이후에 사탄처럼 타락할 수 있다고 생각하는 거냐? 그렇지 않다면 도대체 왜 하나님은 우리가 이 땅의 고통을 겪지 않도록, 처음부터 우리를 그냥 하늘나라에 창조해 놓지 않은 거냐? 보다시피 나는 아직도 왜 하나님이 이처럼 어처구니없는 모험을 감행해야 했는지 의아스럽다.

질문을 하나씩 던질 때마다 질문이 열 가지씩 더 늘어나는 것 같구나. 아들아, 우리 대화가 부질없다고 생각하지는 않니? 내가 그렇다는 말이 아니고. 수십 년간 이런 식으로 머리를 써 본 적이 없어서인지 이 일이 아주 즐겁구나. 하지만 네가 지치지 않았는지 알고 싶다. 설혹 그렇더라도 나는 충분히 이해한단다.

1989년 6월 9일
사랑을 듬뿍 담아서, 아버지가

사랑하는 아버지께

제가 아버지의 질문에 지쳤다고는 전혀 생각하지 마세요. 진심으로 즐거우니까요! 아버지를 믿게 하려는 제 끝임없는 노력이 성공하지 못한다 해도, 저는 여전히 우리의 대화가 쏟아부은 시간과 노력 이상의 가치가 있다고 봐요. 하지만 이것과 별개로 제가 성

하나님에 관한 질문

공하지 못할 이유가 없어요. 왜냐하면 조만간 아버지가 믿음을 갖게 되시리라는 것을 알거든요. 한번 두고 보세요.

이제 아버지의 질문들을 생각해 볼까요? 먼저 저는 이런 '우주적 전투'가 스타워즈처럼 허무맹랑한 소리로 들린다는 것을 이해해요. 저 역시 그랬거든요. 하지만 지금은 합리적이라고 여겨요. 결국 '영적 존재'라는 개념이 그렇게 믿기 힘든 이유는 뭘까요? 왜 비물리적(nonphysical) 존재라는 개념이 물리적(physical) 존재 개념보다 어려워야 하죠? 왜 우리 자신처럼 의식을 가진 존재가 있다는 놀라운 사실은 인정하면서, 다른 유형의 인격적 존재들이 있을 가능성은 배제한단 말입니까? 이런 이야기를 들을 때 공상 과학적인 '느낌'이 드는 건, 우리가 지금까지 보아 온 시시껄렁한 천사와 악마 그림들 때문이라고 생각해요. 하지만 제가 지금 이야기하고 있는 것은 이런 만화들과는 아무런 상관이 없습니다.

보세요, 우리가 우주에 대해 더 많이 알면 알수록 우주는 더 이상한 것이 되어 가지 않던가요? 양자 물리학은 전혀 눈에 보이지 않는 우주의 한 영역, 그것도 아원자 영역(the subatomic realm)을 다룹니다. 우리는 그것을 볼 수 없을 뿐 아니라 광자, 중성자, 쿼크 등이 어떻게 생겼는지 개념조차 잡지 못해요. 수학 방정식으로 그것들의 움직임을 공식화할 수 있을 뿐이지요. 사실상 우리는 대부분의 실재를 볼 수 없습니다! 바로 지금도 음성과 음악을 실은 라디오 전파가 저를 통과해서 지나가고 있다는 사실을 생각하면 경이로워요. 하지만 라디오를 틀지 않으면 결코 알 수 없겠지요. 그래서 볼 수 없는 존재들이 있을 수 있다는 개념이 제게는 그

여섯 번째 편지

리 괴이하게 보이지는 않습니다.

그런 존재들이 선하거나 악할 수 있다는 것 역시 그리 믿기 어려운 일은 아니에요. 우주에 우리와 같은 물리적 유형의 도덕적 존재들이 살 수 있다면, 비물리적 유형의 존재들이 살지 못할 이유는 없지 않나요?

물론 저도 그럴 만한 충분한 이유가 없었다면 이 존재들을 결코 믿지 않았을 거예요. 현대 문화적 입장에서 볼 때, 이러한 믿음이 좀 이상하다는 것은 인정해요. 하지만 제게는 이 믿음을 든든히 뒷받침해 줄 것들이 있답니다. 저에게는 예수님이 하나님의 아들이시며 성경이 하나님의 말씀이라는 것을 믿을 확고한 근거가 있어요. (곧 이에 대해 짚고 넘어가야 할 때가 오겠지요.) 예수님과 성경이라는 두 권위가, 세상이 영적 세력에 의해 영향 받는다는 것을 보여 준다고 가정해 보세요. 그렇다면 제가 이 두 권위를 믿는 근거가, 바로 영적 세력들의 존재 역시 뒷받침해 줄 근거가 되겠지요.

일단 이 두 권위(예수님과 성경)를 믿는 기반에 대해 얘기하기 전에, 아버지가 믿음에 대해 제기하신 타당한 질문들에 먼저 답해야 할 것 같아요. 그 대답이 이 기반을 더 단단하게 해줄 거거든요. 그러니 자, 시작할게요.

아버지가 해주신 훌륭한 질문들이 서로 연관되어 있으니, 한 번에 답해 드릴게요. 제가 보기에 핵심은 어떻게 선한 피조물이 악을 선택할 수 있는가 하는 것입니다. 이것은 사탄의 타락, 인간의 죄 잘 짓는 경향, 하늘나라에 대한 아버지의 질문과도 연결되지요. 상정컨대, 아마 하늘나라에 사는 존재들은 완벽히 선하기 때문에 타락할 일 따위는 없을 거예요. 그러면 왜 하나님은 맨 처음부터 우리를 이런 상태로 창조하지 않으셨을까요?

저는 그 문제를 이런 식으로 생각해요. 이전 편지에서 썼듯이 사랑은 자유를 필요로 합니다. 사랑은 선택되어야 하지요. 그리고 사랑의 가능성이 커질수록 악의 가능성도 커져요. 아버지도 이 부분은 동의하시리라 봅니다.

그렇다고 해서 사랑이 **영원히** 불안정하다는 의미는 아니라고 생각해요. **사람은 점점 더 자신이 내린 결정대로 행동하는 경향이 있어요.** 어떤 **선택**을 할 때마다 우리는 그 선택과 비슷한 성향으로 점점 '굳어지는' 것이지요. 우리는 수많은 결정을 통해 자신의 정체성을 굳히며 살아갑니다. 각각의 결정이 우리가 앞으로 어떤 방향으로 나아갈지 이끌어 내는 거죠.

주변 사람들만 봐도 이 점을 입증할 수 있다고 생각해요. 제가 만났던 사람 중 가장 추하고 적의가 가득하며 마음이 못된 부인이 있습니다. 그 부인이 젊었을 때는 아름답고 정도 많은 데다 무척이나 재미있는 사람이었다고 해요. 그런데 열아홉 살 때, 약혼자가 결혼식 사흘 전에 그 부인의 언니와 함께 도망쳐 버렸다고 해요. 이 부인이 수치를 당하고 상처를 입은 것은 당연하겠지요. 하지만 무엇보다 비극적인 것은, 이 여인이 남은 평생 자기 언니와 전 약혼자에게 앙심을 품고 증오하기로 마음먹었다는 거예요. 언니는 자신이 한 짓을 뉘우치고 관계를 바로잡아 보려고 50년이 넘도록 노력했지만 이 부인은 결코 태도를 바꾸려 하지 않았답니다. 그래서 사랑과 용서 대신 매번 증오하는 쪽으로 결정을 내리며 점점 더 깊은 원한 속으로 파고들었어요. 이처럼 오랜 세월 지속된 부정적이고 원한에 찬 마음은 궁극적으로 그 사람의 인생을 장악했습니다. 그 사람은 증오 그 자체, 원한 덩어리가 되었어요. 자신의 모든 결정을 돌이킬 수 없게 되었죠. 이제 와서 다른 선택을 할 수도 없습니다. 하나님이 그 부인을 위해 원래 뜻하셨던 모든 선은, 자신이 선택한 반복된 증오 속에 함몰되어 버렸어요. 처음에는 그저 결심으로 시작한 것이 끝내 그 사람의 **본성**이 되어 버린 것이지요.

제 생각에는 삶의 모든 부분이 다 그런 것 같아요. 우리가 어떤 것을 더 많이 선택할수록 다른 선택은 더 어려워지겠지요. 그래서 마침내는 우리의 선택대로 굳어지고 영구화되고요. 그렇게 되면 우리 성품이 지닌 추진력은 막을 수 없게 됩니다. 우리의 결정대로 성품이 이뤄지고, 그 성품은 또 우리가 내리는 다른 결정에 점점 더 영향을 끼칩니다. 이것이 바로 자유의지를 지닌 피조물의 본성입니다. 그래서 인생이란, 정말 속담에서 말하는 것처럼 산허리를 굴러 내려오는 눈덩이와 아주 흡사한 것 같아요.

이처럼 악에 적용되는 원리가 사랑에도 적용됩니다. 제가 셸리를 아내로 맞아 사랑하기로 했을 때, 어찌 보면 그녀를 사랑하지 않기로 선택할 가능성도 있었어요. (셸리도 마찬가지였겠지요). 말하자면 일종의 '수습 기간'이에요. 다르게는 '연애'라고 하던가요. 하지만 일단 사랑하기로 결단하고 나니까 서로를 사랑한다는 게 점점 더 선택의 여지가 없는 일이 되었어요. 사랑하지 않을 가능성이 점점 더 희박해진 것이지요. 지금도 셸리에 대한 제 사랑은 저 스스로 '자유롭게 선택'한 것이지만, 이제는 제 본성이 되어 버렸어요. 그리고 그 눈덩이는 계속해서 굴러가고 있습니다.

사랑은 반드시 자유롭게 **시작**되어야 하지만, 그것의 목적은 비(非)자유해지는 것입니다. 우리가 사랑하기로 선택하고 그것이 습관이 되다 보면, 결국 사랑하지 않고는 견딜 수 없는 본성을 지니게 돼요. (이게 바로, 왜 하나님이 완벽히 자유로우시면서 성경이 말하는 것처럼 "죄를 지을 수 없으신지"에 대한 이유입니다. 하지만 하나님은 영원하시기 때문에 사랑에 있어 '수습 기간' 따위는 절대 필요하신 적이 없었죠.)

아버지, 제가 볼 때 하나님과 사랑을 나누기 위해 창조된 모든 피조물은 일종의 '수습 기간'을 통과해야 합니다. 그들이 사랑할 것인지, 말 것인지 결정하는 기간이요. 그래서 이 피조물들이 그냥 '하늘나라'에서 곧장 창조될 수 없는 겁니다. 얼마나 긴 시간이 걸리든 (그들의 본성에 따라 다르겠지요), 일단 한 번 결정하고 나면 그대로 그들의 앞날이 정해지는데 그것이 바로 성경에서 말하는 천국과 지옥이랍니다. 한 존재의 본성의 '외부화'인 거죠.

루시퍼는 모든 피조물 가운데 가장 위대했습니다. 그가 **실제로** 어떤 존재였는지가 아니라 어떤 존재가 될 수 있었는지 하는 가능성 때문이었지요. 그의 위대함은 그의 엄청난 사랑의 잠재력에서 나왔습니다. 이 말인즉슨, 그가 생각하기조차 싫은 악을 선택할 잠재력 또한 지니고 있었다는 거예요. 그리고 한 결정이 그 차이를 만들기 시작했습니다. 히틀러와 마더 테레사의 차이도 하나의 작은 결정에서 시작되었지요.

저는 이 원리가 처음 창조된 인간의 '선함', 곧 성경 속 아담

63

과 하와에게도 적용된다고 봅니다. 그들의 후손인 우리는 엄청난 사랑의 존재가 될 수 있는 잠재력을 지녔고, 지니고 있습니다. 하지만 이 말은 동시에 우리가 믿을 수 없을 만큼 파괴적인 존재가 될 잠재력도 함께 지니고 있음을 의미해요. 그리고 이 두 가능성 가운데 사랑의 존재가 될 것인지, 아니면 파괴적인 존재가 될 것인지는 바로 **우리 자신이** 선택하는 것입니다.

아버지, 이제 글을 맺어야겠네요. 이 '눈덩이 효과'는 개인의 삶뿐 아니라 일반 사회와 인류 전체에도 해당됩니다. 우리의 경험 또는 성경의 가르침을 통해 분명히 알 수 있는 것은, 이 세상이 지금 산 밑으로 한참 내려왔다는 거예요. 잘못된 방향으로 말이지요! 아버지는 어떻게 모든 인간성이 이처럼 망가질 수 있느냐고 물으셨지요. 대답해 드릴게요. 악은 개인적으로나 사회적으로나 또 다른 악을 전파하는 속성을 지니고 있습니다. 이것이 바로 기독교 신학에서 의미하는 '원죄'의 일부입니다.

아버지, 성경의 메시지는 우리 모두가 개인적으로 또 집단적으로 하나님이 의도하신 바에서 너무 멀리 내려와 버렸다는 겁니다. 혼자 힘으로는 하나님과 이웃, 심지어 우리 자신과도 '진정한 관계'를 맺을 수가 없습니다! 우리에게는 새로운 출발, 새로운 창조, 과거에 대한 청산이 필요합니다. 복음서에 따르면 이것이 바로 예수 그리스도 안에서 하나님이 우리에게 주신 축복이지요. 우리가 하나님과 완벽히 화해할 수 있도록 하시기 위해, 하나님 스스로 인간이 되셔서 우리와 함께 삶을 나누시다가 결국 십자가에서 죽으셨습니다. 이 사실을 기꺼이 믿는 사람이면 누구든지 새로

하나님에 관한 질문

운 생명, 곧 하나님의 생명을 얻을 수 있습니다. 하나님이 십자가에서 죽으셨다는 사실을 **선물로 받아들이고**, 예수 그리스도와 인격적인 관계를 맺는 것. 이것이 하나님이 본래 우리를 위해 창조하셨던 생명과 기쁨, 평화로 가득 찬 삶을 누리고 본성의 '외부화'를 이룰 수 있는 유일한 길입니다.

아버지, 제가 믿음에 대해 아버지와 대화 나누는 이 일에 결코 지치지 않는 까닭은, 아버지가 하나님과 이러한 관계를 맺으시고 새 생명 얻으시기를 너무나 간절히 바라기 때문입니다.

1989년 6월 18일
언제나 아버지를 사랑하며, 그렉 올림

네가 믿는 하나님은
전능한 존재인가?

Is your God all-powerful?

사랑하는 그렉에게

네가 이야기를 그럴듯하게 만드는 요령을 가졌다는 점을 인정해야겠구나. 내 질문에 당황하지 않는 걸 보면 말이다. 그렇다고 네가 말하는 '우주적 전투' 어쩌고 하는 소리를 받아들인다는 건 아니다. 하지만 적어도 어떻게 한 사람이 그것을 지적으로 믿을 수 있는지는 알겠구나. 사람이 어떻게 자신이 결정한 대로 '굳어지는가'에 대한 네 설명은 맞는 것 같다. (나 같은 70살 노인에게는 무섭게 들리지만 말이야.) 그것이 원래 선했던 사람이 어쩜 그렇게 악하게 될 수 있는지에 대한 답이 되겠구나. 나는 순탄한 어린 시절을 보낸 범죄자들에 대한 소식을 접할 때, 왜 그들이 범행을 저지르게 되었는지 종종 궁금하곤 했다. 그러고 보니 비참하고 끔찍한 환경에서 자란 이들 중에서 '성자'가 나오는 것도 이제 약간은 이해가 되는구나.

하지만 네가 자유의지에 관해 말하는 것을 들을 때마다 매번 이런 의문이 든다. 나는 언제나 그리스도인들이 하나님을 사랑이 무한히 많고 전능하신 분으로 믿는다고 생각했다. 네 어머니 알라일이 죽었을 때 신부님은 그것을 '하나님의 신비한 뜻'이라고 말하더구나. 정말 신비한 일이기는 했지! 그로 인해 나는 정서적으로 엉망이 됐고 엄마 없는 애들 네 명이 내 손에 남겨졌는데, 내게는 너희를 키울 만한 방법이라고는 아무것도 없었으니까! 하지만 그리스도인들은 비극에 직면할 때마다 매번 그것이 '하나님의 특별한 목적'이라고 말하지 않니?

그런데 너는 모든 악을 악한 사람들과 악마 탓으로 돌리는 듯하구나. 그렇다면 하나님이 설 자리는 어디란 말이냐? 하나님이 들어설 자리가 있다면 다른 사람들을 비난할 수는 없겠지. 그리고 사람들을 비난한다면 하나님이 끼어들 수 없을 테고 말이다. 그러나 이렇게 되면 네가 믿는 하나님은 아무런 통제권이 없는 것처럼 보인다! 하나님을 '믿네' 어쩌네 하는 이 모든 것은 다 어찌된 게냐? 세상이 인간의 (악마 같은 마음이 일정량 들어 있는) 자유의지에 따라 움직이는 거라면 하나님을 믿는다는 것이 도대체 무슨 소용이 있지? 그렇다면 너는 어떤 상황에서든 아무것도 할 수 없는 신을 믿는 거구나! 만약 하나님이 이 '우주적 전투'에서 진다면 어떻게 되는 거냐?

따라서 나는 통제권을 가진 하나님만이 믿을 만하다고 본다.

하지만 통제하는 하나님은 항상 사랑으로만 가득할 수 없을 테고, 그런 하나님도 결국은 믿을 만한 존재가 못될 것이다. 일종의 딜레마인 셈이야.

언제나 그렇듯이 네게는 해답이 있지 않을까 생각한다. 소식 기다리마.

1989년 6월 26일

언제나 너를 사랑하는 아버지가

사랑하는 아버지께

이제 제 사고력이 어디에서 왔는지 알겠어요. 바로 아버지세요! 아버지는 정말 문제를 날카롭게 지적하고 주요 핵심을 뚫고 들어가는 능력이 있으시네요. 아버지도 저처럼 신학 교수가 되셨다면 그런 재능이 얼마나 희귀한 것인지 아셨을 텐데 말이에요!

하나님이 전능한 분인지, 하나님이 통제권을 가지고 계신지 그리고 하나님을 믿는 것이 무슨 소용이 있는지 물으셨지요. 순서대로 답해 볼게요.

제가 믿는 하나님이 전능한 분이냐고요? 그렇기도 하고 아니기도 합니다. 무슨 말인지 설명해 드릴게요. 하나님이 **본래부터** 모든 능력을 가지고 계시다는 의미에서 전능하시다는 것이 제 생각이에요. (그리고 저는 이게 성경적인 견해라고 믿고요.) 창조 전에 하나님은 유일하게 존재하는 분이셨고, 그렇기 때문에 모든 권능을 가지고 계셨지요. 하나님은 어떤 일이라도 할 수 있었으며 그 어떤 것도 하나님을 반대할 수 없었어요.

하지만 자유로운 피조물들을 창조하면서 하나님이 필연적으로 자신의 권능을 어느 정도 내어 주셨다는 것이 저의 주장입니다. 아니면 하나님이 권능의 일부를 **위임**하셨다고 말하는 게 더 낫겠네요. 우리가 가진 자유는 하나님이 우리에게 빌려주신 '통제권'의 일부입니다. 즉 피조물들이 자유롭게 되기 위해 하나님이 자발적으로 권능의 일부를 넘겨주셨고, 그 결과 사람들이 언제나 '자기 마음대로' 할 수 있게 된 것이지요. 과연 이 방법 외에 다른 수가 있었을까 싶어요. 자유에는 반드시 한 사람이 **자기 방식대로** 결정할 수 있는 권리가 따라야 하니까요. 비록 그 결정이 하나님의 방식과 다를 수도 있지만요. 하나님이 언제나 모든 통제권을 쥐고 계시면서 자유로운 결정을 하도록 허용한다는 것은 궁극적으로 불가능합니다. 따라서 하나님이 권능을 '빌려'주시는 정도만큼, 그분은 더 이상 그 권능을 사용하지 못하는 거지요.

하지만 아버지, 우리가 깨달아야 할 중요한 부분은 이러한 통제권의 '이양'이 하나님의 **자발적** 행동이라는 것입니다. 만약 하나님의 권능에 '한계'가 있다면, 그것은 하나님 **자신**의 결정에 의한 것이지 외부의 힘이 그분을 제압하는 것이 아니라는 겁니다. 하나님이 어떤 일을 하지 못하신다면 (예를 들어 세상에서 특정한 악을 제거하는 것), 그것은 오로지 하나님이 세상을 창조하실 때, 본인

일곱 번째 편지

의 권능을 일정량 내어 주기로 **스스로** 결정하셨기 때문입니다. 따라서 하나님 이외의 어떤 힘이 하나님을 제한하는 경우에만 그분이 전능하지 않다고 말할 수 있겠지요. 그러므로 제가 볼 때 하나님은 본질적으로 전능하십니다. 비록 지금은 그 전능의 권한을 어느 정도 제한하고 계시지만 말입니다. 그리고 그렇게 하는 이유는 하나님이 사랑의 능력이 있는 피조물들을 원하시기 때문이고, 그래서 우리가 자유로울 수밖에 (스스로 어떤 '힘'을 가질 수밖에) 없는 것입니다.

자, 그러면 하나님은 '통제권'을 가지고 계시냐고요? 모든 사건의 배후에 신적인 목적이 있을까요? 제 견해로는 이것 역시 그렇기도 하고 아니기도 합니다. 다시 한번 설명드려야겠네요.

각 피조물이 얼마만큼의 권능을 가지고 있건 그 권능을 위임하는 분은 하나님이시므로, 하나님은 그런 의미에서 '통제권'을 쥐고 계십니다. 하나님은 그분이 지휘하시는 역사의 흐름 속에서 자유의 한계(parameter)를 정하시기 때문에, 언제나 '통제권'을 가지고 계십니다. 때문에 하나님이 이 '우주적 전투'에서 패배하실 가능성은 전혀 없습니다. 사탄이 아무리 많은 권세를 가지고 있다 해도 하나님의 궁극적인 목적, 하나님과 사랑을 나눌 수 있는 피조물을 곁에 두는 것은 결코 위협받지 않습니다.

하지만 하나님은 개개인을 일일이 통제하지는 않으십니다. 각 사람은 어느 정도 자유로워야 하기 때문입니다. 그렇기 때문에 하나님이 정하신 한계 내에서 사람이 하나님의 궁극적인 목적과 완전히 어긋나는 일들을 행할 수도 있는 것이지요. 따라서 어떤 사람이 또 다른 사람에게 고통을 가할 때, 저는 그 안에서 '하나님의 목적'을 찾을 수 있다고 생각하지 않습니다. 물론 하나님이 그 일을 **허용**하셨다고 볼 수는 있어요. 이전 편지에서 말씀드렸다시피 그분의 궁극적 목적은 자유로운 대리인(agent)을 갖는 것과 완벽한 자유를 주는 것이니까요. 그러나 어떤 것을 '허용하는 것'과 '목적' 혹은 '원인이 되는 것'은 전혀 다른 문제입니다.

저는 어떤 사람 때문에 벌어진 비극 속에서 그리스도인들이 '하나님의 목적'을 자주 얘기하는 것을 압니다. 올해 저희 베델 대학에서는 어린 여자아이 하나가 음주 운전자 차에 치어 죽는 일이 있었어요. 많은 학생들은 그 아이를 '집으로 데려가신' 하나님의 목적이 무엇인지 궁금해 했습니다. 하지만 저는 이것이 신학적으로 혼동된 사고방식이라고 생각합니다. 그 아이의 뜻하지 않은 죽음은 음주 운전자가 책임져야 합니다. 이 일 전체에서 하나님의 유일한 의도는, 도덕적 책임이 있는 사람들이 책임감 있게 혹은 무책임하게 술을 마실지 아닐지 결정할 권리를 허락하시는 것입니다.

이제 아버지의 마지막 질문에 답할 차례군요. 하나님이 세상을 전적으로 통제하지 않으신다면 그런 하나님을 믿는 것이 무슨 소용이 있을까요? 이 문제에 대해서는 엄청나게 많은 것을 말할 수 있지만 시간이 부족할 듯싶어요. 아마 나중 편지에서 이 문제를 다룰 수 있을 것 같아요. 간결하게만 말씀드린다면, 믿는 것과 믿지 않는 것 사이에는 엄청난 차이가 있답니다!

첫째로, 기독교적 관점에서 볼 때 인생의 주요 관심사는 현세가 아닌 내세입니다. 육체의 일시적인 삶은 영원히 지속될 삶의 서막이며 '수습 기간'일 뿐입니다. (오직) 이러한 관점에서 볼 때, 하나님은 내세에서의 영광스러운 삶을 위해 잠시 동안 이 땅에서 누릴 어느 정도의 권세를 내어 준다는 것입니다. 그렇지 않다면 인생이란 비극적이고 부조리한 것이지요.

마찬가지로 하나님은 아직도 온 우주를 통제하고 계시므로 하나님을 믿는다는 것은 그분이 나타내시는 모든 것 즉, 사랑, 진리, 정의, 평화 등이 궁극적으로 승리하리라는 믿음을 갖는다는 의미입니다. 이 세상이 어떻게 **되어야** 하는 것인지에 대한 우리의 기초적인 윤리적 물음은 온전히 응답될 것입니다. 만일 그렇지 않다면 우리의 도덕적 열망들은 모두 근거가 빈약한 것이며 무익한 결과를 낳게 되겠지요. 물론 이 서막의 기간 동안 하나님의 통제권 밖 개인들로부터 우리에게 악이 닥쳐올 수도 있습니다. 하지만 하나님은 이 악이 우리 삶에 결정적인 것이 될 수 없도록 통제하십니다.

아버지, 하나 더 말씀드릴게요. 한 사람이 그리스도를 구원자로 믿을 때, 그는 하나님이 그를 위해 준비하신 삶의 충만함을 누리게 됩니다. 세상 그 어떤 악도 건드릴 수 없는 충만함을요. 사도 바울은 '그 어떤 것도 우리를 그리스도의 사랑에서 끊을 수 없다'(롬 8:35)라고 말합니다. 죽음도 사랑을 건드릴 수 없습니다. 그리스도는 육체와 공적 영역에서 자유를 허락하시지만, 그분의 존재를 구원자로 받아들이는 마음속에서는 절대적으로 주인이 되십니다!

하나님에 관한 질문

마지막으로, 하나님은 인간들과 다른 영적 존재들에게 상당한 자유를 주셨지만, 그렇다고 그분이 **모든** 통제권을 내어 주신 것은 결코 아닙니다. 하나님은 현재도 여전히 가장 강력한 존재입니다. 비록 모든 권세를 다 행사하지는 않겠다고 스스로 결정하셨지만 말입니다. 하나님은 여전히 이 세상에 지배적인 영향력을 행하십니다. 또한 그분의 계속적이고 거룩한 영향력이 없다면 이 세상이 어떻게 될지 알고 있는 존재도 오직 하나님 한 분뿐입니다.

이 편지가 아버지의 질문들을 충분히 다루었다면 좋겠네요. 아버지의 신학적 예리함에 진정 경하를 드립니다. 계속 그렇게 나아가 주세요!

1989년 7월 5일
소망을 가지고, 아버지의 사랑하는 아들 그렉 올림

애당초 왜
하나님을 믿는 것인가?

Why believe in God in the first place?

사랑하는 그렉에게

답장이 좀 늦어져 미안하구나. 그동안 킹스우드 주택조합 대표 일에 매여 조금 바빴단다. 게다가 지난번 네 편지는 꽤 난해해서 (네 대답이 점점 철학적으로 변해 가는구나!) 그걸 소화하는 데 상당한 시간이 필요했다. 네가 말한 "그렇기도 하고 아니기도 하다"는 대답들이… 너는 마치 빌어먹을 놈의 신학자처럼 말하더구나!

그렉, 이렇게 하는 게 어떻겠니. 너는 내가 던진 모든 질문에 아주 잘 답해 주었다. 그리고 내가 기독교의 하나님을 믿는 데 장애가 되는 것들 중 일부를 다소 제거해 주었다는 것도 인정하마. 그런데 이제 나는 우리가 일종의 게임을 하는 것처럼 느껴지는구나. 너는 하나님을 궁지를 벗어나게 할 온갖 변명을 갖고 있고 그것들이 꽤 인상적이긴 하다만, 내가 보기에는 오직 사랑이신 하나님을 믿는 사람이라면 누구든 하나님의 존재를 입증할 책임을 지고 있는 것처럼 보인다. 네 믿음을 보존하기 위해 이 모든 신학적 곡예를 해야 한다면, 아무래도 그것은 너의 믿음이 잘못되었기 때문일 게다! 만일 하나님이 존재한다면 왜 하나님을 좀 더 분명하게 알 수 없는 거냐? 나는 달에서 사람을 절대 볼 수 없는 이유를 천 가지는 꾸며 낼 수 있겠지만, 금세 사람들은 애초에 달에 사람이 없기 때문이 아닐까 의심하게 될 게다!

그렇기 때문에 나는 네 모든 자료들이 이미 전능자를 믿는 사람들에게는 설득력 있다는 것을 알겠다만, 중요한 건 내가 그 입장에 딱히 서 있지 않다는 거야. 항상 나는 모든 것의 배후에는 모종의 더 '높은 권세'가 반드시 존재할 거라고 믿어 오긴 했지만, 그렇다고 그것이 전능하거나 (어떤 의미에서든) 인류에 큰 영향을 미치는 한 인격적 존재라는 증거는 조금도 찾아보지 못하겠다. 사실, 나는 우리가 어떻게 그것에 대해 조금이라도 알 수 있다고 주장할 수 있는지조차도 모르겠다. 어쩌면 우리는 이 문제를 먼저 다루었어야 했을 게다. 하지만 전에도 내가 어떠한 고정된, 적극적 믿음 체계를 가지고 있지 않다고 말했었지. 나는 그냥 질문들이 떠오를 때마다 던지는 것뿐이다.

자, 그 질문들이 여기 있단다. 답장 기대하마.

1989년 8월 4일
많은 사랑을 담아서, 아버지가

여덟 번째 편지

사랑하는 아버지께

아버지, 제 딸아이들은 '보이드 가문의 체력'을 물려받은 게 틀림
없어요! 지난 몇 주 동안 애들을 데리고 경주에 여러 번 참가했는
데 정말 잘하더군요. 디나이는 두 번이나 12세 이하가 참여하는
800미터 경주에서 우승했고, 알리샤는 두 경주에서 모두 3등을
했어요. 그 애들은 남자아이들, 특히 자기보다 나이 많은 아이들
을 이기면 정말 의기양양해지지요. 심지어 나단까지 가담했답니
다. 물론 그 아이는 뭐가 뭔지 감도 못 잡는 것 같긴 했지만요. 그
애는 마치 자기가 무슨 '슈퍼 보이'라도 된 양 양팔을 나란히 앞으
로 뻗고 코스 주위를 날아다녔을 뿐이에요. 이럴 땐 정말 아버지
가 이곳에 계셨으면 해요. 아버지는 분명 즐거워하셨을 거예요.

자, 아무래도 우리가 신학적 토론의 가장 기초에 도달한 듯하
군요. 애당초 왜 하나님을 믿느냐고요? 저에게는 많은 이유가 있
답니다. 아버지, 이 이유들 중 일부는 머리에서, 그 외에는 가슴에
서 나온 거예요. 어떤 것들은 매우 정교한 추론을 포함하는 반면,
다른 것들은 '마음으로 직감할 수 있는 것'이지요. 하지만 그 모든
것을 하나의 단도직입적인 논증으로 요약할 수 있다고 생각합니
다. 이것을 일단은 '인류학적 논증'이라고 부르겠어요. 이 논증은
인간의 본성으로부터 인격적인 하나님의 존재를 증명하려는 것
이니까요. 이 논증의 핵심을 아버지와 함께 나눌 텐데, 최대한 쉬

운 표현을 쓰도록 노력할게요.

저의 기본적인 추론은 이렇습니다. 우리 인간은 인격적인 존재입니다. 저는 이 인격적이라는 말이 우리가 자기를 인식하는 합리적인 지성, 사랑할 자유, 도덕적인 책임감, 의미와 중요성을 갈망하는 영혼으로 구성되어 있다는 뜻이라고 생각해요. 의식, 합리성, 사랑, 윤리, 의미 등이 바로 인간이 된다는 것의 본질을 가장 잘 설명합니다.

여기서 우리가 직면하는 딜레마는 이것입니다. 우리가 이러한 속성들과 함께할 수 있는 환경(이름하여 우주라던가요)에 존재하든지 그렇지 않든지, 둘 중 하나라는 것이지요. 다시 말해 우리 환경이 이러한 속성과 일치하거나 즉 그 속성들을 이해할 수 있게 해주고 충족시켜 주거나 그렇지 않거나입니다. 예를 들면, 배가 고픈데, 보니까 음식이 있습니다. 목이 마른데, 보니까 물이 있습니다. 성적 충동이 이는데, 보니까 성(性)이 있습니다. 그렇다면 우리의 환경은 자연적인 굶주림, 갈증, 성적 충동과 조화를 이루는 것이지요. 그리고 우리가 살고 있는 세상이 어떤 곳인지 생각해보면, 우리는 왜 굶주리고 목마르며 성적 충동을 가지고 있는지 이해할 수 있습니다. 우리의 우주적 환경은 인간의 자연적 욕구를 '충족'시킴으로써 우리의 속성들을 이해할 수 있게 해줍니다. 제 말이 무슨 뜻인지 이해가 되세요?

그런데 문제는, 이 기본적인 인격적 특질들과 우주적 환경이 완전히 합치되는가 하는 것입니다. 제 주장은 우리의 환경 그 자체가 궁극적으로 인격적이지 않다면, 즉 우리 삶의 배경이 자기를 인

여덟 번째 편지

식하고 합리적이며 사랑이 많고 도덕적이며 목적이 있는 것이 아니라면, 우주적 환경은 우리의 인격적 특질과 전혀 합치하지 않는다는 것입니다. 다시 말해, 우리 존재의 근본인 인격적 하나님이 없다면 인간은 불합리하게 고통당하는 자연의 변종으로밖에 볼 수 없습니다. 우리의 본질이 되는 모든 요소들이 이 우주와는 전혀 어울리지 않기 때문입니다. 그렇다고 우리에게 인격적인 요소가 없다고 한다면 인간의 본성을 전혀 설명할 수 없게 됩니다. 어떻게 인간이 자기 힘으로 야만적인 본성을 완전히 다른 것으로 진화시킬 수 있단 말입니까? 그리고 까놓고 이야기하자면, 다른 한편으로 이것은 인간의 삶이 극심히 고통스러운 것이라는 의미입니다. 우리는 그저 우주의 잔인하고 역겨운 장난 정도에 불과하죠.

그렇기 때문에 예를 들면, 인간은 본능적으로 자연의 실재가 합리적이어야 한다고 가정하면서 진리에 한 걸음 더 가까워집니다. (과학 역시 이 가정이 타당하다고 말하는 듯합니다.) 하지만 결국 자연은 비합리적일 뿐, 그 이상은 없습니다.

우리 인간들은 사랑이 하나의 실재라는 것, 그리고 사랑은 사람이 죽고 살 만한 가치가 있는 유일한 이상(理想)이라는 것을 본능적으로 짐작합니다. 하지만 자연은 냉담하고 사랑이 없습니다. 난폭하고 서로 상충되는 화학 작용의 과정처럼 보입니다. 그래서 역설적이게도 우리의 이상은 고작 외부의 자극에 반응하는 호르몬 따위로 전락하고 말았지요.

우리는 본능적으로 우리가 가진 도덕적 신념들이 실재와 들어맞는다고 생각합니다. 그렇지 않나요? 물론 도덕적 신념들이

하나님에 관한 질문

'그저 각자의 취향 문제일 뿐'이라고 말하는 사람들도 있지요. 하지만 그들의 신념은 교차로에서 새치기를 당하거나 하면 바뀌기 마련입니다. 불공평한 일을 겪었으니까요!

또한 인간은 본능적으로 의미와 목적을 갈망합니다. 그것은 사람들이 행동하는 방식만 보더라도 쉽게 알 수 있지요. 우리는 삶에서 어떤 의미와 의의를 찾으려고 애씁니다. 하지만 이 우주가 궁극적으로 무관심하고 아무런 목적이 없다면 우리의 모든 존재, 우리가 행하는 모든 것, 우리가 믿는 모든 것, 우리가 얻으려 애쓰는 모든 것은 다만 '바람 속 먼지'에 불과합니다. 우리가 사라지고 나면 어느 누가 과거에 살았건, 혹은 앞으로 누가 살게 되건 전혀 중요치 않습니다. 모든 게 아무 의미 없게 되는 거지요.

그러므로 모든 존재의 궁극적인 근원이 최소한 우리처럼 인격적인 존재가 아니라면, 저는 우리의 존재가 설명될 수도 없거니와 감내하기도 대단히 어렵다고 주장하겠습니다.

어쩌면 제가 이 논증을 너무 축약해 버렸는지도 모르겠어요. 하지만 저는 이 문제에 대해 과잉 대응하는 것을 원치 않습니다. 그러니 아버지가 이에 대해 어떻게 생각하시는지 알려 주셨으면 좋겠어요. 아마 아버지의 질문들이 저의 논증에 좀 더 미묘한 차이를 가져올지도 모르는 일이지요.

건강 챙기시고요. 사랑해요, 아버지!

1989년 8월 21일
아버지의 아들 그렉 올림

여덟 번째 편지

모든 게 우연히
생긴 것은 아닌가?

Couldn't it all be by chance?

사랑하는 아들에게

지난번에 너와 얘기 나눌 수 있어서 좋았다. 다시 말하지만 아이들이 운동 경기를 즐겼다니 참 다행이구나. 나도 같이 했더라면 정말 좋았을 텐데. 내가 조금만 더 부자였다면 아무 문제도 되지 않았을 텐데 말이다. 그렇지만 인생이란 게 원래 그런 거 아니겠니?

이제 네가 말한 '인류학적 논증'에 대해 생각해 보자구나. 그렉, 내가 네 말을 오해했는지는 모르겠다만, 나는 네 요점을 잘 모르겠다. 마치 너는 하나님이 반드시 계셔야만 하며, 그렇지 않다면 인생이 넌더리 나는 것이라도 되는 양 말하는 듯하구나. 하지만 애야, 인생은 원래 그런 거란다! 그렇기 때문에 사랑 많으신

'하늘에 계신 아버지'를 갖고 싶은 것이—이게 위안이 될 수는 있겠구나—우리 본성의 일부라는 데에는 동의할 수 있지만, 그것이 희망사항 이상이라고는 생각하기 어렵구나.

그리고 너는 우리를 창조한 인격적 존재가 없다면 인간을 설명할 수 없다고 말하지만, 우리가 그냥 우연히 생겨났을 가능성은 없을까? 생물학자들은 그렇게 말하고 있지 않니? 진화론은 우리의 정신과 도덕이 그저 하나의 생존 욕구일 뿐이라고 말하잖아? 내가 그 이론을 어떻게 생각하는지는 명확하진 않지만 그런 식의 설명도 가능하지 않겠냐?

그렇다고 해서 내가 우주 배후에 우리 자신보다 더 큰 모종의 힘이 있다는 것 자체를 부인하는 건 아니다. 나는 늘 우주가 우연히 생겨났다고 보기에는 너무 정교하게 설계되어 있다고 생각해 왔거든. 이 세상이 그냥 갑자기 '펑' 하고 생겨났다고는 볼 수 없겠지. 다만 성경에서 말하는 것처럼, 네가 어떻게 그 힘이 인간에게 그처럼 위대하고 중요하다고 확신할 수 있는지 잘 모르겠다는 거야. 어쩌면 우리는 이 모든 쇼의 부산물일 수도 있겠구나. 우주는 매우 광활한 곳이 아니냐! 지구는 우주라는 바닷가의 모래 한 알보다 더 작은 것이고 말이다. 그러니 상상의 나래를 펴는 일은 이 정도로 하자구나!

계속 달리기도 많이 하고 편지도 쓰려무나. 네 편지는 아주 시사하는 바가 많다고 생각한다. 나는 답장 쓰기 전에 네 편지를 여러 번 읽어 본단다.

아홉 번째 편지

사랑하는 아버지께

좋아요. 아버지는 만물의 원인이 되는 어떤 '힘'이 있음을 믿는다고 하셨지요. 그럼 그 '힘'이 어떠해야 하는지 조사해 보고 싶어요. 먼저, 결과는 그 원인보다 더 클 수 없으므로 인간들(결과)이 인격적이라는 사실은 원인(힘) 역시 인격적이라는 것을 의미하지 않을까요?

설사 진화론이 사실이라 해도 그것은 인간이 어떻게 생겨났는지에 대한 생물학적 추측만 제공해 줄 뿐이에요. 하지만 더 근본적인 질문은, 애당초 그 진화론의 결과가 어떻게 만들어지느냐 하는 것입니다. 진화가 스스로를 정당화할 수 있는 특징을 지니려면 '우주의 궁극적 힘'은 어떤 것이 되어야 할까요? 저는 과정 자체에 대한 질문을 하고 있는 것입니다. 이것은 형이**상**학적인 질문이지요(상[meta] = …을 넘어[above]). 과학은 이것을 다룰 수 없습니다.

저의 주장을 간략하게 말하면, 과정 자체는 순전히 우연일 수가 없다는 것입니다. 자, 애초부터 우리의 정신이 물리적 실재(reality)를 이해할 수 있는 유일한 방법은, 이 물리적인 우주가 우리처럼 '정신적'(mind-like)이라는 것을 믿는 것이지요. 물리적 실재에 대한 우리의 생각은, 우리의 정신과 실재 간에 상응한다는 것을 전제로 합니다. 과학은 바로 이러한 전제하에 작동하고 있는 것입니다. 이것이 바로 아인슈타인이 말한, 우주의 "이해할 수 없는 이해력"이라는 것이지요. 예를 들어, 순전히 수학 공식들로 이루어진 그의 상대성 이론이 어떻게 실재에 '들어맞을'까요? 그의 이론이 성공—지금까지 여러 실험에서 증명되었지요—했다는 것은 눈에 보이는 실재가 아인슈타인이 산출해 놓은 수학적 구조를 가지고 있다는 뜻입니다. 그렇다고 아인슈타인이 물리적인 실재에 그의 이론을 **강요**한 것은 아닙니다. 그는 그저 발견했을 뿐이지요. 세상은 아인슈타인과 같은 한 인간의 사고가 그것을 알아내기 전에도 벌써 '정신이 깃들어 있는' 존재였습니다.

하지만 아버지, 우연히 수학적 공식들이 생겨나게 할 수는 없어요. 그리고 우연은 수학적 공식을 이해하고 산출해 내는 우리의 정신과 같은 유기적 조직체를 만들 수 없습니다. 이렇게 한번 생각해 볼까요? 우리 정신이 단순히 '움직이는 화학 물질'에 불과하다면 우리가 생각하는 어떤 진리라도 맹목적인 화학적 반응일 뿐입니다. 말하자면 모든 진리는 그저 트림 한 번 하는 것과 별다를 게 없는 거예요. 아무리 복잡한 화학 반응이라 하더라도 이 점에서는 다 똑같습니다. 그렇다면 아인슈타인은 단지 그의 모든 이론을 통해 복잡한 트림을 한 번 한 것에 불과하게 됩니다.

그렇다면 왜 그의 이론이 먹혀들까요? 그것은 그의 공식과 그 외 모든 과학의 성공이 정신에 대한 우리의 본능적인 가정들을

아홉 번째 편지

확증해 주기 때문입니다. 그 가정이란 우리의 정신이 화학적인 반응의 연결망 그 이상의 것이라는 거지요. 세상이 합리적이기 때문에 우리의 정신은 이 세상의 물리적 현상들을 합리적으로 이해할 수 있습니다. 합리성이란 우연히 이루어지지 않습니다. 합리적 사고가 없으면 합리적이 될 수 없으므로, 물리적 세계 배후에는 합리적인 사고가 반드시 있어야 합니다. 결국 아버지가 말씀하시는 그 '힘'도 합리적이어야 한다는 것이지요.

도덕에 대해서도 똑같이 설명할 수 있어요. 도덕이 그저 인간이 존재한 후에 생겨난 우연의 산물일 뿐이라면, 또는 특정한 종(種)이 살아남기 위해 필요했던 요소에 불과하다면, 우리의 도덕적 주장들은 객관적인 좌표를 갖지 못하겠지요. 그렇게 되면 도덕적 주장들은 우리가 무엇인지에 대해서는 아무 말도 못하고, 단지 우리가 (진화라는 우연에 의해) **느끼는** 것에 대해서만 몇 마디 할 수 있을 뿐일 거예요.

하지만 히틀러가 600만 명의 유대인을 학살한 것이나, 아니면 아버지가 그 전 편지에 쓰셨던 것처럼 미치광이가 여자애의 팔을 자른 행동이 '잘못된' 것이라고 말씀하실 때, 아버지는 그저 "그것이 주는 느낌이 좋지 않아"라는 의미로 말씀하신 게 아니지요. 아버지는 이러한 행동들이 세상을 올바르게 살아가는 원리와 상충된다고 가정하신 거 아닌가요? 아버지는 지금 이 **세상**이 어때해야 하는가에 대해 주장하고 계신 거예요. 그렇지요? 그래서 이 세상에는 그런 인간들이 꼭 지켜야 할 도덕률이 있다고 본능적으로 가정하고 계신 거지요?

하나님에 관한 질문

하지만 저에게 아주 중요한 것은, 우연으로 일어난 일들은 합리적일 수도 없고 도덕적일 수도 없다는 점이에요. 그리고 결과는 원인보다 클 수 없으므로 우주 배후에 놓여 있는 '힘'은 합리적이어야 할 뿐 아니라 동시에 도덕적이어야 합니다.

이제 '그' 힘이 하나의 인격처럼 보이기 시작합니다.

우리의 자기 인식도 똑같다고 말할 수 있지요. 우리는 자신을 인식하고 또 의식하기 때문에 자유롭습니다. 그런데 우연한 화학 반응이 아무리 복잡하다 한들, 그것을 자유롭다고 할 수 있나요? 사랑도 마찬가지예요. 의미도 마찬가지고요.

근본적으로 비인격적인 환경 속에서 한 인격이 생긴다는 것이 얼마나 힘든 일인지 말씀드린 것은, 단지 제가 소망하기 때문에 하나님이 존재한다고 주장하려는 게 아닙니다. 그보다는 모든 피조물이 자연 발생적으로 우연히 생겨났다는 주장이, 세상에 대해 우리가 알고 있는 다른 모든 것과는 전혀 어울리지 않다는 점을 말하려는 것이었습니다. 만일 이 모든 게 우연이라면 이것은 결과가 재앙적인 형태로 원인을 넘어서는 것입니다. 우주가 담겨 있는 화폭이 우리처럼 인격적인 것이 아니라면 우리는 물 밖으로 나온 물고기와 매우 흡사할 거예요. 우리가 필사적으로 물을 달라고 외치는데 애초에 물 같은 건 존재한 적이 없는 거죠! 이런 상황이 가능하긴 한 걸까요? 존재하지도 않았고 존재할 수도 없는 것에 대한 우리의 열망은 과연 어디에서 온 것일까요?

제 말의 요지는, 인간성의 특징과 열망은 그 결정적 요인과 환경이 인격적일 때만 가능하다는 것입니다. 적어도 이것이 '그

아홉 번째 편지

힘'에 대한 가설 중 가장 합리적인 것 아닐까요?

아버지, 왜 제가 하나님을 믿는지 마지막으로 한 마디만 더 할게요. 저는 이 논증이 (그리고 비슷한 다른 것들이) 정말 근거가 확실하다고 생각합니다. 어떻게 보면 저는 이런 논증들이 우리가 우리 자신에 대해, 그리고 세상에 대해 이미 믿고 있는 개념들에서 일관되게 끌어낼 수 있는 것들이라고 생각합니다. 하지만 하나님을 믿는 저의 믿음은 그저 제가 어쩌다가 진리라고 믿게 된 이론이 아닙니다. 그것은 관계입니다.

제가 하나님을 믿게 되었을 때, 그리고 언젠가 직면해야 할 이 '도덕적 힘' 앞에 정당해질 수 있는 유일한 방법으로 예수 그리스도가 희생되셨다는 사실을 믿게 되었을 때, 저는 이 경험을 통해 인간성의 열망에 '해답'이 있다는 것을 발견했습니다. 실제로 저는 물이 있다는 것을 발견한 바싹 마른 물고기와도 같았어요! 그리고 그 물은 얼마나 근사하고 상쾌하며 벅찬 것이었는지요! 그토록 갈망하던 모든 것이 하나님을 향한 믿음으로 해결되었을 뿐 아니라 넘치는 **충만함**을 주었습니다. 아버지, 제가 바라는 것은 언젠가 아버지도 저의 이론에 동의하실 뿐 아니라 이 관계에 동참하시는 거랍니다.

아버지의 답장을 고대합니다.

1989년 9월 25일
아버지를 사랑하는 아들, 그렉 올림

하나님은 왜 네 엄마를
살려 주지 않았는가?

Why didn't God spare your mother?

사랑하는 그렉에게

너한테는 정말 못 당하겠구나. 네 주장은 상당히 설득력이 있어. 나는 이 비슷한 것을 이제껏 한 번도 들어 본 적이 없다. 네가 만들어 낸 이론인 게냐? 우리의 인격적 특징들이 어디에선가 왔고 무엇인가에 뿌리내리고 있다는 개념은 상당히 논리적으로 들린다. 특히 도덕과 이성에 대한 네 얘기는 설득력 있구나.

그러니 내가 말한 '힘'은 인격적 특징을 가지고 있다고 봐야겠지. 하지만 그렉, 나는 어디까지 그것을 밀고 나가야 할지 모르겠구나. 하나님이 어떤 특성을 가지고 있든 간에 그것이 무슨 차이를 가져오는지 모르겠거든. 솔직히 나는 아직도 하나님이 우리에게 별 관심이 없는 것처럼 보인다! 만약 하나님이 너나 나에게

87

개인적 관심이 없다면, 인격을 가진 하나님을 믿는 게 무슨 소용이란 말이냐? 다 끝난 문제로 뒷북을 치려는 것은 아니다만, 하나님이 너희 '거듭난 족속'들이 말하는 것처럼 우리 인간들에게 개인적 관심이 있다고 치자. 그렇다면 어떻게 우리가 이만큼 추락하도록 내버려 둘 수 있는지 도저히 납득이 안 되는구나.

그렉, 생각해 보렴. 하나님에게는 히틀러를 날려 버리고 그 모든 유대 어린아이들을 구하는 일이 얼마나 쉬웠겠니? 왜 히틀러가 태어나기 전에 그 자식을 그냥 유산시켜 버리지 않았을까? 아니면 아예 히틀러가 어렸을 때 불치병에 걸리게 하거나 말이다. 제기랄, 그런 일은 누구에게나 일어나잖니. 왜 히틀러만 멀쩡했던 거야?

내가 도저히 이해할 수 없는 종교의 또 다른 측면은 바로 기도다. 하나님이 우리에게 개인적으로 관심 있다면 우리는 아마 그분과 대화할 수 있겠지. 하지만 하나님이 정말 듣긴 한단 말이냐? 내가 보기에는 그렇지 않은 것 같다. 유대인 대학살 때 얼마나 많은 유대인 부모들이 하나님 귀에 대고 부르짖었는지 생각해 보렴. 그들이 받은 것이라고는 침묵뿐이었지. 그럼 하나님이 개인적으로 관심 가진다는 증거가 어디 있단 말이냐? 성경에 보면 하나님이 홍해를 갈라서 이스라엘 민족을 애굽인들로부터 구해 주셨다고 나와 있지. 하지만 유대인 대학살 때는 하나님이 좀 더 긴급한 다른 일에 정신이 팔렸었나 보구나.

그러니 하나님이 우리에게 개인적 관심이 있다면 왜 기도가 그렇게 효험이 없는 것이냐? 나는 평생 동안 어떤 사람의 기도가 정말로 응답됐다는 소리를 들은 기억이 한 번도 없다. 토니는 언제나 레오나와 라즈 할머니가 '강력한 기도의 사람'이라고 말하곤 했지. 나는 그들을 '강력하게' 만드는 게 뭘까 늘 궁금했다. 내가 보기에 그들의 기도는 사실상 무력했거든. 레오나는 꿇어 엎드려서 무릎이 빠질 지경이 되도록 9일 기도(novenas)*를 드리곤 했지. 나는 그녀가 하나님의 주의를 끄는 데 성공하고 기도 응답을 받는 것, 이 두 가지 모두 가망 없다고 늘 생각했다.

네 엄마 알라일이 죽어 갈 때 우리는 모두 얼굴이 파랗게 질릴 때까지 기도했었지. 심지어 어린 너희들도 기도했다. 하나님이 죄 많은 어른들의 기도는 듣지 않는지 몰라도, 적어도 어린 너희의 부르짖음은 들었어야지! 덕분에 어린 너희는 엄마 없이 남겨졌고, 그때부터 너도 잘 아는 그 불행의 역사가 펼쳐졌지. 하나님이 우리에게 개인적 관심이 있었다면 네 엄마를 살려 주고 우리 모두를 엄청난 고통에서 구해 줬어야 하는 거 아니냐.

너는 네 우주 전쟁 이론으로 이것을 설명하려고 할 수 있겠지. 하지만 하나님이 쥐뿔도 신경 쓰지 않는다고 생각하는 편이 더 쉬울 것 같다. 우주 안에서 하나님의 의제가 뭐든 간에 그게 이 작은 지구와는 그리 관련이 없지 싶다.

이게 내 솔직한 심정이란다.

---

* 9일 기도(novenas): 제자들이 오순절 사건 전 9일 동안 다락방에 모여 기도한 것이 시초이며 이후 고대 기독교의 전통이 됨―편집자.

열 번째 편지

사랑하는 아버지

지난번 편지에서 숨김없이 속내를 말씀해 주셔서 정말 감사해요. 아버지가 말씀하신 것처럼 그건 분명히 '솔직한 심정'의 편지였어요. 당연히 저도 같은 마음으로 답장을 써야 한다고 생각합니다.

저는 하나님과 이 세상에 대해 가능한 한 많이 이해하는 것이 중요하다고 생각합니다. 하지만 이해가 한계에 부딪힐 때나 우리가 붙잡고 씨름하는 심오한 문제를 다룰 능력이 바닥나는 때가 오지요. 이를테면 드레스덴 폭격 때 아내를 잃게 된 남편과 엄마를 잃은 아이들은 그 폭탄이 떨어진 이유를 머리로는 알 수 있어요. 하지만 그렇다고 해서 죽은 사람이 **자신의** 아내이자 애들 엄마라는 사실에 대한 분노가 사그라들지는 않지요. 아버지, 아버지도 이런 상황에 처해 계신 것 같습니다.

그러니 제가 무슨 말씀을 드릴 수 있겠어요? 그저 '솔직한 심정으로' 말씀드릴 수밖에요. 저도 하나님께 왜 어머니를 죽게 하셨느냐고 종종 물어 봤습니다. 하지만 저 역시 대답을 듣지 못했고 그래서 분개했어요. 그렇다고 하나님이 불쾌해 하지는 않으셨어요. 하나님은 솔직한 것을 좋아하시거든요.

다른 모든 아이들처럼 저도 어머니의 무조건적인 사랑과 용납이 필요했지만, 그런 것을 한 번도 느껴 본 적이 없어요. 아시다시피, 때로 우리 형제들은 새어머니에게 정반대의 대우를 받기도 했지요.* 저는 언제나 **아버지**가 저를 사랑하신다는 것을 느꼈어요. 아버지가 집에 오시면 늘 '안심'되었던 게 기억나요. 하지만 아버지는 일 때문에 대부분 집을 떠나 계셨죠. 지금 되돌아보면, 저는 버림받았다는 느낌을 떠안고 어린 시절을 보냈던 것 같아요. 저는 어른이 될 때까지도 이러한 고통이 무엇을 의미하는지 온전히 알지 못했습니다. 아이들은 자신이 견딜 수 없는 것들은 그냥 묻어 버리잖아요.

하지만 스무 살쯤, 그리스도인이 된 지 3년 정도 지난 후에, 저는 '왜'라는 저의 질문에 대한 대답보다 훨씬 더 중요한 것을 얻었습니다. 치유를 받았던 거예요. (그리고 지금도 받고 있지요.) 어린 시절의 많은 기억들이 되살아나기 시작했습니다. 보통 기도할 때 그랬지요. 그리고 그 기억들은 때로 엄청나게 고통스러웠어요. 그러나 저는 이제 그것들을 다룰 수 있을 만큼 충분히 건강합니다. 제가 이러한 아픔에 직면했을 때 주님이 사랑과 치유를 가져다주셨기 때문이에요.

어린아이였을 때 저 스스로를 가치 없는 존재라고 여기게 했던 많은 일들(예를 들면 새엄마가 하신 몇몇 비정상적인 처벌)에도 불구

---

* 아버지는 새어머니와 1970년에 이혼하셨다. 진 보이드(Jeanne Boyd)는 내 두 번째 새어머니다.

열 번째 편지

하고, 주님은 **제**가 사랑스러우며 하나님 보시기에 무한히 귀중한 존재라는 사실을 알려 주셨습니다. 그리고 제가 그것을 **체험**하도록 해주셨어요. 제가 버림받았다고 생각할 때도 주님은 제게 '내가 결코 너희를 버리거나 떠나지 아니하리라'(히 13:5)라고 말씀하셨습니다. 그리고 무조건적인 사랑을 주시는 어머니가 필요할 때 주님은 "내가 너에게 **그런** 엄마가 되고 싶다"라고 말씀하셨습니다. 그리고 '그분'은 과연 그러하셨어요! 그리스도는 우리가 고난받을 때 우리의 대적이 아니십니다. 그분은 우리의 치유자세요.

주님은 저에게 그런 존재가 되셨어요. 제 영혼은 예수님의 무조건적인 사랑으로 채워졌고 지금도 채워지고 있습니다. 무조건적인 사랑은 영혼을 위한 유일한 생명의 원천이며, 영혼의 상처를 위한 유일한 약이지요. 물론 저에게도 여전히 질문들이 남아 있지만, 주님은 저에게 그분의 아름다움, 어떤 인간도 결코 따라갈 수 없는 사랑, 은혜, 다정함, 부드러운 힘의 아름다움을 보여 주셔서 제가 그분을 신뢰하도록 해주셨습니다. 치유의 동정심이 가득한 눈길과 따뜻하게 이해하시는 그분의 포옹 속에서 저는 그리스도를 사랑하고 신뢰하게 되었습니다. 그분은 머리만으로는 결코 깨달을 수 없는 사실들을 마음으로 이해하게 해주셨어요. (바로 그 때문에 성경은 하나님이 모든 믿는 자들에게 "사람의 헤아림을 **뛰어넘는** 평화"를 주신다고 말하는 것입니다.)

아버지, 제가 스스로 경험하고 신약성경을 통해 발견한 것은, 우리가 고난받을 때 예수님도 함께 고난받으신다는 사실입니다. 그것이 바로 그분이 우리의 고난을 치유하시는 방식이지요. 신약에 나오는 그분의 이름 중 하나가 '임마누엘'인데, '하나님이 우리와 함께하신다'는 뜻입니다. 우리가 아무리 깊숙이 가라앉아도 하나님은 우리와 함께 계십니다. 그분은 그 밑바닥에서 우리를 기다리고 계십니다! 하나님은 외딴 별에 뚝 떨어져 있으면서 우리의 곤경을 무시하는 분이 아니에요. 그분은 우리가 겪는 모든 것 한가운데에 계십니다.

제가 오랜 기간 기독교의 진리를 심각하게 의심했던 사실을 아버지가 기억하실지 모르겠습니다. 대학교 1학년 때였지요. 그때의 논점 역시 바로 지금 우리가 논의하고 있는 이 악의 문제였습니다. 저는 서로 반대되는 두 가지 확신 사이에서 혼란스러웠어요. 세상이 지닌 모든 아름다움과 복잡함 그리고 인격적 특징들을 볼 때 하나님이 반드시 계셔야 했습니다. 하지만 당시에 저는 세상의 온갖 고난이 하나님이 존재할 **수 없다**는 사실을 증명한다고 생각했습니다. 어느 추운 2월의 밤, 미네소타 대학에서 천문학 강의를 듣고 돌아오는 길 내내 그 모든 것을 생각하다 보니 머리가 터질 것 같았지요. 직전까지 살펴본 별들의 웅대함을 생각하면서 저는 저 자신에게 "하나님이 계신 것이 분명해"라고 말하다가도, 아우슈비츠의 악몽 같은 고난을 떠올리면 "하나님은 계실 리 없어"라는 말이 입에서 흘러나왔습니다. 그 두 가지 생각은 서로 맹렬히 싸웠어요. 저는 매우 괴로웠지요.

결국 저는 제 차로 가면서 하늘을 향해 잔뜩 화를 내며 소리질렀습니다. "제가 믿을 수 있는 하나님은 유대인 어린아이가 산 채로 파묻히는 것이 뭔지 뼈저리게 알고, 자기 아이가 파묻히는

열 번째 편지

것을 지켜볼 수밖에 없는 그 엄마의 애끓는 심정을 통감하는 그런 하나님이란 말입니다!" 그리고 그때, **바로** 그것이 기독교가 선포하는 하나님이라는 생각이 불현듯 떠올랐어요. (아니면 계시된 것이었을까요?) 다른 신앙 중에는 그런 것이 없습니다. 기독교의 복음만이 감히 하나님이 우리가 만들어 낸 지옥 한가운데로 들어오신다고 선포합니다. 또한 기독교의 복음만이 감히 하나님이 피 묻고 배설물 가득한 구유에서 아기로 태어나셨다고 말합니다. 그는 아무도 가까이하려 들지 않는 성매매 여성들이나 한센병자들의 친구가 되는 삶을 사셨고, 인간이 생각할 수 있는 가장 처절한 십자가의 고통을 몸소 당하셨습니다. 오직 기독교의 복음이 묘사하는 하나님만이 아름답고도 추한 이 세상의 모순을 말이 되게 합니다.

아버지, 제가 드리고 싶은 말씀은 이거예요. 저는 하나님이 왜 어머니를 위한 저희 기도를 들어주지 않으셨는지 정확하게는 몰라요. 다만 인간의 죄가 아니었다면, 그리고 우리가 이 영적 전투에 참여하고 있지 않았다면 이처럼 고통스러운 상황은 결코 일어나지 않았을 거라는 거예요. 하지만 이 설명보다 더 중요한 것은 이것을 이해하는 걸 거예요. 즉 하나님은 처음부터 끝까지 아버지와 저 그리고 어머니와 함께 고난받으셨고, 하나님도 우셨으며, 그분이 우리 고통에 참여하심으로 그 고통에서 우리를 회복시키기 원하신다는 것 말이에요. 그분은 아버지와 저 그리고 관련된 모든 사람을 어떻게든 치유하길 원하세요. 그분이 가진 치유의 힘은 그분이 고통을 겪으신다는 사실에 있어요. 그분은 제 삶에 이러한 치유를 가져오기 시작하셨습니다. 아버지 삶에서도 역시 그렇게 하실 수 있어요.

다시 한번 아버지의 솔직함에 감사드립니다.

1989년 11월 23일

사랑과 희망을 담아서, 그렉 올림

하나님이 전능하다면
왜 기도를 해야 하는가?

Why would an all-powerful God need prayer?

사랑하는 그렉에게

지금 너희는 모두 크리스마스 분위기에 흠뻑 젖어 있겠구나. 아이들이 셋이나 되니 당연하겠지. 너희 모두가 어렸을 적 크리스마스 아침이 생각난다. 참 기분 좋은 추억이지. 그 비슷한 기억은 어디에도 없을 거야. 해마다 이 무렵이 되면 너희와 함께 지내기를 얼마나 바라는지 너는 모를 게다. 섭씨 27도를 오르내리는 이곳 플로리다에서 '화이트 크리스마스'는 꿈에서나 볼 수 있는 장면이잖니! 아이들에게 선물이 지금 배달되고 있는 중이라고 전해 주렴.

그렉, 솔직히 말해서 너의 지난번 편지에 대해 뭐라 말해야 할지 모르겠다. 나 역시 네 마음에서 우러난 솔직함을 고맙게 생각한다. 네 신앙이 너에게 해준 일에 감동 받았다는 것도 고백해야겠구

나. 그리고 네가 경험한 하나님에 대한 표현에 마음이 뭉클하더구나. (특별히 이 시기쯤에는 말이다.) 그런데 너의 하나님이 기독교의 하나님이라면, 왜 나는 이제껏 한 번도 그런 견해를 들어 본 적이 없을까? 사람들이 대부분 하나님을 떠올릴 때면, 다소 심술궂고 완고하며 턱수염이 성성한 늙은이가 구름 위에 앉아 있는 모습을 상상하는 것 같다. 그에 비하면 너는 내게 전혀 다른 이야기를 들려준 거지. 하지만 네 견해가 소돔과 고모라를 모두 멸망시킨 하나님, 가나안 사람들을 전멸하고 온 세상에 홍수를 내보낸 하나님과 어떻게 조화를 이룰까? 이러한 이야기들을 종합해 봤을 때는 하나님이 심술궂다고 생각하는 게 더 정확할 듯싶은데 말이다.

어쨌든 나는 너의 관점이 좋단다. 다만 너처럼 믿음을 가질 수 없을 뿐이지. 나는 너무 궁금한 게 많구나. 다시 한번 너무 '학문적'이 되지 않았으면 하지만, 너만 괜찮다면 기도라는 문제를 조금 더 검토해 봤으면 한다.

전에 말했듯이, 나는 기도가 제대로 효과를 발휘하는 것을 한 번도 본 적이 없다. 아니, 애초에 기도가 효과를 발휘하는 게 **가능**한지 모르겠다. 하나님이 아주 선하고 전능하며 우리에게 관심이 있다면, 우리가 최선의 상태에 머물기를 원하지 않겠니? 그러면 이미 우리를 위해 할 수 있는 모든 일을 하고 계셔야 하는 것 아닐까? 그렇다면 너는 무엇을 위해 기도하니? 하나님께 더 돌봐 달라고? 예상컨대 하나님은 이미 그분이 할 수 있는 최선을 다해 우리를 돌봐 주고 계실 거다. 그분이 더 일하시기를 기도드리니? 하나님은 필시 할 수 있는 모든 것을 다 하고 계실 거야. 하나님께 어떤

열한 번째 편지

문제를 알려 드려서 하나님이 그것을 해결하시도록 하는 거냐?
하나님은 분명 그에 대한 모든 것도 알고 계시리라 본다. 그러니
너는 하나님께 뭔가를 알려 드릴 필요도 없고, 하나님을 구슬려
뭘 하시도록 할 수도 없고, 하나님이 어떤 일을 하도록 힘을 실을
수도 없지. 그렇다면 도대체 너는 뭘 어쩌자고 기도를 드리는 거
지? 그 모든 게 내가 보기에는 완전히 시간 낭비 같다.

　네 답장을 기다리마. 즐거운 크리스마스를 보내고 셸리와 아
이들에게도 안부 전해 주렴.

1989년 12월 15일
언제나 너를 사랑하는 아버지가

사랑하는 아버지께

보내 주신 편지 감사해요. 아버지와 새어머니도 멋진 크리스마스
를 보내셨기 바랍니다. 저희는 무척 재미는 시간을 보냈어요. 스
트레스도 많았고요! 여러 친척들이 몰려오는 바람에 아이들은 사
실상 크리스마스 행사를 네 번이나 치렀답니다. 또 선물 네 개를
한날에 받았지요! 하지만 아버지가 지난번 편지에서 하신 말씀은
맞아요. 아이들이 크리스마스를 마법처럼 만들어 놓기 때문에 그
모든 수고를 (그리고 돈을) 들일 만한 가치가 있어요.

이제 기도에 대한 아버지의 질문으로 넘어가 볼게요. 아버지, 우리가 하나님께 이야기하는 주된 목적(사실 이게 기도의 전부예요)은 뭔가 요구하는 것과는 거의 상관없어요. 기도란 창조주이며 구속자인 하나님과 더불어 믿음과 사랑의 관계를 세우기 위함입니다. 저와 셸리가 필요한 게 있을 때만 대화한다면 얼마나 삭막하겠어요? 아마 관계라는 것이 거의 형성되지 않을 거예요. 하나님과도 마찬가지예요. 기도의 주요 기능은 그냥 우리가 사랑하는 누군가와 함께 있는 것입니다. 말을 걸고 또 듣기 위해, 혹은 그저 우리의 창조주와 '친해지기' 위해서요.

저는 기도할 때 종종 마음속으로 예수님의 모습을 그려 보면서 예수님이 저에게 하고 싶은 말씀, 제가 들어야 할 말씀을 하시도록 합니다. 예수님이 갈보리에서 저를 위해 하신 일을 떠올리며, 예수님이 보시기에 제가 얼마나 가치 있고 사랑스러운지 다시 한 번 기억하게 되지요. 예수님은 제가 그분의 사랑을 경험하게 함으로 저의 가치를 알게 해주십니다. 저는 예수님이 제 성장 과정에서 생긴 부정적인 생각들을 변화시켜 주시도록 합니다. 저의 상처들을 치유해 주시도록 맡겨 드려요. 그리스도인의 삶의 모든 성장은 바로 그렇게 일어납니다. 내적으로 치유되는 것부터 시작해서 하나님의 사랑 안에서 안식을 누리는 것까지 말이에요.

무언가를 요청하는 것, 곧 '청원 기도'란 이 전체적인 관계에서 아주 작은 측면에 불과해요. 우리가 원하는 바를 알려 드리거나 힘을 실어야만 하나님이 무언가를 하실 수 있는 게 아닙니다. 아버지가 옳아요. 하나님은 이미 우리에 관해 모든 것을 알고 계시고 관심도 많으시며 능력 또한 있으세요. 그러나 하나님은 그분과 우리가 사랑의 관계를 맺는 것을 가장 큰 숙제로 내주셨습니다. 그리고 그 관계를 더 깊어지게 하기 위해 몇 가지를 준비해 놓으셨습니다. 그중 어떤 것들은 기도를 통해서만 이루어지도록 하시는 거지요.

이렇게 생각하면 더 쉬울지도 모르겠어요. 하나님은 사랑을 가장 귀중히 여기시기 때문에, 우리에게 이 우주에 대한 어떤 결정권을 주셨습니다. 만일 우리가 자유의지가 있도록 창조되었다면 우리는 이 권한을 가져야만 합니다. 그리고 하나님이 사랑을 창조의 목적으로 삼으신다면, 그분은 이 자유의지가 있는 우리를 피조물로서 필요로 합니다. 이 부분에 대해서는 이미 이야기한 적이 있지요. 그렇기 때문에 우리 인간은 어떤 결실을 낼 수 있는 상당한 힘을 가졌고, 우주의 작은 구석에서 결정권을 펼칠 수 있는 거예요.

청원 기도란 하나님이 우리에게 허락하신 '영향력'의 영적 측면에 불과합니다. 하나님이 우리에게 자유를 주기 위해 육체적 영역에서 그분이 하고 싶은 모든 것을 다 하지 않으시는 것과 마찬가지로, 영적 차원에서도 그분이 하고 싶은 일을 언제나 행하지는 않으십니다. 그리고 하나님은 우리에게 육체적인 삶의 결정권을 주시는 것과 같은 이유로 영적인 결정권을 주십니다. 즉 우리의 자유와 인격을 존중해 주심으로 하나님과 진정한 사랑의 관계를 맺을 수 있도록 해주시는 것이지요.

제가 생각할 때 진정한 관계란 두 사람 사이의 인격적인 상호

작용, 곧 주고받기(give-and-take)가 있을 때만 형성됩니다. 다른 말로 하면, 어떤 진정한 관계든 두 사람 **모두** 일정 부분 서로가 지닌 **권한**을 인정해야 한다는 것이지요. 이처럼 인간관계에서와 마찬가지로 하나님과 우리 관계도 똑같습니다. 하나님은 혼자서만 명령을 내리는 분이 되기를 원치 않으세요. 한 사람이 독점하는 것은, 제 아무리 그 '한 사람'이 신이라 할지라도 언제나 상대방의 개성을 짓눌러 버리니까요. 그래서 하나님은 그분과의 관계에서 우리에게 어느 정도 권한을 주셔서, 우리가 창조주인 하나님께 영향을 끼칠 수 있게끔 하십니다. 그것은 하나님이 우리를 필요로 해서라기보다는 우리를 원하시기 때문입니다. 제 관점에서 청원 기도란, 이같이 사람이 하나님께 영향을 미치는 주된 수단인 것입니다.

이 정도면 어떻게 기도가 가능**할 수** 있는가에 대한 아버지의 질문에 어느 정도 대답이 되었다고 생각해요. 하지만 솔직히 말씀드리면, 이게 기도가 **실상** 효력을 발휘하느냐는 아버지의 의문을 해결해 드리진 않겠지요. 그에 대해 몇 가지만 더 말씀드릴게요.

아버지, 먼저 복잡다단한 현실을 감안할 때, 기도가 효과가 있는지 '시험'하는 것은 불가능한 것 같아요. 저는 기도의 효력을 '시험'하기 위해 여러 병원에서 실시했던 몇 가지 실험에 대해 알고 있습니다. (이 실험들은 기도와 치유 사이에는 긍정적인 상호관계가 있다는 결론으로 끝났지요.) 물론 이러한 실험들이 흥미롭기는 하지만, 이미 기도에 대해 믿지 않는 사람들에게 과연 설득력이 있을까 하는 데에는 회의적입니다. 그러기에는 너무나 많은 변수가 있거든

열한 번째 편지

요. 응답 받은 기도를 우연의 일치로 돌려 버리거나, 응답 받지 못한 기도 역시 온갖 핑계를 대며 요리조리 빠져나갈 수 있는 길이 얼마든지 있으니까요.

하지만 이 문제에 대한 설명은 이렇게 되어야 할 것 같습니다. 만약 청원 기도에 대한 응답이 확실하게 '입증'될 수 있다면, 그것은 하나님을 일종의 우주적인 자판기 정도로 만들어 버릴 것입니다. 기도 제목을 쓰고 손잡이를 잡아당기면 아브라카다브라, 소원이 이루어지는 것이지요. 하지만 이것은 기도의 전체 목적, 즉 창조주와 신뢰 가득한 관계를 쌓는 것에는 어긋납니다. 그러므로 기도할 때에는 하나님에 대한 신뢰와 기도에 대한 응답을 받겠다는 믿음이 있어야 합니다.

둘째로, 응답 받는 기도의 기능을 아는 것보다 더 중요한 게 있다는 것을 또 한번 말씀드립니다. 설령 기도가 응답되지 않는다 해도 하나님은 언제나 우리 편이시라는 사실을 믿는 일이 중요합니다. 아마도 우리는 이런 식으로 생각해 볼 수 있을 거예요. 작전 개시일 날, 노르망디 해변에 있는 오두막 한 채에 미국 동맹군이 살고 있었다고 가정해 볼게요. 그런데 사실 이 운 나쁜 해변가 집에 사는 동맹군이, 독일군을 공격하는 미국 함대 선장의 아들 부부와 손자손녀들이었다고 생각해 보세요. 그들은 끔찍한 전투 한 가운데에서 일제 공격을 받을 위기에 처했습니다. 이 가족에게는 미국 함대 선장과 통하는 무전기가 하나 있었고, 전쟁 내내 선장에게 무전을 보낼 수 있었다고 할게요. 그들은 선장에게 적과 미군의 포화를 둘 다 맞고 있다고 말했습니다. 그러면서 부상을 당했고 당장 먹을 음식과 지급품이 필요하다는 것 등을 말했지요.

그 선장은 자기 아들과 가족을 끔찍이 챙기기 때문에 그들의 요청을 하나도 남김없이 들어주고 싶습니다. 하지만 동시에 그는 더 큰 전쟁을 앞둔 상태에서 다른 수천 명의 목숨도 생각해야 하며, 이 중대한 전쟁의 결과 역시 고려해야 합니다. 그래서 이 선장은 어떤 때에는 자기 아들의 요청을 들어줄 수 있습니다. 그러나 적과의 전략적인 전투를 고려한 다른 때에는 요청들을 들어줄 수가 없지요. 그리고 전투가 진행되어 가는 상황에 따라 아들 가족의 요청은 그들 스스로에게조차 유리하지 않은 것일 수도 있습니다.

하지만 해변가 오두막에 있는 그 불행한 가족은 이런 전체적인 시야를 가지고 있지 못합니다. 그들은 다만 선장이 그들 편이라는 것과 그들의 요청이 전달되었고 고려 대상이라는 것, 때로는 그들의 요청이 수락되기도, 수락되지 않기도 하다는 것만 알고 있을 뿐입니다. 그들에게는 선장과 같은 전략적 관점이 없으므로 왜 그렇게 되는지는 모릅니다. 그들은 전체 전투에 대한 시야가 없어요. 그들의 관점은 오두막의 작은 창문으로 국한되어 있으니까요.

타락한 이 세상에서 하나님과 우리의 관계도 이와 유사하다고 생각해요. 하나님이 매 순간 이 세상을 다스리는 데에는 수많은 변수가 작용합니다. 온 인류와 우주를 위한 하나님의 전반적인 계획이 있는가 하면, 인간과 천사 개개인의 자유가 난점이 될 때가 있습니다. 개별 존재를 위한 계획에 있어서는 때로 적과 아군의 병력도 고려해야 하고 하나님이 직접 관여하시는 전투의 전략도 세워야 합니다. 그 외에도 하나님은 우리 기도에 어떻게 응답

열한 번째 편지

하실지 정하시는 등, 수많은 일을 하시지요. 그런데 우리는 이러한 하나님의 계획을 아무것도 모른다는 거예요! 우리의 관점은 극도로 근시안적입니다. 그 오두막의 가족이 집 밖 전투에 대해 아는 것보다도, 우리는 우리가 관여하고 있는 이 우주적 전투에 대해 아는 바가 없습니다. 우리가 알 수 있는 딱 한 가지는, 우리의 선장이 우리를 사랑하신다는 거예요. 그분은 우리에게 최상의 것을 주기 원하시고 우리 편에 계십니다. 그분은 우리의 간구를 귀 기울여 들으시며, 가능하다면 고통을 피하고 좋은 것을 누릴 수 있도록 도우십니다. 그렇다고 해서 우리가 항상 전투에서 승리하는 것은 아니지요. 전시 상황에서 이런 것이 늘 가능하지는 않습니다. 아무리 하나님이셔도 말이지요. 그분의 가장 위대한 계획, 바로 우리의 사랑이 있다면 다르겠지만요.

그렇다면 왜 하나님은 어머니의 생명을 구해 주지 않으셨을까요? 아버지, 솔직히 말해서 이 세상이 우주적 전투로 인해 엉망으로 망가져 있다는 점을 감안하더라도, 저는 그 이유를 잘 모르겠습니다. 언젠가는 알게 되겠지요. 그래서 성경은 '우리는 지금 아주 희미한 거울을 통해 본다'라고 말합니다. 하지만 하나님이 우리 기도에 응답해 주신다는 사실을 믿는 한, 우리는 선장이신 하나님의 지혜와 선하심을 깨닫게 되는 날이 올 거라고 믿어요. 그리고 이것이야말로 어머니와 우리가 받은 고난의 정확한 이유를 아는 것보다 훨씬 더 중요하고 우리가 치유되는 일이라고 생각합니다.

이것으로 아버지가 제기하신 문제에 대한 답이 되었기를 바

랍니다. 아버지, 아버지가 하나님과 한번 이야기해 보시길 권해
드리고 싶어요. 설령 그것이 하나님에 대한 분노와 실망을 표현하
기 위함이라도 말이지요. 성경은 그런 기도로 가득합니다. 하나님
은 그런 기도에 대해 불쾌해 하지 않으세요. 만일 하나님이 기분
나빠하신다면 그런 기도는 그분의 말씀이 적힌 성경에 나오지도
않았겠지요! 이러한 솔직한 불평, 분노가 담긴 기도는 아버지의
삶에 치유를 가져올 수 있답니다. 아버지가 하나님이 인격적인 분
이라는 것을 믿기 시작하셨으니, 그분이 아버지의 말씀을 듣는다
는 것도 믿으셔야 해요. 그리고 하나님과 소통하는 것이—그 어
떤 것이든지요!—그분과의 관계의 시작이랍니다.

　　또 소식 들려주세요.

1989년 12월 28일
사랑과 희망을 담아, 그렉 올림

하나님이 왜 하찮은 인간들에게
신경을 쓰는가?

Why would God care about us little humans?

사랑하는 그렉에게

지난주에 너와 통화할 수 있어서 참 좋았다. 네 새엄마와 내게 감동적인 카드와 꽃다발을 보내 준 것도 다시 한번 고맙다고 말하고 싶구나. 알리샤가 감기를 이겨 내고 나머지 가족들도 지독한 그곳 1월 날씨를 잘 견뎌 내기를 바란다. 언제쯤 정신 차리고 1년의 절반을 옷 열일곱 벌이나 껴입지 않아도 되는 곳으로 이사할 계획이냐?

전화로도 말했지만, 기도에 대한 네 말은 일리가 있구나. 하지만 그렇다 해도, 전능자에게 기도의 목적이 무엇이 됐건 간에, 가끔이라도 그가 우리 이야기를 듣고 있다는 것을 보여 준다면 그 기도는 어느 정도 긍정적 효과가 있을 거라고 본다. 물론 그 전능자가 '우주적 자판기'가 되고 싶어 하지는 않는다는 건 이해할 수 있지만, 그렇다고 너무 잠잠하기만 한 것도 그리 좋아 보이진 않는구나! 다음번에 네가 그분께 기도할 때 내 불평 좀 전해 주렴.

어쨌든 나는 하나님한테 우리 존재가 중심이 아니라고 생각하는 데다, 그분이 하는 일에 우리는 그다지 중요한 요인이 아니라는 생각이 더 커서 그런지, 하나님께 말을 걸 필요성을 잘 못 느끼겠다. 물론 피조물 배후에 있는 전능한 힘이 인격적 특성을 가지고 있다는 사실은 인정한다. 하지만 그게 나와 무슨 관계인 건지 여전히 확신이 서지 않는구나. 네가 말하는 그분의 '계획'은 우리가 아닌 우주의 다른 어떤 것과 관련된 것 같거든. 내 눈에 우리는 우주에서 우연히 발생된 한 부분처럼 보일 뿐이고 말이다.

너는 하나님이 우리를 위해 고난받는 것에 대해 많이 이야기했지. 하지만 왜 하나님은 우리 같은 하찮은 피조물을 위해 그런 식으로 고난을 받는단 말이냐? 지구가 모든 것의 중심이라고 생각했던 중세 때에는 그 말을 믿을 수 있었겠지. 하지만 지금 우리는 지구가 아주 조그맣고 하찮은 행성이라는 걸 안다. 이 행성은 별로 크지 않은 태양계 안에 있고, 그 태양계는 비교적 작은 은하계 안에 있으며, 그 은하계는 무한히 광활한 우주 속에서 별 볼 일 없는 위치에 있지. 그러니 우리가 뭐 그리 대단한 존재겠니? 우주를 향한 하나님의 목적에 우리가 포함되지 않았을 가능성도 있는 거 아니냐? 우리가 그렇게 중요하다는 것을 증명할 어떤 증거라도 있단 말이냐?

마음에 떠오르는 질문이 몇 개 더 있다만 나중으로 미루마.

열두 번째 편지

오늘은 이만하자꾸나.

1990년 1월 14일

사랑을 듬뿍 담아, 아버지가

사랑하는 아버지께

아버지는 아직도 인간이 전체 구조 안에서 중요한 존재가 되기에는 너무 작다는 생각에 사로잡혀 계시군요. 아버지, 짐작컨대 아버지는 작은 것은 곧 중요하지 않은 것이라는 흔한 논리에 빠지신 것 같아요. 우리가 **물리적**인 구조 내에서 너무나 작기 때문에 **영적** 구조 내에서도 중요할 수 없다는 건 자주 있는 선입견이지요.

하지만 왜 그렇게 가정해야 하나요? 코끼리가 아기보다 더 크다고 해서 더 중요한 존재인가요? 목성이 지구보다 100배 크다는 이유로 더 중요한가요? 크기가 무슨 상관이 있겠어요?

오히려 제 생각에는 우리가 지극히 작기 때문에 하나님의 인격적 특성이 훨씬 더 잘 드러나는 것 같아요. 우리가 사랑에 빠진 시골 소녀를 위해 기꺼이 모든 것을 버릴 수 있는 부자 왕을 흠모하듯이, 하나님의 사랑은 우리가 너무나 작다는 바로 그 사실 때문에 더 커 보입니다. 사랑하는 자와 사랑받는 자 사이의 차이가 클 때, 오히려 그 사랑하는 자의 사랑이 더욱 잘 나타나지요. 이렇

108

게 생각하면 하나님의 사랑은 '무한히 큽니다'! 아마 그것이 하나님이 애초에 우리를 물리적으로 작게 만든 이유 중 하나가 아닐까 생각해요.

하지만 저는 다른 각도에서 아버지의 입장에 접근해 보고 싶어요. 하나님은 인격적이지만 우리에게 인격적인 관심을 갖지 않는다는 아버지의 믿음에는 뭔가 일관되지 못한 것이 있어요. 아버지는 우리의 인격적 특성들은 창조주가 인격적이어야만 설명될 수 있다는 것에 동의하셨어요. 하지만 그러고 나서 각기 다른 존재가 창조주의 전반적 창조 계획 중 그저 '우연한 일부분'에 불과하다고 가정하셨지요. 그러나 애초에 인간성을 설명하기 위해 인격적인 창조주가 필요한 이유는, 우리의 이러한 인격적 특징들(도덕적 신념, 이성, 사랑 등)이 우연으로 생겨날 수 없다는 사실에서 나온 것이지요!

여기서 다른 질문 몇 가지로 이것을 구체화해 보고 싶어요. 우리의 불완전한 인격적 특징은 **완전한** 인격적 존재가 있다는 것을 전제로 하는 거 아닌가요?

예를 들어, 우리가 지닌 불완전한 도덕적 신념들은 완전한 도덕적 기준이 존재함을 전제하지 않나요? 그렇지 않다면 어떻게 우리가 확신한 것들이 불완전하다는 것을 알 수 있겠어요? 그리고 또한 우리의 불완전한 사고와 지식은 완전한 '사고자'(reason-er)와 '지혜자'(knower)의 존재를 전제하지 않나요? 창조주가 완전히 도덕적이고 지적인 분이 아니라면 우리의 불완전함을 도대체 무엇으로 측량할 수 있겠어요? 저는 창조주란 완전한 것이 무

열두 번째 편지

엇인지를 정의해 주는 존재라고 생각합니다. 어떤 것도 그분 위에 있을 수는 없으니까요. (이를 하나님의 존재에 대한 도덕적·인식적 주장이라고 부릅니다. 제가 아버지께 보내 드린 책《삼위일체와 과정》(*Trinity and Process*)에서 이러한 내용을 다루고 있어요. 하지만 자세한 것은 나중에 말씀드릴게요. 가능하면 철학적이 되지 않기로 약속했으니까요.)

아버지, 이 모든 것을 종합해 볼 때, 우리 같은 불완전한 존재가 이 세상의 불의(不意) 앞에서 격분한다면, 창조주는 **무한히 더** 격분하시지 않을까요? 또 우리가 이 세상에서 고난받는 사람들을 보며 가슴 아파한다면, 창조주는 **무한히 더** 아파하시지 않을까요? 만일 그렇지 않다면 창조주는 우리보다도 도덕적이지 못하고 사랑이 부족하며, 아는 것도 없는 분이 되는 게 아닐까요? 이게 사실이라면 결과(우리)가 원인(하나님)보다 더 큰 셈이 되는데, 그것은 불가능한 일입니다.

만일 하나님조차 우주의 한 산물(결과)일 뿐이라면, 거대한 우주에 비해 한없이 미약한 우리 존재는 하나님의 사랑과 돌보심에 문제를 제기하는 것이 될 테죠. 그러나 하나님은 모든 것의 배후에 계십니다! 하나님의 사랑과 돌보심은 완전하며 지치지 않기 때문에, 그분이 우주를 위해 준비한 것이 무엇이든 (제가 알기론 아주 많은 걸 준비해 두셨어요!) 우리 '작은' 인간들을 위해서도 남겨 둔 것이 많답니다.

그래서 저는 우리의 인격적 특성의 근거이신 하나님이, 우리를 인격적으로 돌보지 않는다는 것은 불가능하다고 봅니다.

제 생각에 이러한 사실은 우리 자신을 이해하는 데 큰 의미를

하나님에 관한 질문

부여합니다. 아버지, 그것은 바로 하나님이 아버지를 아신다는 뜻이에요. 그것도 완벽하게 (아버지 자신이 아버지를 아는 것 이상으로) 말입니다. 또한 그것은 하나님이 아버지를 사랑하신다는 뜻입니다. 이 역시 완벽하게 (아버지가 아버지 자신을 사랑하는 것 이상으로) 말이지요. 그리고 그것은 하나님이 **아버지**의 고난과 도덕적 신념에 마음 쓰신다는 뜻입니다. 참으로 완벽하게 (아버지가 그것들에 신경 쓰는 것보다 더) 말입니다.

따라서 창조주가 우리와 어떤 관계를 맺기 원하시는지 묻는 것은 너무나 당연하지요. 우리 삶을 향한 하나님의 목적은 무엇일까요? 하나님은 우리에게 무엇을 원하실까요? 우리는 하나님에 대해 무엇을 알 수 있을까요? 하나님은 그분 자신을 우리에게 계시하신 적이 있을까요? 일단 하나님이 우리 삶에 인격적으로 관여하고 계시다는 것을 이해한다면, 이 질문들은 자연스럽게 따라오기 마련입니다.

이제 말씀드리고 싶은 마지막 한 가지가 남았네요. 아버지, 저는 여전히 우리의 이성이 진리**여야만 한다**고 말하던 것들은 역사를 통해서 입증되었다고 생각해요. 저는 하나님이 우리를 사랑하고 돌보신다는 진리를 이성적인 방법에 의해서만 아니라, 역사라는 증거를 통해 설명하고 싶습니다. 위에서 제기된 질문들―예를 들어 우리는 어디에서 하나님에 대해 더 많이 알아낼 수 있는가?―에 대한 대답은 역사상 실존했던 예수 그리스도의 인격 안에서 발견되지요. 그리고 그것들은 우리가 이성을 통해 하나님에 대해 이미 알고 있는 모든 것을 확증해 줍니다.

만약 하나님이 완벽하고 사랑이 많고 우리를 돌보시는 유일한 분이라면, 우리는 그분이 자신의 피조물들에게 최선의 것을 주기 위해 가능한 **모든** 일을 하시리라고 확신할 수 있습니다. 만약에 그보다 조금이라도 못하다면 그분은 완벽한 존재가 못 되겠지요. 그리고 그리스도는 하나님이 바로 이러한 사역을 하셨음을 실제로 보여 주십니다! 하나님은 자신의 창조물인 인간의 모든 죄를 없애기 위해 우리 중 하나가 되고, 갈보리 십자가에서 끔찍한 죽음을 당하셨습니다. 그분은 우리 인간들이 영원히 하나님과 함께할 수 있도록 가능한 한 (여기서 '가능한'이란 하나님의 전반적인 계획 중 요구되는 한계를 의미합니다.) 모든 일을 하셨으며 지금도 하고 계십니다.

이것은 이성적으로도 맞을 뿐 아니라, 그것을 증명해 주는 엄청난 역사적 증거를 가지고 있습니다. 결국 이성과 역사는 같은 결론에 이르게 되는데, 그것은 바로 예수 그리스도가 주님이라는 것입니다.

아버지가 이 편지 전체에 걸친 저의 추론을 이해하셨다면 알려 주시기 바랍니다. 저는 개인적으로 상당히 설득력 있다고 생각하지만(제가 저 자신에 대해 이야기하자면요), 이 중 일부는 다소 이해하기 어려우실 수도 있다는 걸 알아요. 아버지가 제 이야기를 받아들일 수 있길 간절히 바랍니다!

곧 또 소식 들려주시길 기다릴게요. 제가 아버지와 편지를 주고받는 이 일을 얼마나 좋아하는지 다시 한번 말씀드려요. 아버지가 마침내 회심하실 때 (제가 자신 있나 보죠?) 우리 편지들은 한 권의 책으로도 만들 수 있을 거예요! 아버지의 질문들은 믿는 자, 안 믿는 자에 관계없이 누구나 묻고 다루어야 하는 내용들입니다.

1990년 2월 4일
사랑과 소망, 그리고 아버지의 행복을 빌며, 그렉 올림

열두 번째 편지

2부

예수에 관한 질문

복음서에 나오는 이야기들을
왜 믿어야 하는가?

Why trust the Gospel accounts?

사랑하는 그렉에게

하나님의 완전하심에 대한 네 주장은 무척 흥미롭구나. 그래서 곰
곰이 생각해 봤는데, 어떤 면에서는 설득력 있어 보이지만 나는
다시 이런 질문으로 돌아오게 된다. 즉 인간이 너무나 하찮은 존
재라 하나님이 신경 쓰지 않는다고 한들, 그게 하나님께 문제가
되겠느냐는 거지. 내가 개미를 밟았다고 해서 어느 누구도 나를
인간 망종이라고 생각하지는 않잖니? 개미들이야 의심할 나위 없
이 자기 스스로를 중요한 존재라고 여길지 몰라도, 우리에게 개미
밟는 것 정도는 아무 일도 아니지. 그래서 말인데, 전체적으로 봤
을 때 인간도 하나님 입장에서는 개미 같은 존재에 불과하지 않을
까? 물론 하나님이 불완전하다는 말은 아니다. 다만 우리가 그리

대단한 존재가 아니라는 거지.

하지만 지난번 네 편지에서, 특히 마지막 부분에서 더 중요한 문제를 발견했단다. 그건 내가 기독교에 대해 갖고 있는 여러 의문의 핵심을 찌르더구나. '거듭난 족속들'은 언제나 자신들의 믿음을 뒷받침하기 위해 성경을 인용하지. 그들은 항상 "성경이 그렇게 말했기 때문에"라며 그들의 믿음이 절대적인 진리임을 정당화한다. 내 말은, 도대체 누구의 권위로 성경이 그렇게 대단한 지위에 오르게 되었느냐는 것이다.

너는 '역사'가 하나님의 사랑을 입증해 준다고 말하고서는 곧바로 성경을 인용하더구나! 물론 너를 비난하는 건 아니다. 성경이야말로 네가 예수를 발견할 수 있는 유일한 근거라는 것도 이해하고 말이야. 하지만 애당초 성경을 믿지 않는 나로서는 네 인용이 내 기대에는 미치지 못하는구나. 나는 네 믿음의 바탕인 성경의 모든 것을 곧이곧대로 받아들일 어떤 이유도 못 찾겠거든.

그러니 하나님이 우리 개미들을 돌보신다는 것에 내가 설득되었다 해도, 하나님이 그 개미 자체가 되었다는 것―그리고 기독교의 다른 논점들―을 믿기에는 아직도 갈 길이 먼 것 같다.

오늘은 이만하자.

1990년 2월 24일
사랑을 듬뿍 담아, 아버지가

사랑하는 아버지께

먼저 아버지의 개미 이론을 다룬 다음, 성경을 인용하는 것에 대한 아버지의 반감으로 넘어가 볼게요.

아버지는 사람이 개미를 돌보지 않는다고 해서 인간 망종이 되지 않는 것처럼, 하나님이 인간들을 돌보지 않으신다고 해서 하나님 이하의 존재가 되지는 않는다고 주장하셨지요. 제 생각에 아버지의 이론은 재치 있긴 하지만 흠이 있습니다.

벌레를 돌보는 것이 인간의 능력 밖의 일인지는 모르겠지만, 어쨌든 그것도 우리가 불완전하다는 또 하나의 증거에 불과합니다. 우리가 **완벽하게** 사랑하고 돌보고 세심하고 잘 안다면, 벌레는 물론 세상 모든 것들도 다 돌보면서 그들의 유익을 증진하고 고통은 최소화하기 위해 가능한 모든 일을 할 거예요. 우리는 사람뿐 아니라 다른 모든 것과도 마음으로 교감하려고 하겠지요.

이 말이 진부하게 들리실지 모르겠지만, 먼저 뻔한 것부터 생각해 보고 회색 지대로 넘어가 보겠습니다. 우리의 사랑이 불완전하다는 것은 (이를 테면) 우리가 처음 보는 사람들의 고통에 대해서는 돌볼 마음조차 갖지 못하는 것, 혹은 가질 의지가 없다는 데서 분명하게 나타납니다. 이것은 개, 고양이, 원숭이 같은 '고등 동물'을 돌보지 못하는 부류의 사람들을 통해 잘 드러나지요. '하등 동물'의 곤경에 대해서는 신경도 쓰지 않는 수많은 사람들은 언급

예수에 관한 질문

할 필요도 없고요. (사적 이익을 위해 특정 동물을 멸종시키고 산림을 파괴하며 물을 오염시키는 것 등 말이에요.) 그렇다면 과연 돌보지 않는 것이 불완전함을 뜻하는 건 아니라고 말할 수 있을까요? 저는 그럴 수 없다고 생각합니다.

그러므로 우리가 개미를 다루듯 하나님이 우리를 대하신다면, 하나님 역시 완전한 존재가 아닐 겁니다. 그러나 이미 말씀드린 여러 이유로 봤을 때, 저는 하나님의 존재가 완전한 사랑과 지식과 도덕적 신념의 표준이 된다고 생각합니다. 이런 이유로 하나님은 우리를 (그리고 개미를) 돌보신다고 결론 내릴 수 있습니다.

이제 더 나아가 아버지의 근본적인 반감에 대해 얘기해 볼 텐데요. 저는 성경에 나오는 예수님에 관한 이야기가 사실임을 입증하고 싶어요. 아버지, 제가 '역사'가 이성이 요구하는 진리를 증명해 준다고 할 때, 역사란 말 그대로 **지난날**을 의미합니다. 아버지는 이전에 '거듭난 족속들'을 만난 경험으로, 제가 예수님을 주님이라 했을 때 성경을 단순히 '하나님의 말씀'으로 인용했다고 생각하셨겠지만 그렇지 않습니다. 물론 제가 예수님에 대해 알고 있는 거의 모든 지식이 복음서에서 나온 것은 사실이지만, 그렇다고 복음서를 오직 하나님의 말씀으로만 인용하는 것은 아니에요. 저는 복음서를 **역사적 기록**으로서 언급한 거예요.

어떤 기록을 '하나님의 말씀'으로 읽는 것과 '역사'로 읽는 것의 차이를 설명해 드릴게요. 평범한 모르몬교도가 모르몬경을 읽을 때 그는 그것을 하나님의 말씀으로 읽습니다. 그는 믿음으로 그 책이 말하는 바를 사실로 받아들입니다. 하지만 제가 모르몬경을 읽을 때는 역사로서 읽습니다. 저는 모르몬교도가 아니기 때문에 다만 역사적 자료로 이용할 뿐이지요. 역사가들이 역사적 가치가 있는 자료만 높게 평가는 방식으로 모르몬경에 접근해 보면, 모르몬경은 전혀 믿을 만하지 않습니다. 저는 하나의 기록이 역사적 기준을 얼마나 통과했느냐에 따라 그것을 신뢰할지 말지 결정합니다. (이에 비추어 볼 때, 모르몬경은 그리 좋은 편이 못 됩니다.)

복음서도 마찬가지예요. 저는 '맹목적 믿음'으로 복음서를 하나님의 말씀으로 받아들이시라고 권유하는 게 아니랍니다. 지금 그 문제에 대해서는 완전히 잊어버리세요. 저는 단지 **다른** 고대 문서를 보듯 복음서를 보시라고 말씀드리고 있는 거예요. 역사가들이 역사를 연구할 때 다른 고대 문서에 적용하는 표준들을 복음서에도 적용해 보세요. 이처럼 복음서들을 비판적이고 역사적인 시각에서 바라볼 때, 그 기록들의 역사성을 입증할 수 있으며 예수 그리스도라는 인물에 대해서도 상당히 많은 것을 신뢰하게 되실 거예요.

그렇다면 역사가들이 역사적 가치를 인정하기 위해 고대 문서들에 적용하는 판단 기준들은 어떤 것이 있을까요? 저는 이 분야의 전문가가 아닌 데다가 우리가 논의하기에는 너무 광범위하기도 해요. 하지만 역사적 기록에 대한 판단 기준은 대개 둘로 나눌 수 있는데, 하나는 내적 기준이고 다른 하나는 외적 기준입니다. '내적' 판단 기준이란 질문을 두고 해당 문서 내부에 적용되는 기준을 뜻합니다. '외적' 판단 기준은 당연히 고려 사항 아래 해당 문서 외부에 적용되는 기준을 뜻하지요. 앞으로 제가 이야기를 계속해 나갈 때 그 차이를 좀 더 자세히 아실 수 있을 거예요. 이 기준들은 역사가들이 연속적 질문 형태로 고대 문서에 주로 적용합니다. 이 두 기준 중에서 더 중요한 것을 다음과 같이 설명할게요.

내적 판단 기준

1. 저자는 자신이 쓰고 있는 내용에 대해 알 수 있는 지위에 있었는가? 그 기록은 스스로를 목격자라고 주장하는 사람 혹은 목격자에 의해 쓰였는가? 아니면 풍문에 근거한 것인가?

그 문서가 저자가 직접 목격한 주체도 아니고 목격담에 근거하지도 않는다면, 혹은 적어도 목격자의 관점에서 쓰인 것도 아니라면 그 가치는 훨씬 떨어질 겁니다. 물론 주장만 한다고 해서 그 내용이 참이라고 입증되는 것은 아니지만 말이에요. (외적 판단 기준을 보세요.)

2. 해당 문서는 구체적이면서 부적절한 자료까지 포함하고 있는가?

원초 사료(史料)들은 이야기의 중심이 아닌 세부 사항들로 가득 차 있는 반면, 꾸며 낸 이야기들은 보편적인 경향이 있습니다.

3. 그 문서는 저자 자신에게 해가 되는 내용까지도 포함하고 있는가?

어떤 문서가 저자와 이야기의 '영웅', 혹은 특별히 이야기의

열세 번째 편지

진실성에 부정적 이미지를 줄 수 있는 내용을 포함하고 있다면, 그것은 일반적으로 저자가 사실을 바탕으로 글을 썼다는 좋은 표시입니다.

4. 그 문서는 논리적으로 일관성이 있는가?

꾸며 낸 이야기에는 보통 논리적 일관성이 결여되어 있습니다. 물론 동일한 역사적 사건을 다른 관점에서 볼 때 약간의 불일치가 나타나기는 합니다.

5. 그 문서에 전설적 요소가 첨부되었다는 증거가 있는가?

허풍스러운 이야기들은 시간이 지나면서 과장되는 경향이 있습니다. 어떤 문서에 '실제보다 과장된' 내용들이 있다면 그것은 후대에 쓰인 것으로, 그 문서의 역사적 신빙성을 그만큼 감소시키는 거지요.

외적 판단 기준

1. 그 문서의 저자에게 내용을 꾸며 낼 동기가 있는가?

저자가 어떤 사건을 꾸며 낼 만한 동기를 명백하게 확증할 수 있다면, 당연히 그 문서의 신빙성은 줄어듭니다. 반대로 저자가 그 사건을 기술해서 얻을 유익은 고사하고 오히려 뭔가를 잃게 된다면 그 문서의 신빙성은 그만큼 올라가지요.

2. 문서의 내용을 확인해 주거나 문서가 진짜임을 입증해 주는 다른 자료가 있는가?

어떤 문서에 기록된 사건이 다른 자료를 통해서도 어느 정도 확증될 수 있다면 그 문서의 신빙성은 증대되겠지요. (하지만 이 외부 자료에 대해서도 역시 동일한 판단 기준을 적용해야 합니다.)

3. 고고학은 이 문서에 나오는 자료들을 지지하는가, 반대하는가?

고고학적 발견들이 문서 속에 포함된 어떤 자료라도 입증할 수 있다면 그 문서의 신뢰성은 증가합니다. 반대로 그 자료들이 그 문서와 대립 관계에 있다면 신뢰성은 손상되지요.

4. 문서의 동시대인들은 그것을 위조할 수 있었는가? 만약 그렇다면 그럴 만한 동기가 있었는가?

(역사 기록 상) 어떤 사람이 그 문서가 꾸며 낸 것이라고 폭로할 수도 있었고 그럴 동기가 있었음에도 불구하고 그러지 않았다면 그 문서의 신빙성은 증가합니다.

아버지, 이제 이런 질문을 할 수 있을 것 같아요. 이러한 판단 기준에 비추어 볼 때 복음서들은 얼마나 믿을 만할까요? 제 주장은 대단히 믿을 만하다는 것입니다. 다소 지루하시겠지만 저와 함께 각각 기준을 간단하게 살펴보셨으면 해요. 이건 중요하거든요.

열세 번째 편지

내적 판단 기준 #1

누가는 목격자는 아니었으나 목격자들의 자료를 이용하여 질서 있고 진실되게 기록하려 했습니다(눅 1:1-4). 요한은 자신이 목격자라고 말하고 있으며, 다른 두 복음서인 마가복음과 마태복음 역시 목격자의 관점에서 쓰여 있습니다. 마가와 마태는 스스로를 목격자라고 명확하게 주장하지는 않지만 목격자로 인정되고 있습니다. 2세기 초 다른 자료들은 복음서의 저자가 마태, 마가, 누가, 요한임을 확증해 줍니다. (이것은 외적 판단 기준 #2입니다.)

내적 판단 기준 #2

복음서는 목격자들에 의한 부적절한 세부 사항이 가득합니다. 한 가지 예를 들어 볼게요. (그것은 부활을 다루고 있기 때문에 한결 더 중요합니다.) 요한복음 20장 1-8절을 주의 깊게 읽어 보세요. 아버지가 잘 알아보시도록 부적절한 세부 사항들을 군데군데 표시해 놓았습니다.

안식 후 첫날**(언제요? 그게 중요한가요?)** 이른 아침 아직 어두울 때에**(알 게 뭐예요?)** 막달라 마리아**(스스로에게 불리한 세부 사항입니다. 다음 판단 기준을 보세요)**가 무덤에 와서 돌이 무덤에서 옮겨 간 것을 보고 시몬 베드로와 예수의 사랑하시던 그 다른 제자**(요한이 자신을 겸손하게 칭하는 표현으로, 문서가 진실성 있다는 또 하나의 표시지요)**에게 달려가서 말하되 사람이 주를 무덤에서 가져다가 어디 두었는지 우리가 알지 못하겠다 하니**(그녀가**

믿음이 없는 것을 주목하여 보세요) 베드로와 그 다른 제자가
나가서 무덤으로 갈새 둘이 같이 달음질하더니 그 다른
제자가 베드로보다 더 빨리 달아나서 먼저 무덤에
이르러(요한의 겸손함을 한번 더 볼 수 있지만, 누가 이런 세부적인
것까지 신경 쓴답니까?) 구푸려(무덤 입구가 낮았는데 이것은 당시
부유한 사람들의 무덤에 대한 역사적 사실입니다. 우리는 예수님이 이런
무덤 안에 장사되었다는 것을 알고 있지요) 세마포가 놓인 것을
보았으나 들어가지는 아니하였더니(왜 안 들어갔나요? 아무 상관
없는 세부 사항입니다) 시몬 베드로도 따라와서(다시 한번 겸손함이
반복됩니다) 무덤에 들어가 보니(베드로의 대담함은 모든 복음서에도
두드러지게 나타납니다) 세마포가 놓였고 또 머리를 쌌던
수건은(부적절하고 기대하지 않은 세부 사항입니다. 그나저나 예수님은
대체 뭘 입고 있었던 걸까요?) 세마포와 함께 놓이지 아니하고 딴
곳에 개켜 있더라(아버지, 이보다 더 부적절하고 더 유별난 것이
있을까요? 예수님은 떠나기 전에 자신을 싸고 있던 것 중 한 부분을 개켜
놓았습니다!) 그때에야 무덤에 먼저 왔던 그 다른 제자도 들어가
보고 믿더라(그들이 들어간 정확한 순서가 무슨 상관이란 말입니까?)

아버지가 요점을 이해하셨으면 합니다. 이런 종류의 아무 상
관없는 세부 사항들을 끼워 넣을 이유는 없습니다. 그것은 이야기
의 방향에 전혀 기여하는 바가 없어요. 단지 일어난 일의 일부로,
저자가 그 사건을 회상하면서 집어넣은 것 외에는 말이지요. 복음
서들은 이와 같은 자료들로 **가득** 차 있습니다.

열세 번째 편지

복음서는 또한 스스로에게 해가 되는 세부 사항으로 가득 차 있습니다. 예를 들어, 아버지가 방금 읽으신 부활 기사에는 무덤이 빈 것을 최초로 발견한 사람이 여자라고 나와 있어요. 하지만 이것은 초기 그리스도인들의 증거에 해가 될 뿐이었습니다. 1세기 유대 문화에서 여자들은 구제 불능의 '고자질쟁이'로 간주되었거든요. 그들은 심지어 법정에서 증언조차 할 수 없었습니다. (그 때문에 바울은 고린도전서 15장에서 부활하신 그리스도를 본 사람들의 목록에는 여자들을 전혀 포함시키지 않았지요.) 더구나 제자들은 처음부터 끝까지 별 볼 일 없는 믿음의 소유자로 불리하게 묘사되어 있습니다.

만일 복음서가 예수님이 메시아임을 사람들에게 확신시키기 위해 꾸며 낸 이야기라면, 예수님의 생애에 대한 기록에서 빼놓을 법한 측면들마저도 포함하고 있다는 점을 어떻게 설명할 수 있을까요? 예를 들어, 십자가에서 예수님은 "나의 하나님이여 나의 하나님이여 어찌하여 나를 버리셨나이까"라고 부르짖었습니다. 이 말은 메시아에게서 좀처럼 기대하기 어려운 내용이에요. 특히 그 메시아가 신적 존재라고 여겨진다면 더욱 그렇겠지요. 이것은 믿기 어려운 진술이지만 요점을 입증해 줄 뿐입니다. 결국 어떤 사람이 자신의 기록에 이 말을 포함한 유일한 동기가 있다면, 그저 예수님이 실제로 그 말을 했다는 것뿐입니다!

내적 판단 기준 #4

복음서들은 예수님의 생애를 둘러싼 사건을 포함하여, 예수님이 누구이며 무슨 일을 했는지 일관되게 묘사합니다. 만약 이 네 개의 복음서가 개별적으로 꾸며 낸 것이라면 이러한 일관성은 어디에서 온 것일까요? 하지만 각각의 기록에는 중대한 차이가 있기도 한데, 이는 그들의 관점이 상대적으로 차이가 있음을 보여 줍니다. 그 기록들이 모두 꾸며 낸 것이라면 아마 지금보다 더 일관될 것입니다.

내적 판단 기준 #5

옥스퍼드 대학 교수이며 고대 신화 전문가였던 루이스(C. S. Lewis)는 이렇게 말한 적이 있습니다. "나는 문헌 역사가로서 복음서가 어떤 종류의 글이든 간에 전설은 아니라는 것을 완벽하게 확신한다. 나는 수많은 전설을 읽어 봤지만 복음서는 그와 같은 부류가 아님을 분명하게 알 수 있다."* 복음서에는 실제로 초자연적 행위들이 포함되어 있지만, 우리가 복음서에서 발견하는 기록 속에는 고대 신화의 특징이 하나도 없습니다. 그 이야기들은 매우 진솔해요.

이제 외적 판단 기준을 살펴보지요.

외적 판단 기준 #1

초기 제자들이 예수님에 대한 이야기를 꾸며 낼 동기가 있었

---

* C. S. Lewis, *God in the Dock* (Grand Rapids: Eerdmans Publishing Company, 1970), p.158.《피고석의 하나님》(홍성사 역간).

열세 번째 편지

다면 그건 뭐였을까요? 그들은 예수님의 기적과 부활, 아울러 예수님의 생애와 그분이 베푸신 가르침 때문에 예수님을 믿는다고 주장했습니다. 그리고 그들은 이러한 주장을 함으로 뭔가를 얻기는커녕 오히려 큰 핍박을 받았어요. 왜 그들이 거짓말을 하겠습니까? 게다가 그들의 성품을 볼 때 다른 사람들을 속이기나 하는 부류라고 생각할 만한 면이 있나요? 제가 아는 어떤 학자도 제자들의 진지함에 대해 의문을 제기하지 않습니다.

외적 판단 기준 #2

앞에서 말했듯이 이 복음서들의 출처는 2세기 수많은 자료들에 의해 입증되며, 그들은 오늘날의 어느 누구보다도 그것을 더 잘 알 수 있는 입장에 있었습니다. 우리는 또한 타키투스(Tacitus, 55~120경), 수에토니우스(Suetonius, 2세기 초), 요세푸스(Josephus, 약 37~97), 탈루스(Thallus, 1세기 중반), 플리니(Pliny, 2세기 초) 등과 같은 다른 세속적인 자료 및 그리스도인들에 반대하여 쓰인 고대 유대 문헌들(탈무드)에서 복음서와 일치되는 예수님과 초대 제자들에 관한 사실들을 확인할 수 있습니다.

외적 판단 기준 #3

자신들이 발견한 것과 성경의 몇몇 기록이 모순된다고 주장하는 고고학자들은 언제나 있어 왔지만, 그들의 발견이 오히려 성경 기록에 유리하게 역전되는 경우가 비일비재합니다. 한 가지 예를 들면, 일부 사람들은 예수님의 탄생에 대한 누가의 기사가 꾸며 낸 것이라고 주장하곤 했습니다. 누가는 카이사르 아우구스투스(Caesar Augustus)의 치리(治理) 아래, 시리아(Syria)의 총독이었던 퀴리니우스(Quirinius)에 의해 로마제국 전체에 걸쳐 인구조사가 시행되었다고 말합니다. 마리아와 요셉은 요셉의 고향인 베들레헴으로 인구 등록을 하러 가야 했지요. 바로 그때 예수님이 태어난 것입니다. 하지만 (요세푸스와 같은) 다른 사료들을 보면, 퀴리니우스가 A.D. 6년부터 총독이었다는 사실은 알려져 있지만 이와 같은 인구조사가 시행된 적이 있다는 증거는 전혀 없습니다. 그러므로 누가의 기록이 잘못되었다고 추정할 수 있지요.

그러나 지금은 누가가 언급한 것과 같은 인구조사가 당시에 자주 시행되었으며, A.D. 6년 퀴리니우스의 통치는 그의 두 번째 임기였다는 것을 알 수 있습니다. 저는 어떤 성경 기록이 일절 잘못되었음을 밝혀 주는 결정적인 고고학 조사 결과가 나왔다는 소식을 한 번도 들어 본 적이 없습니다. 그러나 이전에 잘못 해석된 연구 결과 때문에 오류로 몰렸던 성경 기록의 진실성을 입증해 주는 결정적인 고고학 결과들이 종종 밝혀지고 있다는 것은 알고 있습니다.

외적 판단 기준 #4

마지막으로, 기독교는 매우 적대적인 환경에서 태어났습니다. 당시 사람들은 할 수만 있다면 복음서에 나오는 예수님에 대한 묘사를 논박했을 것입니다. 1세기 유대교 지도자들은 기독교를 유해한 사이비 종교로 취급하면서 박멸하려고 애썼습니다. 그렇게 되기가 쉬웠을 거예요. 만약 그 '사이비 종교'가 꾸며 낸 이야기들에 기초하고 있었다면 말이지요. 죽임 당한 예수님의 시체를 내놓기만 해도 기독교를 영구적으로 멸절하기에 충분했겠지요.

하지만 그럼에도 불구하고 기독교인은 폭발적으로 증가했습니다. (긍정적인 측면으로 말이지요.) 제자들은, 예수님이 말씀하시고 행하시는 것을 목격했다고 주장하는 이들에게 복음을 전했습니다. 그들이 어떻게 그것을 꾸며 냈겠습니까? 그리고 끝까지 기독교를 반대한 사람들조차 예수님의 기적과 그분의 무덤이 비어 있었다는 사실은 부인하지 않았습니다. 이처럼 복음서 배후에 있는 **사실**들은 의문시되지 않습니다. 어떻게 그 사실들이 확립되었는가 하는 점에 대해서 의문이 제기될 뿐이지요. 반대자들은 예수님이 속임수 또는 사탄의 힘을 빌려 기적을 행한 것이며, 제자들이 예수님의 시체를 훔쳤다고 주장합니다. (하지만 외적 판단 기준 #1을 보세요.)

아버지, 그러니까 이 모든 것을 요약해 보면, 복음서들은 일반적으로 신빙성 있는 문서처럼 취급할 만한 훌륭한 근거들을 갖추고 있습니다. 통상적으로 좋은 역사 자료입니다. 이 사실은 복음서들이 '영감'(靈感)으로 쓰였다거나 '하나님의 말씀'이라는 것과는 아무런 상관이 없습니다. 그저 역사일 뿐이지요.

이러한 역사적 토대 위에서 우리는 결정을 내려야 합니다. 예수님을 사람들을 속여서 자기를 믿게 하고 십자가에 달려 죽은 마귀 같은 협잡꾼으로 간주하든지, 아니면 그분과 그분의 제자들이 주장한 대로 주님으로 간주하든지 말입니다. 저의 주장은 후자의

예수에 관한 질문

결론만이 증거에 기초하고 있다는 것이고요.

　편지를 너무 길게 써서 죄송해요. 하지만 이 문제는 꼭 다뤄야 했거든요. 깊이 생각해 보시고 아버지의 생각을 알려 주세요. 아셨죠?

1990년 3월 8일
진실된 사랑과 소망을 품고, 그렉 올림

복음서는 모순들로
가득 차 있지 않은가?

Aren't the Gospels full of contradictions?

사랑하는 그렉에게

답장이 늦어져서 미안하다. 네 지난번 편지를 이해하는 데 시간이 좀 걸리더구나. 요즘 너희는 어떻게 지내고 있니? 올해도 그 정신 나간 울트라 마라톤에 참가할 계획인 거냐? 딸아이들은 체조와 달리기, 합창대와 그 외 600가지가 넘는 일들을 잘 해 나가고 있는 게지?

네 편지를 읽고 약간 아연실색했다. 네가 짐작한 대로 나는 네가 성경이 말하는 것을 그냥 사실로 당연시하고, 그것에 기초해서 나와 논쟁한다고 추측했었지. 그런데 네가 '판단 기준'이라는 것을 들이댄 거다. 이건 '거듭난 족속들'이 성경을 사용하는 방식과는 사뭇 다르더구나!

나는 네 편지를 여러 번 읽고 곰곰이 생각해 봤다. 내가 생각한 것 중 일부는 이런 거야.

첫째로, 특정 문서가 역사적 판단 기준을 잘 충족했다고 해서 어떻게 그 문서를 신앙의 기초로 삼을 수 있는지 모르겠다. 모든 것은 추측에 불과하고 아무것도 확실한 게 없잖니. 하지만 네 신앙은 네가 확신하는 것이 아니냐? 내가 만나 본 대부분의 그리스도인들은 자신이—모든 면에서—옳다고 너무나 확신한 나머지, 그들과 뭔가를 논한다는 것 자체를 아무 의미 없게 만들더구나.

둘째로, 너는 복음서 '판매 작업'은 잘했다. 하지만 나 자신이 세일즈맨이기 때문에 나는 이것이 이야기의 전부라고 믿지 않는다. 내가 성경학자는 아니지만, 어느 책에선가 근본주의자가 아닌 많은 성경학자들은 복음서가 그리 역사적 가치가 많다고 여기지 않는다는 내용을 본 적이 있다. 나는 〈타임지〉(Time)에서 한 신약학자 위원회에 관한 기사를 읽은 적이 있어. 그 학자들은 해마다 모여서 복음서에서 예수의 말씀이라고 되어 있는 것들이 참으로 그분 말씀인지 투표를 한다더구나! 우리는 예수가 실제로 무엇을 가르쳤는지조차 모른다. 하지만 너는 예수가 이 세상에 오신 전능자라는 것을 알려 주기 위해, 내가 이 글들을 믿게 하려고 애쓰고 있지!

비슷한 경우로, 나는 많은 학자들이 복음서와 성경 대부분이 이전 자료를 한데 모아 만든 것이라고 믿는다는 글을 어디선가 읽었다. 그것은 성경 전체가 '하나님의 영감'으로 쓰였다는 이론에 어긋나는 것 아니냐? 또한 복음서들은 모순으로 가득 차 있으며

열네 번째 편지

각 복음서에 나오는 사건 순서는 모두 다르게 배열되어 있고, 예수의 가르침이 서로 다른 맥락에서 발견된다는 등의 말도 있지. 내 생각에는 이런 것들이 복음서의 역사적 신빙성을 침해하는 것 같다.

마지막으로, 복음서 곳곳이 정확하다 해도—너의 역사 시험을 통과하긴 하니 말이다—그게 완벽히 정확하다는 뜻은 아닐 것이야. 자유주의 학자들이 말하듯이 그것이 이전 자료에서 편집된 것이라면, 군데군데는 정확할 수 있어도 그 책을 기술한 사람의 온갖 허풍과 전설이 섞여 있는 거겠지. '허풍스런 이야기'는 눈덩이처럼 커지지만, 그 와중에도 약간의 진리는 언제나 전달되기 마련 아니겠니?

그러므로 복음서들이 참되다는 사실을 입증하는 일 자체가 내게는 상당히 미덥지 않아 보인다. 내 삶을 걸기에는 너무 하찮은 것이지.

셸리와 아이들에게 안부 전해 주렴. 곧 답장 주기 바란다.

1990년 4월 14일
언제나 사랑하는 아버지가

예수에 관한 질문

사랑하는 아버지께

다시 편지 주서서 감사해요. 저희 가족은 모두 잘 있어요. 딸애들은 체조에 푹 빠져 있고, 제 입으로 말하긴 그렇지만 실력도 점점 늘고 있어요. 요즘에는 아이들이 달리기에 흥미가 떨어져서 저 혼자 나가는 경우가 많아요. 연습할 시간이 별로 없긴 했지만, 올해는 100킬로미터 달리기 세계챔피언대회에 나가고 싶어요. 대회 역사상 처음으로 미국에서, 그것도 바로 이곳 미네소타에서 열리거든요! 이 기회를 놓치고 싶지가 않네요.

이제 아버지의 편지에 대해 말씀드릴게요. 아버지가 편지 사본을 가지고 계시면 좋겠어요. 아버지가 말씀하신 점들을 하나하나씩 다루고 싶거든요.

첫째로, 아버지는 복음서의 신빙성에 대한 논쟁과 제 신앙의 관계를 물어 보셨지요. 제 신앙은 복음서의 입증 가능한 신빙성과 크게 관계없어요. 제 신앙은 이 기록들의 모든 세부 사항이 증명하는 신빙성보다는, **전반적**인 신빙성에 달려 있어요. 제가 개인적으로 관계 맺고 있는 예수님은, 이 기록들이 보여 주는 역사적 예수님과 완전히 다를 수가 없습니다. 그렇다면 '나의 예수님'은 제가 생각하는 그런 예수님이 아닐 테니까요. 따라서 저는 예배 가운데 **경험**한 그리스도와 복음서 기록에 대한 저의 연구, **둘 다**로 인해 제 신앙이 진리임을 확신하는 것입니다. 그리고 그 연구는 적어도 제게 있어서는 복음서가 일반적으로 믿을 만한 것임을 보여 줬습니다. 믿음이란 그리스도와 나누는 사랑과 신뢰의 관계로, 고대 문서들에 대한 이론적 평가를 훨씬 뛰어넘습니다. 하지만 믿음이 이러한 역사적 평가와 분리되어 있는 것은 아니에요. 그것은 우리가 다른 사람들과 관계 맺는 것과도 흡사하지요. 예를 들어 아버지와 새어머니의 관계는 아버지가 새어머니에 대해 아는 객관적 정보 이상의 것이지요. 하지만 처음에 이러한 정보가 없었으면 아버지는 새어머니와 관계 맺는데 어려움을 겪으셨을 거예요.

둘째로, 아버지는 복음서의 구성과 일관성에 대해, 또 우리가 예수님이 무엇을 말씀하셨는지 확실히 알 수 있는지 의문을 제기하셨지요. 아버지 말씀대로 대부분의 학자들은 복음서 이야기가 구전과 문서로 구성되었다고 믿습니다. 저 역시 이것을 온전히 받아들이며, 이에 대한 증거는 반박할 수 없어요. 하지만 저는 여기에서 급진적이거나 '자유주의적'인 것은 찾지 못했습니다. 누가는 우리에게 자신이 입수한 자료들을 사용했다고 솔직히 말하고 있어요(눅 1:1-4). 그러나 이 사실은 저자의 신빙성을 조금도 감소시키지 않습니다. 오히려 저는 그것이 사전 자료와 저자들을 연결해 줘서, 저자가 이야기하고 있는 실제 사건을 우리가 더 생생히 느낄 수 있다는 점에서 신빙성이 증가된다고 생각합니다. 그들이 복음서를 저술할 때(아마도 A.D. 50년에서 70년 사이), 당시 유포되고 있던 자료를 어느 정도 이용했다는 것은 분명합니다. 또한 그 자료들이 실제 일어난 사건과 시기적으로 가까울수록 그 사건을 더욱 정확하게 기록할 수 있다는 주장도 믿을 만하지요.

각 복음서에 나오는 사건들의 순서가 서로 다르다는 것 역시 사실입니다. 하지만 저는 이것 또한 복음서의 신빙성을 감소시킨다고 생각하지 않아요. 아버지, 복음서는 우리에게 그저 예수님의 생애에 대한 전기적 정보만 주기 위한 것이 아닙니다. 역사적 호기심을 만족시키기 위해 쓰인 것이 아니라는 거죠. 그것은 사람들이 구세주와 관계를 맺어 구원받게 하려고 쓰인 것입니다. 그래서 복음서는 마치 '인상파 그림'처럼 역사적 그리스도의 각기 다른 초상화이며, 그 초상화의 주제에 맞게 재료들을 배열해 놓고 있어요. 잘 짜인 하나의 설교처럼, 복음서들은 역사 속 실제로 일어났던 사건 자체와, 그 역사적 사실을 어떻게 영향력 있게 들려줄 것인지 **둘 다**에 초점을 맞춥니다. 다른 비유를 들자면 복음서는 마치 가사로 정보를 전달하는 노래와도 같습니다. 그러나 사람들은 그 노래를 통해 단순히 정보를 얻는 데 그치지 않고, 마음의 감동과 변화를 경험하지요.

이 중 어느 것도 복음서의 신빙성을 떨어뜨리지 않는다는 것이 제 주장입니다. 당시 모든 역사적 저술들은 이와 똑같은 방식으로 쓰였습니다. 이것은 그저 우리가 예수님 생애의 정확한 순서를 확실히 알 수 없다는 것을 의미할 뿐이에요. (물론 전반적인 순서는 명백합니다.) 하지만 그렇다고 해서 어떤 차이가 생기나요?

예수님의 말씀에 대해서도 같은 말을 할 수 있겠지요. 복음서는 예수님이 정확하게 무엇을 언제 말씀하셨는지 증언이 서로 다릅니다. 하지만 이것은 당시 사람들이 정확한 어법을 중요시하는 오늘날 20세기 사람들이 아니었기 때문입니다. 그들은 당시 관중들이 들어야 한다고 생각하는 예수님의 교훈을 자신의 말로 풀어 썼으며, 이것은 결과적으로 예수님의 가르침이 얼마나 풍성한 것이었는지 보여 줍니다. 복음서들은 예수님의 행적을 '촬영/녹음' 하지 않습니다. 그것들은 예수님의 인생과 가르침에서 학술적, 개인적으로 중요한 것을 독자에게 전달해요. 복음서들이 20세기의 '촬영/녹음' 방식의 정확성을 쫓을 때만 그들에게 문제가 있다고 할 수 있을 겁니다.

저는 예수님의 말씀이 정확히 무슨 뜻인지 알기 위한 학자들의 시도—투표로 말이지요?—는 전혀 필요 없다고 생각해요. 또 복음서에 쓰인 모든 내용을 억지로 '조화'시키려는 근본주의자들의 노력도 같은 의미에서 쓸모없다고 봅니다.

이것은 또한 복음서가 '모순으로 가득하다'는 아버지의 비난에 대한 제 답변이기도 합니다. 복음서의 '모순'에 관한 모든 논란은 사람들이 복음서를 잘못 이용해서 나타난 결과입니다. 말하자면 그것들을 오늘날의 '촬영/녹음' 방식과 대조하여 대하는 거죠. 하지만 복음서가 쓰인 1세기 당시의 배경과 목적에 맞춰서 읽게 되면 이 '모순'들은 사라집니다. 이것은 단지 모순처럼 보이던 것들이 해명될 수 있기 때문이 아니라, 그 의문과 질문들이 완전히 부당한 것으로 판명되기 때문이지요.

그러므로 아버지, 저는 복음서를 신뢰할 만한 것이라고 봅니다. 물론 복음서가 우리의 역사적 호기심을 전부 해소해 주지는 않아요. 그러나 복음서는 우리가 반드시 알아야 할 모든 것을 말해 주며, 우리에게 가장 중요한 질문인 '예수 그리스도는 누구인가'에 명쾌한 해답을 줍니다. 따라서 이 질문과 더불어 결정을 내려야 할 거예요. 예수님은 미치광이 혹은 거짓말쟁이였다거나, 그게 아니라면 그분의 추종자들이 증거했던 것처럼 우리의 주님이라고 말이에요. 이성에 호소하는 증거와 마음에 호소하는 성령님은 후자가 답일 수밖에 없다고 말합니다. 생각해 보세요, 아버지.

아버지가 좋아하시든 아니든, 제가 아버지를 위해 많이 기도하고 있다는 사실을 기억하세요. 제가 아버지를 사랑하니까요.

1990년 4월 26일
그렉 올림

복음서는 누가,
언제 쓴 것인가?

Who wrote the Gospels and when were they written?

사랑하는 그렉에게

너희 식구 모두 잘 지냈다니 기쁘구나. 대회 스케줄이 어떻게 되는지 알려 주렴. 네가 100킬로미터 달리기 대회에 나가겠다니 놀랍기도 하고 염려되기도 한다. 그렇게 먼 거리를 달리는 건 누구에게든 좋을 리 없을 텐데. 도대체 네가 어떻게 그런 일에 '재미'를 느끼는지 나로서는 도저히 이해할 수 없구나. 내가 보기에 그런 일은 지옥이라는 말이 딱 들어맞는 데 말이야.

그래, 토론을 계속 하자구나. 일단 너의 모든 말이 전혀 이해되지 않는다는 것을 말해야겠다. 하나님에 대한 것은 어느 정도 이해했다만, 역사적인 것들은 좀 버겁구나. 나는 성경의 어느 부분이든 이렇게 '역사적' 관점으로 바라보는 데에 익숙해지지 않는다. 또한 나는 각 복음서마다 여러 차이점이 있고, 과거의 자료들을 이용했다는 것 등을 네가 인정하는 것에 놀랐다. 나는 너희 복음주의자들은 언제나 이 '거룩한 책'을 모든 방면에서 완벽하고, 남쪽 침례교도들이 말하는 것처럼 '무오'하며, 하늘에서 뚝 떨어진 것으로 여긴다고 생각했거든. 너는 그렇게 믿지 않는 거냐?

어떤 경우에든 네가 무엇을 주장하려는지 알겠고, 그건 매우 흥미롭구나. 하지만 오늘의 내 반론을 말하마. 너는 이 책들이 언제, 또 누구에 의해 쓰였는지 어떻게 확신할 수 있지? 사실상 그 책들이 오랜 기간 손에서 손으로 전달되어 왔다는 사실에 비춰 볼 때, 네가 지금 보고 있는 게 원본 복음서라고 어떻게 확신할 수 있니? 어쩌면 그것들은 도중에 '개편' 되었을지도 모르는 일 아니냐.

너는 이 질문의 대답을 알고 있을 거라고 생각한다. 그게 뭔지 말해 주렴.

1990년 5월 3일
많은 사랑을 담아, 아버지가

사랑하는 아버지, 그간 평안하셨지요?

자, 토론은 계속됩니다! 바로 본론으로 들어갈게요.

아버지는 제가 성경이 영감되었다고 믿으면서도 어떻게 그

열다섯 번째 편지

것을 역사적 방식으로 대할 수 있는지 물어 보셨지요. 저는 대부분의 복음주의자들이 성경을 마치 하늘에서 떨어진 것처럼 취급한다는 아버지 말씀에 동의해요. 하지만 저는 그것이 잘못된 개념일 뿐 영감과는 전혀 관계없다고 생각해요. 비록 제가 성경이 영감되었고 무오하다고 믿는다 해도, 그것이 다른 책들과 같은 방식으로 인간에 의해 쓰인 책 묶음인 것은 분명하죠. 제가 성경이 '영감되었다'고 할 때는 하나님이 성경이 생겨나는 역사적 과정 속에 임하셨다는 확신을 표현하는 것입니다. 따라서 저는 성경이 하나님의 말씀임을 믿는 것과, 그것을 다른 역사서들과 동일한 방법으로 분석하는 것 사이에 모순이 있다고는 생각하지 않아요.

제게는 성경이 영감되었다고 믿을 이유가 많이 있어요. 그리고 언젠가는 우리가 이에 대해서도 말할 필요가 있겠지요. 하지만 제 생각에 성경이 영감되었다고 믿는 것이, 예수 그리스도는 성육신하신 하나님이며, 아버지 삶의 구세주가 되실 수 있다는 것을 믿는 것만큼 기독교 신앙의 중심이 되지는 않습니다. 구원은 성경과 관계 맺는 것이 아니라 그리스도와 관계 맺는 것이지요. 오히려 제가 성경이 영감되었다고 믿는 것은, 그리스도가 제 삶의 주님이라고 고백하는 것의 (기반이 아닌) **결과**랍니다.

이제 복음서들의 연대(年代)와 저작자에 대한 아버지의 질문에 대해 이야기해 볼게요. 고대 문서들의 신빙성을 평가하는 것만큼이나 이것 역시 복잡하고 지겨운 문제가 될 수 있어요. 하지만 단순하고 간략하게 말하도록 노력할게요.

먼저, 복음서가 얼마나 초기에 쓰였는지 그리고 사도들의 저작인지를 변호하는 일은 기독교의 핵심 문제가 아닙니다. 설령 복음서가 추측되는 저작 시기보다 조금 늦게, 제자가 아닌 다른 사람들에 의해 쓰였다 해도, 복음서의 전반적인 신빙성은 다른 근거들에 의해서도 충분히 보여 드릴 수 있다는 거지요. (그중 일부는 이전 편지에서 말씀드렸고요.) 그러니 복음서가 1세기 말에 사도가 아닌 작자 미상으로 쓰였다는 주장이 결정적으로 증명된다 해도, 예수님에 대한 그들의 묘사는 이렇게 말할 수 있을 만큼 정확하다고 생각해요. 즉, 1세기 초에 자신과 자기 삶이 계시와 기적─죽음에서 부활한 것을 포함하여─을 위함이라고 주장하는 유대인이 있었고, 그는 (인간의 신성함을 주장하는 그 어떠한 것도 반대하는) 정통 유대교에 자신의 주장이 사실임을 받아들여지게 했다는 것입니다. 그리고 저는 여전히 이 예수라는 이름을 가진 1세기 랍비가 상상 이상으로 똑똑한 (하지만 동시에 자기 자신을 십자가에 못 박을 정도로 멍청하기도 한) 사기꾼이었는지, 아니면 그가 진실을 말했던 건지 결정해야 합니다. 설사 복음서 작성 연대가 더 뒤에 이루어졌다고 본다 해도, 예수의 전통적 묘사를 무시하기에는 이 문서들의 전반적인 신뢰성을 뒷받침하는 증거가 너무 많습니다. 혹여 그 복음서들 스스로 후기에 쓰였다고 인정한다 해도, 그 내용은 절대 후기의 것이 아닙니다.

그러나 복음서가 초기에 사도들에 의해 쓰였다는 사실이 증명될 수 있다면 훨씬 좋겠지요. 그리고 저는 합리적 확신을 갖고 그것이 증명될 수 있다고 믿습니다. 아버지, 복음서의 연대를 추정하는 열쇠는 사도행전에 있습니다. 사도행전이 복음서들(요한복음은 예외일 수 있지만요) **이후에** 쓰였다는 점은 거의 모든 학자들(자유주의와 보수주의)이 동의하기 때문입니다. 따라서 공관복음서(마태복음, 마가복음 누가복음)는 사도행전보다 연대적으로 나중일 수가 없습니다. 그렇다면 사도행전이 쓰인 연대는 어떻게 될까요? 저는 1세기 60년대 초기쯤일 수밖에 없다고 보는데, 이유는 다음과 같습니다.

1. (사도행전의 저자로 인정되는) 누가는 A.D. 70년에 있었던 예루살렘의 멸망을 언급하지 않습니다. 누가는 특별히 사도행전의 처음부터 끝까지 예루살렘에서 일어난 사건들에 지대한 관심이 있었기 때문에, 사도행전이 A.D. 70년 이후에 쓰인 거라면 이것은 대단히 놀랄 만한 일이 될 거예요. 아버지, 실제로 누가는 그의 저술 전체에 걸쳐 로마인과 유대인의 관계에 관심을 가지고 있었음에도 불구하고, 예루살렘을 멸망으로 이끈 A.D. 66년 유대인과 로마인의 전쟁은 언급하지 않습니다. 예를 들어, 누가는 A.D. 44년 유대인과 로마인의 사소한 충돌만 언급해요. 그렇다면 어떻게 그가 22년 후에 일어난 훨씬 중대한 전쟁, 즉 유대 성전이 멸망하고 온 예루살렘이 파괴된 그 전쟁을 빼놓고 넘어갈 수 있었겠어요?

이 점을 더욱 확실히 해주는 사실은 누가복음에서 예수님이 예루살렘의 멸망을 예언하신 부분입니다(눅 21장). 제가 생각할 때 누가가 이 예언이 어떻게 성취되었는지 알릴 기회를 놓쳤다는 것은 대단히 믿기 어렵습니다. 더구나 누가가 애당초 사도행전을 쓴 이유 중 하나가, 초대교회에서 어떻게 성령의 역사가 예수님의 사역을 진척시키며 성취하는지 보여 주는 것이었음을 생각해 보면요!

사실상 모든 복음서는 예수님의 예루살렘 멸망에 대한 예언을 기록합니다. 자, 여기서 초자연적인 것은 뭐가 됐든 믿지 않는 자유주의 학자들은 이 기록을 볼 때 복음서가 예루살렘 멸망 이후에 쓰인 것이 분명하다고 주장합니다. (그들이 복음서의 저작 연대를 늦춘 주된 이유이지요.) 그렇기 때문에 이 학자들은 예수님이 전혀 언급한 적도 없는 예언을, 복음서 저자들은 예수님이 하셨다고 거짓말했다는 거예요.

하지만 여기에서 흥미로운 관찰거리는, 모든 복음서들이 예루살렘 멸망은 세상의 종말과 밀접하게 연관된다고 주장한다는 것입니다(눅 21장; 마 24장; 막 13장). 이것은 해석자들에게 몇 가지 문제를 야기합니다. 예루살렘이 멸망했을 때 세상은 분명 끝나지 않았으니까요. (걱정 마세요. 그에 대한 답이 있으니까요.) 하지만 본문에서의 문제는 자유주의적 관점에 더 심각한 문제를 불러일으킵니다. 복음서 저자들이 예루살렘 멸망 이후에 예루살렘에 관한 예수님의 예언을 꾸며 낸 거라면, 그들은 그 예언을 도래하지도 않은 일, 이를테면 세상의 종말과 연관시켰을 리가 없기 때문이지요! 무슨 말씀인지 아시겠어요?

그래서 저는 A.D. 70년에 있었던 예루살렘 멸망에 관한 예수님의 예언은, A.D. 70년 이전에 쓰였어야만 한다는 결론을 내린 겁니다. 예언이 멸망 이후에 쓰였다면(꾸며졌다면) 누가는 사도행

열다섯 번째 편지

전에서 분명 언급했을 것이며, 어떤 저자들도 그것을 세상의 종말과 연관시키지는 않았을 거예요.

2. 사도행전은 60년대 중반에 있었던 네로의 그리스도인 핍박에 대해서도 언급하지 않습니다. 사실상 로마 정부에 대한 누가의 견해는 단연 협조적이지요. 이는 로마 정부가 그리스도인들에게 적대적이지 않았던 시기, 곧 네로 통치 이전에 그 문서가 쓰였다는 것을 알려 줍니다.

3. 사도행전에서 누가는 '덜 중요한' 기독교 선도자(스데반이나 야고보)의 순교에는 매우 관심을 기울이면서도, 바울(A.D. 64)과 베드로(A.D. 65)의 순교에 대해서는 언급하지 않습니다. 이것은 매우 기이한 일입니다. 왜냐하면 사도행전의 절반은 바울에 대한 것이며 상당 부분은 베드로에 대한 것이기 때문입니다! 따라서 누가가 그들이 죽은 이후에 글을 썼다는 것은 도저히 이해할 수 없는 일입니다.

4. 사도행전의 많은 주제들은 예루살렘 멸망 이후가 아닌, 이전에 중요한 문제들에 대해 다룹니다. 이 사실은 당시 독자의 필요와 관심사가 멸망 이전이었다는 것, 다시 말해 그 독자들이 그때까지 예루살렘의 멸망을 경험하지 못했다는 것을 보여 줍니다.

5. 로마제국 사람들과 사건들에 대한 누가의 기록은 고고학으로 계속 입증되어 왔습니다. 그는 1세기 초에 대해 상세한 지식이 있었는데, 이 문서의 연대를 뒤로 잡을수록 누가가 그런 지식을 갖고 있을 가능성은 더욱 희박해집니다.

6. 누가는 사도행전에서 기독교 초기에는 널리 사용되었으나

A.D. 70년 이후에는 사용되지 않은 표현들을 사용합니다. 예를 들어 사도행전에서 예수님은 '인자'(the Son of Man)라고 불리는데 이 호칭은 기독교계에서 매우 이른 시기에 소멸되었고, 그 대신 '하나님의 아들'(Son of God)이라는 호칭으로 대체되었지요.

그러므로 사도행전은 늦어도 60년대 중반, 아마도 그보다 조금 더 이른 시기에 쓰였다고 볼 수 있습니다. 누가복음은 사도행전 직전에 쓰였습니다. 그 둘은 두 권으로 나뉜 하나의 저술이지요. 그리고 거의 보편적으로 누가복음은 마가복음 이후에 쓰였다고 주장됩니다. 또한 많은 문헌들을 검토해 볼 때 마태복음과 누가복음은 대략 동시대에 쓰인 것으로 추정되지요. 이렇게 가정을 하는 이유 중 하나는 둘 다 비슷한 형태로 마가복음과 'Q' 문서라고 불리는 다른 자료를 이용한 점 때문입니다. 그러므로 '공관복음서'라고 불리는 이 세 복음서의 연대는 60년대 중반 이전의 어느 때가 되어야 합니다.

아버지, 이러한 사실에 담겨 있는 의미는 매우 중요합니다. 우리는 십자가 사건이 일어난 후 30년 이내에 쓰인 문서들을 가지고 있습니다. 그것은 어떠한 역사적 기준으로 보더라도 매우 가까운 시기라서 중대한 '전설'이 첨가될 시간이 없었습니다. 목격자들, 특히 복음서 메시지에 적대적인 사람들은 이 저술들이 회람되던 곳 가까이 살고 있었습니다. (복음서들은 이처럼 내장된 '진실성 검사표'[reality check]를 가지고 있습니다.) 그리고 복음서 속 많은 자료들은 기록된 사건들과 더 근접하게 거슬러 올라갑니다.

이 모든 사건들과 제가 앞에서 아버지께 제시한 신빙성의 증거를 결합해 볼 때, 복음서를 최소한 통상적으로 신뢰할 문서로 봐야 합니다.

이제 복음서의 저자 문제에 관해서는 세 가지만 간단히 말씀드릴게요. 첫째, 누가복음과 사도행전의 저자에 대해서는 논란이 많지 않습니다. 문서 자체가 말해 주고 초기 자료들이 확증하듯이 저자는 누가입니다. 이것만으로도 그리스도에 대한 기독교의 관점은 설득력을 갖습니다.

둘째로, 나머지 세 복음서의 저자는 2세기 초 진실을 알 만한 지위에 있는 사람들이 확증한 바 있습니다. 그들은 당시 자신의 신앙으로 핍박받고 심지어 순교까지 당했기 때문에 진실을 알고 싶었을 것입니다. 누구도 거짓말을 위해 죽음을 무릅쓰지는 않으니까요.

셋째로, 이 초기 교리는 우리가 이 복음서들에 대해 아는 다른 모든 것과 맞아 떨어지는데, 바로 사건이 기록될 당시 사람들의 관점을 모든 방면에 반영한다는 것입니다. 제가 아버지께 이미 제시한 증거들에 하나 더 덧붙이자면, 공관복음서를 통해 알 수 있는 것 중 하나는 (요한이 많이 다른 말로 바꾸어 표현하는) 예수님의 눈에 띄는 설교 '방식'입니다. 비록 저자들이 예수님의 가르침을 어느 정도 풀어쓰긴 하지만, 그분의 독특한 설교 방식은 세 복음서에 모두 나타납니다. 예를 들어, 예수님은 삼위일체 양식(three-fold pattern)을 자주 사용합니다. 또한 그분은 '아멘(＝진실로)'을 아주 독특한 방법으로 쓰며, 남다른 태도로 질문을 던지십니다. 만일 저자들이 예수님과 관련이 없었다면, 만일 그들이 이 모든 것을 꾸며 냈다면 (그러나 왜 꾸며 내고 싶어 할까요?) 이 공통점은 설명이 불가합니다.

저는 이 모든 것이 절대적 확신을 형성하지는 않는다는 점에 동의합니다. 그러나 누구든 이 저작자성(authorship)을 부정할 의향이라면, 이 초기 교리들이 왜 부정확하며 어떻게 이 문서들이 처음부터 이 저자들에게 속하는 실수가 생겼는지 증명해 내야 합니다. 그리고 아직까지 아무도 그것을 논박한 적이 없습니다. 적어도 제가 만족할 만큼은 말이지요.

아버지, 제 주장을 정리하면 이렇습니다. 우리에게는 유대인의 신학을 완전히 뒤엎을 만큼 강력하게 자신을 신이라고 주장한 사람에 대한 문서가 있습니다. 그는 유대인 청중들에게 자신이 사실상 지상에 임한 주님이요 메시아이며 세상의 구세주라는 것을 설득시켰습니다. 이것은 정말 보통 일이 아닙니다! 우리는 복음서와 서신서를 통해, 그가 평범한 인간은 할 수 없는 삶의 방식과 행동으로 그 사실을 보여 주었다는 것을 알 수 있습니다. 특히 그가 보여 준 기적들과 그의 부활은 장차 그의 추종자가 될 사람들에게 그분이 '하나님의 아들'이 될 수밖에 없음을 확신시켰습니다.

이제 우리에게 남은 질문은 "과연 우리는 예수를 누구라고 하는가"입니다. 예수님이 그의 제자들이 말한 것과 같은 분이 아니라면 도대체 그는 어떤 분이란 말입니까?

아버지, 우리는 함께 토론하면서 하나님은 지금도 살아 계시고 우리를 알고 사랑하시며, 우리가 우리 자신에 대해 관심 갖는 것보다 더 많은 관심을 가지신 인격적 존재라는 것에 합의했지요.

열다섯 번째 편지

그러므로 저는 이제 아버지께 이런 질문을 드리고 싶어요. 복음서들에 나오는 이 증거가 '들어맞지' 않나요? "그리스도 안에서 하나님이 세상을 구속하셨다"(고후 5:19, **제가 풀어썼어요**)라는 선포는 역사적 증거일 뿐 아니라, 하나님에 대한 이러한 견해와도 부합하지 않나요? 이 선포가 지적인 질문에 답을 주는 것과 함께 마음의 열망을 확증해 주지 않나요? 아버지가 이에 대해 생각해 보시고 또 (누가 알아요?) 기도까지 해 보시면 좋겠어요.

너무 지루하게 오래 끌어서 죄송해요. 하지만 이건 좋은 질문을 던지신 아버지 탓이랍니다. 아버지가 그냥 회심해 버린다면 이 모든 것을 논할 필요가 없을 텐데요! 농담이에요. 사실 저는 토론을 좋아해요. 덕분에 이런 종류의 일에 대해 생각하는 걸로 먹고 사는 거랍니다. 제가 염려하는 것은, 단지 지나치게 전문적으로 말하다가 아버지의 인내에 무거운 짐을 지우지나 않을까 하는 것뿐이지요. 용서하세요. 하지만 솔직히 말씀드리면 저는 아버지의 질문들에 달리 어떻게 답해야 할지 모르겠어요.

답장 기다릴게요.

1990년 5월 23일
사랑과 희망을 품고, 그렉 드림

예수에 관한 질문

예수가 죽은 자 가운데서 살아났다는 말을 어떻게 믿을 수 있는가?

How can you believe that a man rose from the dead?

사랑하는 그렉에게

예수와 성경에 대한 너의 접근이 하나님에 대한 너의 관점만큼이나 묘하다는 생각이 드는구나. 너는 성경에 대한 네 믿음이 예수에 대한 네 믿음 다음이라고 말하는 거냐? 이건 내가 추측해 왔던 것과는 순서가 반대지만 네가 뭘 말하려 하는지는 알 것 같다. 그리고 영감에 대한 너의 이해도 내가 지금까지 들어 온 것과는 전혀 다르구나. 베델 신학교의 다른 사람들도 그렇게 생각하는 거니? 아니면 네가 근본주의자들 사이에서 별난 자유주의자인 거냐?

어쨌든 그렉, 너는 복음서들이 믿을 만한 원 자료를 상당히 많이 담고 있다는 점에 대해 내게 많은 확신을 주었다. 나는 네 논리에 큰 감명을 받았단다. 그러나 너는 그것들이 모든 면에서 믿을 만하다는 것을 증명하지는 않았다. (그리고 요한복음이 어느 면에서 믿을 만한 건지 보여 주지도 않았다.) 그러니 이번 내 답장은 내가 저번에도 했던 질문이 되겠구나. 성경 전체에 '설화'가 깔려 있는 것처럼, 복음서들의 역사 자료에도 '설화'가 꽤 섞여 있지 않다고 어떻게 장담할 수 있니?

나는 복음서의 '일반적인 신빙성'을 부인하는 것이 아니다. 또 예수가 모종의 '병 고치는 기적' 같은 것을 행했다는 점도 부인하지 않아. 다만 다른 종교에서도 볼 수 있는 이야기들이 어쩌면 점점 더 부풀려져서, 마침내 복음서가 쓰일 때 그가 세상의 구세주로 믿어지게 됐을지도 모르는 일이지! 비범한 사람들에게는 언제나 이런 일이 일어나지 않느냐? 너도 알다시피 사람들은 부처와 마호메트의 기적에 대해서도 이야기하잖니.

이 질문의 핵심에는 내가 기독교에 대해 갖는 근본적인 문제가 자리하고 있어. 내가 아는 모든 죽은 사람들은 여전히 죽은 상태로 있다! 하지만 그리스도인들은 예수가 죽은 자 가운데서 살아났다고 말하지. 너는 내가 잘 알지도 못하는 몇몇 케케묵은 문서들의 '일반적인 신빙성'을 이유로, 죽은 사람은 계속 죽은 채로 있을 수밖에 없다는 사실을 뒤엎을 것을 요구하고 있구나. 오늘날 '일반적으로 신뢰할 만한' 어떤 사람이 너에게 그들의 친구 한 명이 자기 무덤 밖으로 걸어 나왔다고 말한다면 너는 믿겠니?

나는 왜 제자들이 예수가 죽은 자 가운데서 살아났다고 **생각했는지는** 모르겠다. 하지만 그 **어떤** 설명도 그가 실제로 **살아났다**고 추측하는 것보다야 낫겠구나. 어쩌면 제자들이 환각에 빠졌던

예수에 관한 질문

걸지도 모르지. 파티마(Fatima)*를 포함해서 다른 곳에서도 사람들이 기묘한 것들을 보았다고 하지? 특별히 종교 열성자들이 말이다. 오럴 로버츠(Oral Roberts)**를 보렴! 아니면 누군가가 시체를 훔쳐 갔을지도 모르지. 어떤 장난꾸러기들이 말이다. 혹은 예수가 이 모든 것을 어찌어찌 꾸며 냈는지도 모르고. 숀필드(Schonfield)***가 그의 저서 《유월절 음모》(*The Passover Plot*)에서 말한 것처럼 말이다. 나는 정말 모르겠다. 어쨌든 그가 죽은 후에 천사들과 함께 그냥 나타났다는 이야기는 결단코 받아들이지 못하겠구나.

너는 지난번 편지 끝에서 내가 예수를 누구라고 생각하느냐고 물었지. 솔직히 말해 나는 그 질문에 대해 명확한 답이 없다. 하지만 내가 확신하는 한 가지는 있어. 그가 누구였든, 그는 **지금** 이 세상에 없다는 거지. 그는 죽었거든.

이쯤 되면 너도 진절머리가 났을 게다! 우리가 이 문제로 씨름한 지 1년이 넘은 데다가, 내가 대단히 흠모하는 너의 모든 지적인 논증에도 불구하고 나는 네 신앙을 받아들이는 일에 예전보다 가까워진 것 같지 않거든. 하나님에 대한 내 견해는 다소 바뀌었지만, 어찌 보면 나는 그저 훨씬 더 많은 지식만 얻게 됐을 뿐인 것 같구나.

---

* 어린 양치기 세 명이 성모 마리아의 발현을 목격했다는 포르투갈의 마을.
** 예수의 계시를 받았다고 주장한, 미국 오순절 교단 소속 TV 전도자.
*** 예수의 신성을 부인하고, 예수를 로마에 맞선 정치적·종교적 해방자로 주장한 유대인 학자—모두 편집자 주.

1990년 5월 29일

너를 사랑하는 아버지가

사랑하는 아버지께

지독하게 뜨거운 그곳에서 두 분 모두 잘 지내시리라 믿어요. 이 곳이 매섭게 추운 겨울일 때는 아버지가 저희를 놀리실 수 있지만 여름이면 상황이 역전되지요. 그곳 더위가 어떤지 저는 잘 아니까요. 겨울에 저희가 밖에 나가는 횟수보다 여름에 아버지가 집 밖에 나가시는 횟수가 더 적을 거라고 장담해요! 아, 정말이지 우주의 멸망이나 다름없네요. 세상엔 이런 저런 계절들이 가련한 인간들을 괴롭히지 않는 에덴동산 같은 곳은 없나 봅니다.

이제 신학적인 이야기를 해 볼게요. 저는 이 편지를 쓰기 위해 오후 일정을 전부 비워 놓았어요. 아무래도 아버지에게 보내는 저의 **대작업**이 될 것 같아서요. 이제부터 저는 부활에 대해 이야기할 텐데요, 이건 아마 우리가 토론해야 할 가장 중대한 문제일 듯합니다.

먼저 제가 아버지의 회의주의에 진절머리가 났을 거라는 염려에 대해 말씀드려야겠군요. 그런 생각은 가당치도 않으세요! 저는 아버지의 강인한 성품과 빈틈없는 질문과 반론에 탄복하고 있어요. 저는 이 토론을 진심으로 좋아해요! 주제에 대한 제 애정과

154

별개로, 저는 그저 인생의 가장 중요한 문제에 대해 아버지와 대화를 나눈다는 사실이 즐거워요. 이전에 우리가 이렇게 이야기한 적이 한 번도 없었잖아요.

하지만 저는 또한 아버지가 모르시는 뭔가를 알고 있지요. 그게 저를 흥분시킵니다. 아버지, 아버지는 정말 대단한 분이세요. 하나님은 그 사실을 잘 알고 계시지요! 하나님은 아버지를 열렬히 사랑하시며 아버지가 영원토록 하나님과 함께하시기를 바라세요. 그리고 하나님의 프로그램에 대해 아버지가 꺼려하는 부분이 있음에도 불구하고, 하나님은 아버지의 마음이 매우 유순하다는 것을 아십니다. 제가 할 일이라고는 다만 지적인 문제들을 가능한 한 많이 해결해 드려서, 하나님이 아버지 마음에 자유롭게 다가가실 수 있도록 하는 것뿐이지요. 제 생각으로는 편지가 하나씩 오갈 때마다 하나님은 아버지께 점점 더 가까이 다가가고 계십니다.

이러한 확신은 아버지에 대한 사랑과 관심과 함께 저를 고무시킵니다. 그것을 본능이라고 해도 좋아요. 그러나 저에게는 아버지가 구원받으실 거라는 분명한 확신이 있답니다. 아마 아버지는 모르시겠지요. 아직까지 그에 대한 증거도 전혀 없으실 수 있고요. 하지만 제가 아버지를 위해 기도할 때 밀려오는 확신이 있습니다. 그것은 바로 성령님, 곧 아버지의 회의적인 마음을 조금씩 무너뜨리고 있는 그 동일한 성령님이지요. 이런 말이 분명 진부하게 들리시겠지만 상관없어요. 저는 언젠가 아버지가 이날들을 되돌아볼 때 알게 되시리라 믿어요. 그러니 아버지는 어떤 경우에도 제가 대화를 나누다가 지칠 거라고 염려하실 필요가 없습니다.

좋아요, 이제 부활에 대한 아버지의 반론을 살펴보도록 해요.

먼저, 아버지는 부활이 단지 믿든 말든 상관없는 '믿음의 조항'이라고 주장하시지요. 그래서 우리가 막다른 골목에 이른 것이 아닌가 생각하시고요. 저는 그 말에 동의하지 않습니다. 물론 부활에 대한 믿음은 어떤 역사적 사건에 대한 이론적인 가설 이상의 것입니다. 하지만 그렇다고 해서 그것이 역사적 사건에 대한 가설과 아무런 상관이 없다는 의미는 아니지요. 그 사건은 역사 속에서 일어났으며, 그렇기 때문에 다른 모든 역사적 사건과 마찬가지로 역사적 판단 기준에 의해 확인되어야 합니다. 그리스도의 부활을 믿으려면 증거만으로는 부족합니다. 저는 사람의 마음속에 성령의 역사가 임해야 한다고 생각합니다. 하지만 그렇다고 해서 역사적 증거와는 **별도로** 이러한 믿음을 주장해야 한다는 의미는 아닙니다. 진리란 지성과 성령이 조화를 이루는 것이지요.

제가 아버지의 마음에 깨달음을 주시는 성령님의 사역에 관여할 수는 없습니다. (저는 성령님이 아니니까요!) 하지만 아버지의 지성을 납득시키는 제 일에 대해서는 무지막지하게 관심이 있어요. 그래서 부활의 증거에 대해 아버지와 얘기하고자 합니다. 그것은 단순한 '믿음의 조항'이 아닌 역사적 추론과 만나는 믿음의 조항이지요.

둘째로, 아버지는 제가 복음서의 '일반적인 신빙성'은 보여 주었지만 (요한을 제외하고요. 하지만 그건 또 다른 복잡한 이야기인데다, 별로 중요치 않습니다.) 복음서가 '모든 면에서' 믿을 만하다는 것은

예수에 관한 질문

입증하지 못했다는 걸 제대로 지적해 주셨습니다. 하지만 그것이 온당한 요구일까요? 한 사람이 어떻게 고대 역사적 문서를 완벽히 입증할 수 있겠어요? 저는 우리가 다른 고대 문서들을 취급하는 것과 **똑같이** 복음서들을 취급해야 한다고 주장해 왔습니다. 그런데 아버지가 요구하시는 것은 그것을 훨씬 넘어서는 일이지요.

물론 복음서 내용 중에 믿을 만하지 않은 측면이 있을 수도 있어요. 하지만 복음서들이 **전반으로** 신뢰할 만하다는 주장은, 이제 특정한 측면에서 복음서들의 신빙성을 부인하는 사람에게 **왜** 그들이 그렇게 생각하는지 입증할 책임이 있다는 것입니다. 복음서 안에 '설화'가 있다면 그것은 입증되어야만 합니다. 우리는 복음서들이 믿을 만하다고 주장할 훌륭한 근거들을 가지고 있기 때문이지요.

제가 말하는 세 번째 요점은 이와 관련된 것입니다. 아버지는 복음서들의 역사적 사건 속에 전설적인 특징들이 섞여 있을 거라고 추측하십니다. 하지만 어떤 근거로 그런 생각을 하시나요? 그러한 주장을 하는 이들에게서 제가 지금까지 찾을 수 있던 딱 한 가지 진짜 근거는(이 방면에 대해서 연구를 엄청 했답니다), 복음서에 기록된 예수님의 생애 속에 초자연적인 사건들이 나타난다는 것입니다. 그렇기 때문에 복음서들이 어느 정도 전설적이라는 것이지요.

하지만 그들은 우주에 관한 무오한 지식을 어디에서 얻습니까? 우리가 사는 이 우주에서 모든 사건 배후에 반드시 원인이 있어야 한다고 생각하는 것은, 다른 어떤 것보다도 더한 '맹목적인

열여섯 번째 편지

믿음'입니다! 더구나 그것은 아버지께는 소용없는 개념처럼 보입니다. 아버지는 이미 우주 배후에 혹은 위에 인격적인 하나님이 계시다는 것을 믿기 때문이지요. 그러한 신적 존재를 두고 우리가 어떻게 그분이 간섭할 가능성을 배제할 수 있단 말입니까? 오히려 그분이 우리 존재의 최상급 모범이라면 그 간섭을 당연히 예상해야 할 것입니다.

또한 복음서가 전설적인 내용을 포함하고 있다는 이론에 반대하는 네 가지 역사적 논증이 있습니다. 첫째로, 복음서들은 기록된 사건들이 일어난 지 몇 십 년 내에 쓰였기 때문에 그 짧은 기간 안에 대단한 전설이 생겨나기는 어렵다는 거예요.

둘째로, 복음서가 적대적인 환경에서 쓰였으므로 전설적인 부분이 덧붙여지지 않도록 방지되었을 수밖에 없습니다.

그리고 셋째, 실제로 전설적인 이야기가 추가되었다 해도 후기도 아닌 초기 복음서에 나타나기는 어렵다는 거예요. 18세기와 19세기의 많은 자유주의 신학자들은 이것을 증명하려고 애썼어요. 하지만 그렇게 할 수 없었기에 그들의 주장은 다 와해되어 버렸습니다. 가장 최초의 자료들까지도 후기 자료들과 마찬가지로 기적 이야기들로 가득 차 있습니다. 사실상 바울의 서신들은 예수님에 대해 완전히 '신격화된' 관점을 대표합니다. (즉, 그분이 주님이시며 하나님이라는 것이지요.) 그리고 서신서 대부분은 그 어떤 복음서도 쓰이기 이전에 쓰였습니다. (심지어 서신들은 초기에 작성되었다는 것을 증명할 수 있는 자료를 포함하고 있어요. 완전히 초자연적인 예수님과 함께요! [빌 2:6-11]). 즉, 예수님 생애의 초자연적 특징들은 오랜 시간을 두고 발전한 게 아니라 처음부터 있었던 거지요!

마지막으로, 만일 복음서들이 신빙성 있는 자료 안에 전설적인 내용을 포함하고 있었다면 앞서 말했던 '역사적 판단 기준'을 다른 '비전설적' 내용과 함께 통과하지 못하리라고 예상해야 합니다. 하지만 그건 사실이 아니지요. 제가 아버지에게 말씀드렸던 요한복음 20장의 부활 기사를 다시 생각해 보세요. 그것은 목격자들의 보고인 것을 드러내는 모든 특징을 보여 줍니다.

그러므로 아버지, 저는 초자연적인 사건들 때문에 복음서의 일반적 신빙성을 뒤엎을 마땅한 이유를 찾을 수가 없습니다. 이것은 복음서에 나오는 부활 기사에도 적용됩니다. 만약 어떤 사람이 이 기사들의 신빙성을 부인하고자 한다면 그 이유를 입증할 책임은 그에게 있습니다. 하지만 제 생각에 그것은 매우 어려운 일입니다. 추측컨대, 실제로 부활이 역사적 사실이라는 증거는 예수님의 생애에 일어난 다른 어떤 사건, 심지어는 우리가 당연하게 여기는 다른 많은 역사적 사건들보다 더 강력하기 때문이지요. 저의 주장을 간략하게 말씀드릴게요.

1. 부활 사건은 다섯 개의 독자적인 출처가 증언합니다. (마태, 마가, 누가, 요한, 바울―이들은 고린도전서 15장의 베드로와 야곱처럼 다른 무수히 많은 출처를 참고했습니다.) 이같이 많은 출처는 이야기의 신빙성을 크게 높여 주지요. 혹자는 마태와 누가가 그들의 다른 기록처럼 부활에 대해서도 마가의 기사를 빌려 왔다고 주장할 수 있습니다. 하지만 흥미로운 사실은 부활에 대한 그들 각각의 기사가 서로, 또 마가의 것과 완벽히 다르다는 점입니다! 실제로 각 증언

에는 공통 자료보다는 독특한 개별 자료들이 더 많습니다. 그 기사들을 잘 조화시켜야 하는 문제가 있을 정도지요. 하지만 그 문제는 그들 각자가 어떻게 부활을 그처럼 독자적으로 증언할 수 있었는지 설명하는 문제에 비하면 아무것도 아닙니다. 만약 정말로 부활이 일어난 적이 없다면 말이지요.

2. 예수님의 무덤이 있는 장소는 모든 사람들이 잘 아는 곳이었습니다. 그러므로 예수님이 죽은 자 가운데서 살아나지 않고 그 시체가 아직 무덤에 있었다면 쉽게 확인할 수 있었을 거예요. (신앙 때문에 빈축을 샀던) 예수님의 제자들과 (기독교인들의 주장을 위조하고 싶어 했던) 예수님의 대적들은 무덤을 확인할 동기가 있었지요. 하지만 그들 모두 무덤이 비어 있었다는 데에 동의했습니다. 이것을 어떻게 설명해야 할까요?

3. 두 번째 사항과 관련하여, 예수님이 십자가형을 당하고 단 몇 주 후에 예루살렘에서 기독교 교회가 시작됐다는 사실에 대해 누구도 반론을 제기하지 않습니다. 교회는 폭발적으로 성장했지요. 이러한 폭발을 일으킨 메시지의 내용은, 예수님이 행하신 기적들과 그분의 부활을 통해 입증된 대로, 예수님이 메시아요 만유의 주라는 것이었습니다. (사도행전 2장 22절부터 24절을 보세요.) 그들은 청중에게 먼 과거에 있던 어떤 미지의 인물을 제시한 것이 아닙니다. 동시대를 살았던 한 인물에 대해 말하고 있는 것입니다! 이러한 성장을 어떻게 설명해야 할까요?

4. 앞에서 말했듯이 부활 기사 속에는 후대에 만들어진 전설적 이야기의 특징이 부족하고, 초기의 흔한 목격자 보고 형식의

특징만 많이 들어 있습니다. 이야기 전개와 별 상관 없는 세부 사항들이 가득하지요. 예를 들면, 마가는 예수님을 위해 무덤을 기증한 유명한 공회원(유대 시의회 의원)의 이름인 아리마대 요셉을 언급합니다. 이야기를 꾸며 내려고 한다면 이런 종류의 세부 사항까지 일일이 다 꾸미지는 않지요. 저명한 인물, 얼마든지 확인해 볼 수 있는 그런 사람들의 이름은 분명 빼 버리겠지요.

역효과를 가져오는 자료도 상당량 포함되어 있습니다. 전설에는 이런 것이 없지요. 예를 들어, 1세기 상황에서 이야기 속에 등장하는 여성들의 역할은 저자들의 증거를 훼손할 뿐입니다. 이전 편지에서 말했듯이 여성들은 구제 불능의 거짓말쟁이로 여겨지던 시대였거든요.

그리고 마지막으로, 그 기사들에는 신학적 성찰이 전혀 보이지 않습니다. 후대의 전설적 자료들은 모든 것을 남김없이 다 설명하지만, 복음서 기사에는 저자들이 그저 보도할 뿐 본인들도 어리둥절해 하는 당혹스러운 특징이 많이 담겨 있습니다. 예를 들어, 예수님은 요한복음 20장에서 막달라 마리아에게 이렇게 말합니다. "나를 만지지 말라. 내가 아직 아버지께로 올라가지 못하였노라." 왜 올라가지 못했을까요? 저자는 그 이유를 말하지 않습니다. 오늘날 신학자들은 여전히 그것을 미루어 짐작할 뿐입니다. 이외에도 수없이 많은 예가 있지요.

5. 바울의 회심은 그 자신이 말한 것에 기초하지 않고는 설명할 수가 없습니다. 그가 부활하신 주님과 대면한 것이지요. (사도행전 9장과 고린도전서 15장을 보세요.) 기독교를 철저히 반대하는 한

열여섯 번째 편지

사람이 있었습니다. 그는 심지어 기독교를 전파하는 사람 한 명을 돌로 쳐 죽이는 것을 감독하기까지 했어요. 그런 그가 한순간 회심했습니다. 마찬가지로 예수님의 동생인 야고보 역시 주님이 그에게 나타나기 전까지는 불신자였습니다(고전 15:7). (마가복음 3장과 요한복음 7장을 보면 그가 믿지 않았다는 사실이 언급되어 있습니다. 이것은 복음서의 신빙성을 입증하는 데 더욱 역효과를 내는 자료이지요!) 부활이 실제 사실이 아니라면 이러한 회심을 어떻게 설명할까요?

6. 바울은 예수님의 부활에 대한 초기 기록들을 제시해 줍니다. 예수님의 부활 15년에서 20년 후에 쓰인 고린도전서 15장에 나와 있지요. 여기에서 바울은 고린도 사람들에게 예수님의 부활이 실제로 일어난 사실임을 설득하려고 시도합니다. 그래서 그는 사도들에게, 야고보에게, 그리고 '그중에 지금까지 대다수가 살아 있는 오백여 형제에게 일시에'(고전 15:6) 보이신 그리스도에 대해 말합니다. 부활하신 그리스도를 본 수많은 사람들을 특별히 언급한 취지는 "내 말을 믿지 못하겠다면 증거가 여전히 사방에 있으니 가서 그것을 본 사람들에게 물어 보시오"라고 말하기 위한 것이겠지요. 어떠한 법정 기준으로 보더라도 이것은 강력한 증거로 여겨져야 합니다.

7. 부활의 근거, 곧 제자들 스스로가 증명하는 근거를 제외하고는 제자들의 변화를 설명할 방법이 없습니다. 아버지가 예수님의 죽음 **이전**과 부활 **이후** 제자들을 비교한다면, 막대한 차이를 보실 수 있을 거예요. 어느 날은 두려움에 떨며 숨어 있던 그들이, 다음날 갑자기 적대적인 관중을 마주하고 부활에 대해 설교(아니

예수에 관한 질문

면 뭘 하겠어요?)하거든요.

8. 마지막으로, 제자들은 이 이야기를 꾸며 낼 동기가 전혀 없습니다. 그들은 얻을 것이라곤 전혀 없고 온통 잃을 것뿐이었어요. 또한 제자들이 그런 굉장한 이야기를 꾸며 낼 성향이나 의지가 있는 인물들이라고 믿을 만한 근거 역시 아무것도 없습니다. 설사 그들이 원했다 하더라도 그런 엄청난 이야기를 꾸며 내는 일을 성공적으로 해낼 수 있었다고 시사할 증거도 없고요.

간단히 말해, 부활을 부인하는 것은 역사적 가설이 될 수 없는 반면, 부활을 인정하는 것은 역사적 가설이 될 근거가 무수히 많아요. 이것이 부활에 대한 저의 역사적 주장입니다.

이제 아버지가 지난 편지에서 말씀하셨던 부활에 대한 대안적 설명들에 관해 몇 마디 더 하고, 저의 이 **대작업**을 마무리해야겠어요.

누군가가 시체를 훔쳐 갔을까요? 그렇다면 과연 누구였을까요? 누가 그런 일에 관심이 있을까요? 어떻게 그들이 로마군 수비대를 피해 갈 수 있었을까요? (예수님의 시신에 누가 더 목숨을 걸었을까요?) 그것이 부활하신 그리스도가 여러 번 나타난 것을 어떻게 설명할 수 있을까요?

제자들이 예수님을 '보았다'는 환각에 빠졌던 걸까요? 그렇다면 빈 무덤을 어떻게 설명해야 하나요? 게다가 부활하신 예수님이 나타나셨을 때 환각의 특징 같은 것은 전혀 없었습니다. 그 일은 비교적 오랜 기간에 걸쳐 여러 사람들에게 동시에 일어났습니다. (누가 '환각'과 대화를 나누고 심지어 함께 먹기까지 하겠습니까?)

열여섯 번째 편지

제자들은 그러한 환각에 빠지기 쉬운 성향의 사람들이 아니었습니다. 또한 부활하신 예수님이 나타나심을 목격한 사람들이 변화되었습니다. 환각제에는 이런 효과가 없어요.

예수님이 이 전체를 다 꾸며 냈을까요? 어떻게 예수님이 그런 일을 해냈을까요? 어떻게 죽었다가 (죽음에 특출한 사형집행인들 사이에서) 다시 부활하는 일을 꾸며 낼 수 있단 말입니까? 이것은 우리가 아는 예수님과 제자들의 성품과 일관되나요? 이게 어떻게 바울과 야고보와 500명에게 부활하신 예수님이 나타나신 것을 설명할 수 있나요? 이것이 제자들의 변화를 어떻게 설명할 수 있나요?

한마디로 아버지, 부활의 모든 증거를 조금이라도 그럴 듯하게 설명하는 길은, 제자들이 말한 대로 실제로 일어났다고 인정하는 것 외에는 전혀 없습니다. 저는 이것이 우리가 날마다 체험하는 일들과는 상반되기 때문에 믿기 어렵다는 아버지 말에 일정 부분 동의해요. 죽은 사람들은 죽은 채로 있습니다. 하지만 저는 우리의 경험이 일반적이고 평범하다고 해서 극적으로 비범한 일이 일어날 가능성을 배제할 수 있다고는 생각하지 않습니다. 실제로 이를 뒷받침할 훌륭한 증거만 있다면 말이지요.

이걸 한번 생각해 보세요. 현존하는 평범한 것들 중 처음엔 비범하지 않았던 게 있던가요? 진화론을 받아들이든 창조론을 받아들이든, 최초의 기린이나 코끼리의 출현 그리고 최초의 **호모 사피엔스**의 출현은 주변에 있는 누군가에게는 상당히 비상한 일로 보였을 거예요. 지금은 동물과 사람이 흔해졌기 때문에 그렇게 경외심을 가지고 대하지는 않지요.

부활도 이와 같아요. 부활하신 예수님의 삶은 때가 이르면 보편화될 어떤 것의 첫 예시입니다. 그분은 하나님의 의도 안에서 인간이 장차 될 것의 첫 본보기입니다. 사실상 그분은 최초의 **참된** 인간이지요.

말하자면 예수님은 고치에서 나온 최초의 나비입니다. 그것이 지금은 믿기 어려워 보이는 이유는 우리가 아직 스스로의 고치 속에 갇혀 있기 때문이에요. 하지만 애벌레들은 날기 위해 태어납니다! 다른 예를 들면, 예수님은 만삭이 되면 신생아로 태어날 최초의 수정란입니다. 하지만 완전히 형성된 아기를 한 번도 본 적이 없다면 이 미세한 수정체가 언젠가 아기가 되리라는 것을 믿기 힘들겠지요. 우리가 현재 그것을 믿는 이유는, 단지 이 비범한 사건이 이제는 평범한 것이 되었기 때문이에요. 그러나 예수님의 부활이 탄생 과정의 기적보다 정말 더 기적적일까요? 분명 지금은 더 비범해 보이긴 합니다. 하지만 아버지, 제가 옳다면 머지않아 그것은 우주적인 규칙이 될 것입니다. 우리는 모두 마지막 날에 부활할 몸이거든요.

하지만 비극적인 소식이 있습니다. 아버지께 이 말씀을 드리면서 편지를 마쳐야겠는데요, 성경은 분명 이 수정란 중 많은 것이 유산될 거라고 말한다는 것입니다. 우리 모두는 언젠가 부활할 테지만, 그렇다고 모두가 하나님과 영생을 누리도록 부활하는 것은 아니에요. 하나님은 우리에게 늘 그러한 영생을 바라시지만 말입니다. 이제 영원히 '거듭나기' 위해서는 하나님이 제공하신 탄생 수단을 믿어야 합니다. 계속해서 예화로 설명한다면, 우리가 하나님과 연결되어 있는 유일한 탯줄은 예수 그리스도입니다. 이 생명선을 끊어 낸다면 우리는 사산아가 되는 거예요. (헬라어로 지옥을 나타내는 말은 **게헨나**[gehenna]인데, 이는 예루살렘 바깥의 불타는 거대한 쓰레기더미였습니다. 이 이미지는 우리의 예화에 들어맞아요. 하나님의 계획에서 떨어져 나가는 사람들은 스스로를 전혀 의도되지 않은 존재, 곧 인간 폐기물로 만드는 거지요. 그들은 사산아로서 산 자들 사이에 있을 자리가 없습니다.)

아버지, 예수 그리스도로부터 아버지 스스로 떨어져 나가지 마시기를 권해요. 아니, 애원합니다. 그분을 거부하지 마세요. 아버지의 존재 의미, 아버지 마음속 열망, 사랑과 희망, 소중함과 행복에 대한 아버지의 필요는 모두 그리스도를 통해 하나님과 관계를 맺음으로 성취됩니다. 아버지는 그렇게 되도록 지어졌어요. 하나님도 아버지가 그렇게 되기를 원하십니다. 하나님은 아버지가 그것을 소유할 수 있도록 십자가에서 죽임을 당하셨습니다.

아버지를 향한 제 사랑과 소망 안에서 이 모든 것을 말씀드립니다.

1990년 6월 16일
사랑을 담아, 그렉 올림

한 인간이 하나님이었다는 것을 어떻게 믿을 수 있는가?

How can you believe that a man was God?

사랑하는 그렉에게

100킬로미터 달리기 대회에 나갈 준비는 잘 하고 있니? 셸리와 아이들은 요즘 어찌 지내고 있어? 다음 편지에서는 네 가족의 근황을 알려 주렴.

지난번 편지에서 네가 보여 준 사랑과 관심에 고맙게 생각한다. 미안하게도 내가 회심할 가능성에 대해서는 너처럼 낙관적이지 못하다만, 뭐 누가 알겠니? 다만 그리스도의 부활에 대한 너의 논증은 정말 놀랄 만큼 설득력 있다는 점을 인정해야겠다. 네 믿음이 '맹목적 믿음'이 아닌 것은 확실한 것 같구나. 다른 건 다 제쳐 놓더라도, 우리 토론을 통해서 내가 오랫동안 가져 왔던 의문, 즉 어떻게 네가 전 미국에서 손에 꼽는 대학원들에서 그 모든 학문을 마치고도 여전히 기독교 같은 것을 믿을 수 있는지, 그 의문에 답을 얻기 시작했다는 거다. 내가 네 말에 동의하진 못해도 네가 상당히 견고한 근거 위에 서 있다는 것은 인정해야겠구나. 그걸 생각하면 머리가 아파진다. 나는 그 사건 자체가 있을 수 없는 일이라고 생각하거든. 하지만 증거가 있으니 나도 어쩔 수가 없구나!

네가 제시한 부활의 증거에 꼬치꼬치 흠잡을 생각은 없다. 좀 다른 방법으로 대응하고 싶구나. 토론을 계속 이어 가기 위해서라도, 예수가 소생 같은 걸 했다고 내가 인정한다 치자. 무덤은 비어 있었다. 그건 당연히 이상한 사건이겠지. 하지만 그것만으로 과연 이 사람이 정말 그리스도인들이 원하는 존재가 되는 건지 의아하구나. 그러니까 내 말은, 나는 살아 돌아온 다른 사람들의 이야기도 들은 적이 있다는 거야. 그러면 그 사람들도 하나님이라고 할 수 있는 거냐?

보렴, 이 세상에서는 설명할 수 없는 일들이 많이 일어난다. 영국에 나타난 저 이상한 'UFO' 표시들을 좀 봐라. 아마 1세기 때 일어난 일들도 이처럼 말로는 설명할 수 없는 일이었을 수도 있겠지. 그리고 그것을 본 당시 제자들이 약간 정신이 빠져서 예수가 하나님일 수밖에 없다고 생각했을지도 모르고. 사실 그 정도로 정신을 잃은 것은 바울뿐인 것 같다. (내가 보기에 바울은 약간 제정신이 아닌 것처럼 여겨졌어.) 나는 그가 예수를 신적 존재로 믿은 첫 번째 사람이라고 들었다. 복음서들은 오히려 좀 더 현실적인 용어로 예수를 기적을 행할 수 있던 위인으로 묘사하지. (이건 나도 기꺼이 인정한다.)

그렉, 나는 네가 제기한 증거를 내가 이해할 수 있는 세계관과 조화하려고 애쓰는 중이란다. 예수가 하나님이었다고 결론 내리는 것은 전혀 말이 안 돼. 너는 어떻게 한 남자가, 말 그대로 인간이 하나님이라고 믿을 수 있는 거지? 부활을 찬성하는 세상 모든 논증을 다 동원하더라도 그것을 받아들이게 할 수는 없다. 그건 그저 이교의 미신처럼 보일 뿐이야. 완전한 모순인 게지! 나는 그리스도인들이 삼위일체를 주장한다는 것을 안다. 하나님의 일부가 저 위에 있는 동안, 하나님의 또 다른 일부는 이곳에 내려와 있다던가 뭐라던가 하는 거 말이다. 하지만 불가능한 개념에 대한 믿음을 요구하는 것 말고, 예수가 그저 신유를 행하는 자였는데 어찌어찌하다 소생했고, 그 후 그의 제자들이 (특별히 한 명이) 열심히 그에 대한 이야기를 널리 퍼뜨렸다는 정도가 좋지 않겠냐?

어떻게 생각하는지 말해 주렴.

1990년 7월 16일
언제나 너를 사랑하는 아버지가

사랑하는 아버지께

잘 지내시지요? 우리 가족은 이곳 '시원한' 미네소타에서 아주 잘 지내고 있어요. 100킬로미터 달리기 대회 준비는 괜찮게 되어 가

열일곱 번째 편지

고 있어요. 하지만 일주일에 64킬로미터, 이 경기를 위한 최소 훈련 양의 절반 정도만 달릴 수 있어도 다행일 거예요.

아이들은 하고 싶을 때마다 이런저런 경주에 참가하고 있어요. 지난번에는 트랙 경기에 나갔어요. 나단은 너무 어려서 참가할 수 없었는데요, 수상자에게 주는 리본을 정말 갖고 싶어 하더라고요. 그래서 저는 400미터 트랙을 중간까지만 달리거나 걷기만 해도 우리 아이에게 리본을 하나 줄 수 없겠느냐고 경기 운영자에게 부탁했어요. 나단은 마치 올림픽에라도 출전한 것처럼 출발했답니다. 하지만 중간 지점이 어딘지 몰라서 트랙 한 바퀴를 다 돌았어요. 절반쯤 왔을 때 스탠드에 앉아 있던 몇몇 사람들이 이 네 살짜리 꼬마가 지칠 대로 지쳤다는 것을 알고는 그 애를 응원하기 시작했지요. 나단이 마지막 직선 코스에 들어설 때쯤에는 관중 전체가 일어서서 응원했고, 운영자들은 그 애가 결승선을 넘을 때 테이프를 끊을 수 있게 들고 있었답니다. 아이에게는 영광의 순간이었지요! 나단이 그렇게 의기양양해 하는 모습은 처음 봤어요. 경기 운영자는 나단에게 일등상 리본을 주었어요.

자, 아버지가 가설로나마 예수님이 죽은 자 가운데서 살아나신 것을 기꺼이 인정할 의지가 있으셔서 기뻐요. 하지만 아버지는 이게 그분의 신적 존재를 증명한다고는 생각하지 않으시지요. 이러한 믿음이 바울에게서 비롯된 하나의 미신은 아닌가 의심하시고요. 제 말이 아버지를 놀라게 할지 모르겠는데, 저는 아버지 의견에 동의하지 않아요. 놀라셨나요? 저는 아버지의 견해에 불리하게 작용하는 몇 가지 사항이 있다고 생각해요. 그 사항들은 동

예수에 관한 질문

시에 예수 그리스도가 성육신하신 하나님이라는 결론을 더욱 확증해 주지요.

첫째로, 예수님이 바울의 서신서에서만 신적 존재로 나타난다고 주장하는 것은 잘못되었다고 생각해요. 복음서에서 예수님 본인이 스스로를 하나님이라고 명백히 말한 적이 없는 것은 사실이에요. 하지만 예수님은 모든 곳에서 결국 그 비슷한 의미의 말씀을 하세요. 그분은 "너희가 나를 보면 아버지를 보는 것이다", "하나님 아버지를 공경하는 것처럼 나를 공경하라", "나와 아버지는 하나이다" 등의 말씀을 하지요. 예수님이 단지 1세기의 훌륭한 인간 랍비일 뿐이라면 결코 이런 말을 하지는 않았을 테지요.

게다가 예수님은 일관되게 "나를 믿으라"라고 말하면서 자신을 믿음의 대상으로 만들었습니다. 그분은 어디에서나 자신을 믿는 것을 하나님을 믿는 것으로, 자신을 거부하는 것을 하나님을 거부하는 것과 동일시했습니다. "나를 믿는 자는 나를 보내신 아버지를 믿는 것이다." 심지어 자유주의자들이 '위대한 인간 교사'의 증거로 삼는 '산상수훈'에서조차, 예수님이 "**나를** 위하여 핍박받는 자는 복이 있도다" 같은 말씀을 하는 것을 발견할 수 있습니다. 도대체 그분은 자신이 누구라고 생각하는 걸까요? 예수님이 랍비라면 "하나님을 위하여 핍박을 받는 자는 복이 있도다"라고 말해야 할 것입니다.

이뿐 아니라 제자들이 예수님을 '주'(*Kurios*)라고 부르는 것을 볼 수 있는데, 그 말은 구약에 나오는 하나님의 이름인 '야훼'(*Yahwhe*)와 동일한 의미의 헬라어입니다. 의심하는 도마는 예수님을

열일곱 번째 편지

보자마자 "나의 주 나의 하나님이여" 하고 외칩니다. 그리고 예수님은 그의 말을 바로잡지 않습니다. 또한 복음서에서 제자들과 다른 사람들이 예수님을 경배하는 것을 발견할 수 있는데, 유대인이라면 하나님이 아닌 다른 사람에게 절대로 경배를 드리지 않을 겁니다! 그렇습니다. 복음서는 '완전히 신적인' 예수님을 제시하고 있어요.

아버지, 우리가 함께 유니테리언 교회(Unitarian church)*에 참석하던 때를 기억하세요? 한 교수가 "왜 소크라테스가 예수보다 더 위대한 사람이었는가?"라는 제목으로 설교했지요. 우리는 둘 다 그 말에 약간 멈칫했고요. 그가 소크라테스를 예수보다 더 위대하다고 평가한 이유는, 소크라테스는 사람들이 최선을 다하도록 한 반면에 예수는 '자신이 실제로 신적인 존재, 심지어 하나님이라는 인상을 주었기 때문'이라는 것이었지요. 저는 그 교수가 상황은 제대로 평가했다고 생각합니다. (결론은 틀렸지만요.) 복음서는 두 가지 중 하나를 선택할 것을 강요합니다. 예수님이 **실제로** 신적 존재였거나, 그게 아니라면 그리 선한 사람이 아니었다는 것으로 말이에요. 우리는 예수님이 말씀하신 것과 비슷한 형태의 말을 하는 사람들을 정신병원에 가둬 버리죠!

그런데 여기 신약의 복음서와 서신서의 갈피갈피에 바로 이 개념이 서술되어 있는 것을 발견할 수 있어요. 바울은 예수님이

---

* 삼위일체론을 부정하는 기독교 분파. 예수를 하나님의 예언자로 여기고 그 가르침을 따르기는 하지만 신으로 받아들이지 않는다.—편집자

예수에 관한 질문

사셨던 때로부터 15년 후에 모든 그리스도인의 특성을 '그리스도를 경배하는 사람들'로 묘사합니다(고전 1:2). 그는 당시 교회 전통에 확고히 자리 잡고 있던 한 찬송가를 인용하는데, 그것은 예수님이 하나님과 동일한 분이라는 것입니다(빌 2장). 그는 그 외에도 여러 곳에서 예수님을 '주'(야훼)와 '하나님'이라고 부릅니다(예를 들어, 롬 9장; 딛 2장).

이와 같은 기록은 당혹스러운 역사적 질문을 야기합니다. 도대체 무엇 때문에 이 유대인들은 예수가 실제로 성육신하신 하나님이라고 확신하게 됐을까? 그러면서 어떻게 그들의 문화가 그토록 금지하는 인간 숭배에 빠져들게 됐을까? 도대체 예수님이 어떤 분이고 어떤 성품을 가졌으며, 어떤 주장과 어떤 굉장한 행동들을 했기에 이 정통 유대인들이 예수님을 하나님이라고 확신하게 되었을까?

복음서에 따르면, 예수님이 성육신하신 하나님이었다고 그들이 확신하게 된 것은 죽은 시체의 '소생' 때문이 아니었습니다. 그것은 살아 있는 동안 이미 하나님 나라―그 사랑과 가르침과 능력―를 구현한 한 사람, 이미 자신에 대해 놀라운 주장들을 했던 한 사람의 부활 때문이었습니다. 그리고 그것은 **그 이후로 결코 죽지 않은** 한 사람의 부활이었습니다. 예수님이 그 후에 죽었다면 모든 것이 산산조각 났을 것입니다. 하지만 그분은 다시는 죽지 않고 하늘로 올라가셨습니다. (만약 이것이 사실이 아니라면 초대교회의 전체 기간 동안 예수님이 어디에 '숨어' 있었던 건지 설명되어야 합니다. 그리고 제자들이 왜, 어떻게 거짓말을 했고, 또 왜 그 거짓말을 위해 죽었는지, 왜 그 거짓말이 단 한 번도 누군가에 의해 밝혀지거나 의혹을 사지 않았는지 역시 답변되어야 합니다.)

아버지, 제 요점은 그리스도의 부활과 신성은 동전의 양면이라는 것입니다. 제자들이 왜 그리스도의 부활을 믿는지 설명하는 것은, 왜 그들이 그리스도의 신성을 믿는지 설명하는 것과 마찬가지로 불가능합니다. 우리가 복음서 기사들을 액면 그대로 받아들이지 않는다면 말이지요. 사실 저는 이렇게까지 말하고 싶어요. 만일 우리에게 알려 줄 복음서가 없었다 해도, 예수님이 명백히 어떠한 주장들과 행동들을 했다는 것을 추측해야 한다고요. 복음서는 단지 우리가 서신서에서 볼 수 있는 예수님을 어떻게 초기 그리스도인들이 믿게 되었는지 설명하기 위함이거든요!

자, 그럼 예수님이 인간으로서 하나님의 임재를 구현한다는 믿음이 아버지의 주장처럼 그렇게 모순일까요? 어떤 근거로 이 주장을 지속할 수 있을까요? 신이라는 이유로 인간일 수 없거나, 혹은 인간이기 때문에 신일 수 없을 경우에만 모순일 것입니다. 그러나 과연 우리의 짧은 이성이 하나님의 성품이나 인간의 성품을 충분히 이해하여 결론지을 수 있을까요? 저는 그렇지 않다고 생각해요. 우리가 하나님의 성품을 알 수 있는 유일한 길은 하나님 자신이 우리에게 말씀하시는 것뿐입니다. 그리고 모든 증거로 보아 바로 그 '말씀'이 예수 그리스도 안에서 이루어진 것입니다.

물론 성육신이 역설적인 것임은 인정합니다. 그것이 어떻게 사실인지 우리가 다 이해할 수 없기 때문입니다. 하지만 그렇다고 **그게** 모순은 아닙니다. 성육신이 사실이라는 주장이 완전히 터무니없는 것은 아니기 때문입니다. 신학자들이 자주 이용하는 분석은 물리학자들이 빛의 성질에 대해 말하는 것과 비슷합니다. 빛이 파장과 입자로서의 특징을 지니고 있다는 것은 입증된 사실입니다. 그러나 그 사실은 역설적이지요. **어떻게** 이 두 가지 특징이 동시에 양립하는지 정확히 이해할 수 없기 때문입니다. 그렇지만 그 두 가지 특징에 대한 증거가 너무나 명백하기 때문에 물리학자들은 **그것**이 실제이고 사실이라고 주장합니다.

아버지가 이전 편지에서 제기하셨던 삼위일체에 대해서도 이와 비슷하게 말할 수 있겠지요. 이것은 하나님의 '일부'가 사람이 되고, 또 다른 하나님의 '일부'는 하늘에 있다는 그런 믿음이 아닙니다. 하나님은 영(靈)이시기 때문에 '나뉠' 수가 없어요. 오히려 이 믿음은 (다른 믿음들 사이에서) 하나님이 초월적인 성부로서, 성육신하신 성자로서, 그리고 신자들 마음속에 내주하시는 성령으로 **온전히** 존재하신다는 믿음이지요. 이처럼 하나님은 세 가지 다른 방식으로 존재하며 언제나 그렇게 존재해 오셨습니다. 그래서 삼위일체라는 교리가 있게 된 거지요.

이것이 모순인가요? 그렇지 않아요. 하지만 역설적이지요. 이것이 어떻게 사실인지 알 수는 없지만, 이것이 사실이라고 믿을 만한 충분한 근거들은 있어요. 게다가 하나님이 이런 까닭에서 존재할 수 없다는 이유 하나만으로 하나님의 본성을 충분히 안다고 누가 주장한단 말입니까? (사실 제 책《삼위일체와 과정》(*Trinity and Process*)에서 저는 엄밀히 논리적 근거를 바탕으로 이 문제를 다루는데, 하나님 자신만으로도 충분하면서 사랑 가득한 존재로 이해

열일곱 번째 편지

하기 위해서는 반드시 어떤 형태의 '내적 연결성'(internal relation-ality)을 꼭 포함해야 한다고 주장합니다. 이 관점이 바로 삼위일체가 가르치는 바와 일치합니다. 하지만 이건 또 다른 주제입니다.)

아버지의 이론과 질문에 제가 제대로 답했기를 바랍니다. 결론은 이것입니다. 부활과 그리스도의 신성에 대한 증거는 함께 성립하거나 혹은 함께 무너질 수밖에 없습니다. 또한 본래부터 불가능해 보이는 것들을 이성적인 방법으로는 다 설명할 수 없어요.

아버지가 이런 증거를 진지하게 고려하신다는 것을 저는 알 수 있습니다. 아버지가 이 증거들을 따라 단 하나의 결론에 이르시기를 진심으로 바랍니다. 예수님을 아버지 삶의 주님이자 구세주로 삼으세요.

1990년 7월 28일
사랑과 소망을 담아서, 그렉 올림

3부 성경에 관한 질문

하나님은 자신을 믿는 일을
왜 그렇게 어렵게 하는가?

Why does God make believing in Him so difficult?

사랑하는 그렉에게

최근에 일어난 사건 때문에 나는 하나님이 세상을 운영하는 방식에 대한 나의 해묵은 고민을 다시 끄집어내게 되었다. 미치광이 사담 후세인이 쿠웨이트 사람들을 몰아붙이고, 그 과정에서 여자들을 강간하고 아이들을 죽였는데도 하나님은 수수방관만 하고 있으니 말이다. 너는 이 질문에 대해 자유와 영적 전쟁이라는 너의 신학으로 대답하겠지. 하지만 대부분의 이라크 사람들을 포함하여 지구상의 모든 사람들을 대상으로 투표를 한다면, 99퍼센트는 이 개자식을 때려눕히기 위해 하나님이 인간의 자유에 대해 세우신 규칙을 잠시 보류하셔야 한다는 쪽에 찬성할 게다! 그건 하나님이 그렇게 하지 않을 경우에 생길 희생에 비하면 별것도 아니니까 말이다! 왜 우리 하찮은 인간들이 하나님이 보지 못하는 것을 보는 것이냐? 왜 하나님은 매사를 좀 더 민주적으로 운영하지 않지?

사실 이건 어제오늘의 문제가 아니다. 우리는 이미 이 주제로 충분히 토론했지. 그러나 부활과 예수의 신성에 대한 너의 쓰잘머리 없는 소리를 짚고 넘어가야겠다. 너의 논증들이 매우 설득력 있다는 것도 다시 한번 인정하마. 적어도 나로서는 그 논증에 반대할 만한 좋은 수가 없구나. 하지만 솔직히 말해서 네 주장은 몇 가지 면에서 나를 화나게 한다. 그 어느 것도 들어맞는 것처럼 보이지 않거든. 그러니까 내 말은, 내가 너의 논증에 논박할 수는 없지만 내가 그것들을 믿으려면 아직 한참 멀었다는 뜻이지. 왜 그런지 아니?

하나님은 우리가 그분을 믿기 위해 왜 그렇게 애를 쓰도록 하는 거냐? 왜 하나님은 사람들을 장난감마냥 가지고 노는 거지? 왜 하나님은 자신을 직접 보여 주지 않은 채 불편한 증거들만 가지고 우리를 놀리는 게냐? '믿음'이란 게 뭐 그리 대단하기에, 하나님은 자신을 한 번도 분명히 드러내 보이지는 않으면서 빌어먹을 그 믿음만 바라는 거냐? 그리고 성경에서 하나님이 실제로 자신을 계시할 때는 도대체 왜, 직접 목격하지 않은 사람이라면 전혀 믿을 수 없을 그런 기괴한 일들만 행하는 거냐? 그런데 듣자 하니 우리의 '구원'이 바로 이것에 달려 있다고 하지! 왜 구원을 받으려면 평범함을 지나친 그런 허무맹랑한 이야기들을 믿어야 한단 말이냐? 그건 그다지 정당하지 않구나.

열여덟 번째 편지

그러니 내가 만약 지옥에 가고 싶지 않다면 뱀이 하와에게 말을 한 것, 처녀가 성령으로 임신한 것, 고래가 선지자를 삼킨 것, 홍해가 갈라진 것, 그리고 다른 온갖 종류의 괴상망측한 이야기들을 전부 믿어야 한단 말이지. 글쎄, 하나님이 내가 그분을 믿는 것을 그토록 원한다면서, 왜 믿는 것을 이리도 불가능하게 만든단 말이냐? 그분은 증거를 이곳저곳에 흘리며 우리를 충분히 궁금하게 만들면서도, 도저히 진지하게 받아들일 수 없는 기괴한 일들을 벌이구나! 만일 그분이 증거나 기이한 일 둘 중 하나만 남겼다면 아무 문제가 없을 거다. 그러나 그 둘을 합쳐 버리니 그 무엇보다 성질이 나는구나!

나는 전능한 하나님이 어떠한 뛰어난 전도자보다, 심지어는 너의 논증보다 더 효과적으로 자신의 존재를 확신시킬 수 있다고 본다. 왜, 그냥 하늘에다가 크고 멋드러지게, "에드, 증거가 여기 있다. 나를 믿거나 아니면 지옥에 가거라! 전능자가"라고 쓰면 될 거 아니냐? 그러면 너는 나에게 역사를 논하느라 한나절을 다 보낼 필요가 없겠지. 나는 즉시 항복할 테니 말이야!

네 말이 더 그럴 듯해지고 더 설득력 있게 들릴수록 나는 더 화가 나는 것 같다. 그리고 최근 들어 내가 이 주제를 너무 많이 생각한다는 것을 깨달았어. 온종일 답답함 속을 헤매고 있다는 말이지. 네가 내 이런 상태에 대해 뭘 해줄 수 있는지는 도무지 모르겠다. 아마 조용히 내 마음을 무너뜨리고 있다는 너의 '성령님'께, 이제 그만 어둠 속에서 나와 구름에 글씨라도 써 달라고 말할 수 있겠지! 그런 거라도 없으면 난 호기심만 가득한 좌절한 회의주의자가 될 것이고, 나에 대한 너의 낙관주의는 결국 실망으로 끝나지 않을까 싶다.

1990년 8월 21일
아버지가

사랑하는 아버지께

저는 사담 후세인에 대한 아버지의 혐오감에는 상당히 공감하지만 아버지가 거기에서 끌어낸 신학적 결론에는 공감하지 못하겠어요. 후세인에게 화를 내세요. 그와 그의 배후에 있는 (그리고 역시 비난받아 마땅한 미국과 다른 국가들의 배후에도 있는) 악의 권세를 비난하세요. 하지만 하나님만은 빼 주세요—도움을 요청할 때를 제외하고요! 하나님은 이 상황에 대해 일찍이 어떠한 인간보다도 더 분노하고 슬퍼하십니다. 궁극적으로 우리의 도덕적 분노감 자체가 모두 하나님에게서 온 것이랍니다. 그러므로 하나님은 언제나 의(義)와 정의와 평화의 편이십니다.

아버지, 제가 말씀드릴 수 있는 것은, 아버지가 그 분노를 올바른 방향으로 돌릴 수만 있다면 엄청난 기도의 전사가 되시리라는 거예요! 저는 아버지가 하나님께 화내는 것만큼 사탄에게 분노하는 것을 보고 싶어요.

181
─

아버지의 편지로 다시 돌아가서, 먼저 아버지의 솔직함에 감사드려요. 그리고 제 논증을 그렇게 진지하게 수긍해 주셔서 감사합니다. 아버지 글에서는 항상 존중하는 마음을 느낄 수 있는데, 그 점에 정말로 감사해요. 제 말이 아버지한테 무시당한다고 느낀 적이 한 번도 없어요.

아버지가 이 모든 것에 좌절을 느끼신다니 정말 유감이에요. 하지만 다시 말씀드리건대 저는 좌절하지 않습니다. 제 관점에서 그건 긍정적이에요. 한 사람의 세계관처럼 근본적인 것을 바꾸는 일은 결코 쉬운 게 아닙니다. 특히 아버지처럼 오랫동안 그 세계관을 유지해 온 경우에는 더욱 그렇지요. 사람의 지성은, 심지어 마음도 두 방향으로 나뉘어집니다. 그게 바로 심리학자들이 말하는 '인지부조화'입니다. 그리고 주제가 매우 중요할수록 이 부조화는 더욱 고통스럽습니다.

제 말이 그리 위안이 되지는 않겠지만 그래도 저는 아버지가 어떻게 느끼시는지 조금은 알 것 같아요. 제가 미네소타 대학의 천문학 연구실에서 걸어 나오면서 경험했던 이야기를 들려드린 적이 있지요. 당시 제 마음속에서는 사랑의 창조주가 계시다는 증거와 그 반대되는 증거들이 전쟁을 하고 있었지요. 정도의 차이는 있었지만, 그 전쟁은 제 마음속에서 족히 여섯 달은 맹위를 떨쳤던 것 같아요. 그때처럼 제가 철저히 불행했던 적은 한 번도 없었답니다.

하지만 그렇게 느낀 것도 그것이 마지막이었어요. 대학원 시절을 통틀어 제 신앙이 위기를 맞았던 적이 몇 번 있었지요. 저는 제가 믿는 것과 모순되는 새로운 증거나 관점들을 맞닥뜨리곤 했어요. 그리고 잠시 동안 저의 복음주의 신앙이 일종의 '보류 상태'에 들어가곤 했지요. 그것이 인지부조화입니다. 아버지는 지금 두 가지 세계관 사이에 사로잡히신 거예요. 사실, 아버지께 완벽히 솔직해지자면 저는 지금도 어린이들에게 일어나는 비극을 접할 때마다 이러한 '보류 상태'를 경험한답니다. 아이들이 당하는 불행은 저를 갈기갈기 잡아 찢거든요! 지난해 제이콥 웨털링이라는 어린아이가 이곳에서 유괴되었을 때, 저는 오랜 기간 하나님께 화를 내면서 그분의 온전하심에 물음표를 던지곤 했습니다. (정확히는 제 '보류 상태' 동안 각종 사건과 씨름한 덕분에 현재의 세계관—영적 전쟁 같은 것들 말입니다—에 도달했죠.) 지성적으로는 얼마든지 그런 사건들을 논리 정연하고 유신론적인 세계관에 입각해서 설명할 수도 있어요. 하지만 정서적으로는 악몽 같은 상황들을 보면서 격노하지 않을 수가 없습니다. 이 타락한 세상에서 지각 있는 사람들에게는 여러 세계관이 서로 상충하기 마련입니다.

그러니 우리 대화 중에 제 확실한 신념이 아버지를 속이게 두지 마세요. 물론 저는 분명 확신 있는 그리스도인입니다. 증거와 제 마음속에 역사하시는 성령님 덕분에 그렇게 안 될 수가 없어요. 하지만 저 역시 결코 쉽사리 믿음을 갖게 된 것은 아니랍니다. 저는 아버지의 마지막 편지 속에서 제 모습과 제 목소리를 보고 들었습니다. 기독교는 거대한 '자동 응답기'가 아닙니다. (근본주의자들은 그렇게 만들려고 하지만요.) 산다는 것은 온갖 질문과 상충되는 결론들 가운데서 살아가는 것입니다.

183

―

아버지가 지난번 편지에서 제기하신 질문은 일종의 '변이 질문'(metaquestion)입니다. 애초에 왜 질문을 던져야 하느냐? 왜 믿음을 갖는 일이 그렇게 어려우냐? 왜 하나님은 좀 더 명확하게 나타나지 않느냐? 이런 것들이었지요. 그래서 저는 아버지가 갖고 계신 바람직한 질문들―다시 말해 질문이 있다는 사실 자체가 바람직한―을 이해하는 틀을 제공하고 싶어요. 사물에 대한 기독교적 견해가 왜 우리가 여기에서 딜레마에 봉착하는지 설명할 수 있다면, 그 딜레마를 해결하는 데에서 이미 한 걸음 더 나아간 것이라고 생각합니다.

아버지, 지난번 편지에서 아버지가 하나님께 요청한 것들이 정말 이루어진다면 어떤 일이 벌어질지 잠시 생각해 보세요. 하나님이 살아 있는 모든 사람을 위해 구름에 개별적으로 메시지를 쓰신다는 것 말이에요. 만약 하나님이 "예수는 내 아들이다. 그를 믿으라. 그렇지 않으면 멸망하리라"라고 쓰셨다면요? 그러면 모든 사람들이 예수 그리스도를 사랑하고 믿을까요? 저는 그렇지 않을 거라고 생각해요. 예수님이 이 세상에 오셔서 온갖 기적을 행하셨을 때도 그분을 따르기를 원치 않았던 사람들은 여전히 의심했지요. 성부께서 "이는 내 사랑하는 아들이라"라고 말씀하셨을 때에도 믿을 마음이 없던 사람들은 "우레가 쳤다"라고 했지요. 그리고 심지어 예수님이 죽은 자 가운데서 살아나셨을 때에는 수많은 로마 군병이 그것을 직접 목격했음에도 불구하고 그 사실을 은폐하려는 종교 지도자들의 음모에 가담했습니다!

구약에서도 마찬가지였습니다. 하나님은 '직접적인 접근'을

성경에 관한 질문

시도했지만 사람들은 형편없는 실패를 거두었습니다. 이스라엘 사람들을 해방시키기 위해 하나님은 애굽에 재앙을 내렸지만 그들은 곧 다시 하나님을 의심했습니다. 하늘에서 직접 만나를 내려 주셨을 때에도 그들은 여전히 반역했습니다. 하나님이 낮에는 구름기둥, 밤에는 불기둥으로 끊임없이 그들을 인도하셨지만 사람들은 여전히 하나님에 대해 의문을 품었습니다. 이처럼 하나님은 하나님과의 관계에 필요한 모든 지시를 아주 세세히, 개인적으로 주셨지만 (구약의 율법은 600가지가 넘습니다.) 그들은 모두 어겼습니다. 심지어 그들이 모든 '규칙'을 지켰을 때에도, 구약의 율법은 하나님이 이스라엘 백성과 이루고 싶으셨던 것을 달성하는 데에 실패했습니다. 바로 사랑과 믿음의 관계 말입니다.

거기에는 많은 이유가 있을 거라고 생각돼요. 그중에 제 마음에 즉시 떠오르는 네 가지가 있습니다. 첫째로, 놀라운 사건들이 우리에게 주는 감명은 영구히 남는 경우가 드뭅니다. 감명은 시간이 가면 희미해져요. 저 역시도 하나님이 사람들에게 행하신 굉장한 일들을 본 적이 있지만, 그 일이 일어난 지 몇 주, 몇 달, 몇 년이 지나면 최초에 받았던 강렬한 인상은 점차 사라집니다. 그 사건이 비범하다는 바로 그 이유 때문에, 우리 마음은 오히려 그것을 실제 사건이기보다는 마치 하나의 꿈인 듯 기억하는 것 같습니다. 이는 삶에 꾸준한 영향을 끼치지 못합니다. 만약 어떤 사람이 기적에 근거해서 믿음을 가진다면, 그는 끊임없이 기적을 봐야 하겠지요. 하지만 그렇게 된다면 기적은 더 이상 기적이 아닙니다. (그것들은 결국 위조된 것이지요. 이것이 바로 텔레비전에 나오는 대부분의 신유 전도자들에게서 일어나는 일입니다).

그러므로 설사 하나님이 모든 사람에게 하늘의 메시지를 보냄으로 한순간에 많은 사람들이 회심한다 해도, 지속적인 효과는 전혀 없을 거라고 생각합니다.

둘째로, 대부분의 현상은 거의 한 가지 이상의 방식으로 설명됩니다. 예를 들어 "내 아들을 믿으라"라는 말이 쓰인 구름은, 그저 이상한 구름 형태나 속임수 또는 마귀나 일종의 환각이라고 말할 수 있습니다. 그와 같은 음성이 들리면 사람들은 천둥소리로 여길 수도 있습니다. 예수님이 행하신 기적들도 속임수, 우연의 일치, 혹은 당시 종교 지도자들이 생각했듯이 마귀의 활동이라고 불릴지 모릅니다. 모든 일에는 언제나 교묘하게 빠져나갈 수 있는 틈이 있기 마련입니다. 어떻게 지구가 생겨났을까요? 아마도 빅뱅 때문이겠죠! 어떻게 인간들이 양심, 자유, 사랑 등을 경험할 수 있을까요? 단지 복잡한 화학 반응일 뿐이지요. 이에 대한 설명은 꼭 훌륭할 필요는 없고 그저 가능성 있는 설명이기만 하면 되는 거죠… 때로는 그게 아니어도 되고요! 제자들은 어떻게 예수님이 하나님 임재의 구현이라고 믿었을까요? 이처럼 터무니없는 추측도 어떤 사람들에게는 먹힐 수 있습니다.

셋째로, 신적인 것들은 이 세상의 다른 것들만큼 분명하지 않습니다. 전에도 말씀드렸듯이 우리가 사는 세상은 영적 우주 전쟁의 포화 속에 있기 때문이지요. 자신의 파괴력을 이용하여 사람들의 눈과 귀를 가리는 대적이 있습니다(고후 4:4). 즉 선에 대한 증거와 아울러 악에 대한 증거도 존재하기 때문에, 항상 문제의 본

성경에 관한 질문

질이 흐려지게 됩니다. 또한, 때때로 사람들에게 무엇인가가 '뚜렷'하지 않은 상황은 그 문제 자체가 분명하지 않기 때문이 아닙니다. 마귀의 유혹이나 악을 선호하는 죄성을 따라 살면서 그들 마음이 흐릿해졌기 때문입니다. 하나님은 계속 말씀하시지만 사람들은 귀를 틀어막고 "왜 하나님은 말씀하시지 않지?" 하고 외칩니다.

마지막으로, 하나님의 '직접적인 접근'이 효과적으로 보일 수 있지만 사실은 그렇지 않습니다. 하나님은 우리와 사랑과 신뢰 관계를 맺기 원하세요. 우리는 바로 이 목적을 위해 창조되었습니다. 하지만 홍해가 갈라진다고 해서 그런 관계가 저절로 맺어질까요? 하나님이 구름 속에서 말씀하신다고 해서 그렇게 될까요? 땅이 벌어져 불경한 자를 삼킨다고 해서 그런 관계가 맺어질까요? 하나님은 이 모든 것을 해 보셨지만 다 소용없었습니다. 그런 일들은 기껏해야 일시적으로 사람들을 열광시키거나 겁을 주어 복종하게 할 뿐이지요. 물론, 그러한 것들이 순종을 강요할 수는 있습니다. 일시적으로 사람의 행동을 바꿀 수도 있겠지요. 두려움에 가득 차 "사랑해"를 말하게 하는 것을 포함해서요. **하지만 사랑을 만들어 낼 수는 없습니다.** 하나님이 우리의 모든 기도에 명백하게 응답하면서 모든 소원을 들어주는 램프 속 지니 같은 분이라면, 우리는 그분을 **사랑**하는 게 아니라 **이용**하는 게 됩니다. 제가 이전에 말씀드린 것처럼, 하나님은 '우주적 자판기'가 될 것입니다. 세상은 그렇게 하나님을 이용하려 드는 버릇없고 사랑 없는 자녀들로 가득 찰 것입니다.

열여덟 번째 편지

사랑은 스스로 택한 것이 되어야 합니다. 사랑은 자유로워야 합니다. 그리고 외부 자극 없이 마음에서 우러나야 합니다. 하지만 솔직히 말씀드려서, 전능하신 하나님이 이러한 특성을 갖춘 사랑이 발생하도록 행동하시는 것은 매우 어려운 일입니다. 만일 그분이 '직접적인 접근' 방법을 사용하신다면—(혹여 그게 가능하다면) 대체 설명이 불가능한 단계의 기적, 그리고 우리 기억에서 사라지지 않도록 꾸준한 기적을 행하신다면—그분은 그저 우리를 경탄시키는 데에 성공하거나 마법을 부리는 지니로 우리를 망치는 데 성공할 뿐입니다.

그래서 하나님은 '중도적'인 입장에서 일하십니다. 하나님은 그분을 경험하고 싶어 하는 사람들에게는 임재하시지만, 그 경험을 원치 않는 사람들에게는 절대로 강요하지 않습니다. (그래 놓고 그들은 하나님의 부재에 대한 불평이 정당하다고 하지요!) 하나님은 그분을 보고 싶어 하는 사람들에게는 명백히 나타나시지만, 보고 싶어 하지 않는 사람에게는 감춰진 채로 나타나지 않으십니다. (그래 놓고 그들은 하나님의 비밀에 대해 불평하는 것을 정당화합니다). 사랑은 증거와 숨겨짐 둘 다를 요구합니다.

파스칼은 말합니다. "하나님은 선택받은 자들에게 비치기에 충분한 빛과, 버림받은 자들의 눈을 가리기에 충분한 어둠을 주신다." 그의 책 《팡세》(Pensées)는 이 주제를 다루고 있으며 한번 읽어 볼 만한 가치가 있는 기막힌 책이에요.

아버지, 정리하자면 믿음이란 역사적 가설 이상의 것입니다. 그것은 또한 결단입니다. 도덕적 결단 말이지요. "왜 당신이 **믿어**

야 하는지 이성적으로 알 수 있는가?"라는 질문보다는 "당신은 **믿고 싶은가?**"라는 결단에 관한 것입니다. 그 누구든 믿고 싶어 하는 사람에게는 풍부하고 견고한 증거가 제시되지만, 충분한 믿음은 강요된 결정이 아닌 도덕적 선택을 요구합니다. 하나님은 로봇의 입력된 행동이 아닌 책임 있는 사람들의 사랑을 구하시기 때문에 그들의 믿음을 바라시는 것입니다.

저는 오늘 성경 속 기괴한 이야기들에 대한 아버지의 질문은 구체적으로 다루지 않았습니다. 하지만 여기서 그게 중점은 아니기 때문에 일단 넘어가도록 할게요. 구원이란 말하는 뱀이 여자를 속인 이야기나 사람을 삼킨 거대한 물고기, 갈라진 바다 등을 믿는 게 아니라, 구세주이신 주 예수 그리스도에 대한 아버지의 필요를 인식하는 것이기 때문이지요. 성경에 나오는 내용 중 많은 부분은 우리 마음이 주님께 만져진 후에야 깨달아지기 시작합니다.

그러므로 할 수 있다면 이 문제들에 대한 아버지의 판결을 '보류'하고 그리스도의 주 되심, 그분의 신성, 그분의 생애, 그분의 부활을 열심히 생각해 보시기 바랍니다. 그 증거는 반박할 수 없는 것입니다. 하지만 강압적인 것은 **아니**지요. 여전히 결단을 해야 합니다 아버지가 그런 결단을 내리시기를 기도드려요.

1990년 9월 6일
사랑을 담아, 그렉 올림

열여덟 번째 편지

성경이 왜 하나님의 감동으로
기록되었다고 생각하는가?

Why do you think the Bible is inspired?

사랑하는 그렉에게

나는 성경에 나오는 모든 이야기들에 대한 판단을 그냥 '보류'할 수는 없을 것 같구나. 나는 기독교의 진위를 전체적으로 평가해야 한다고 생각한다. 진리이면 전부 다 진리이고 거짓이면 전부 다 거짓이란 말이다. 이를테면 패키지 상품인 거지.

그렉, 너는 내게 너의 정당한 논증들은 받아들이고 당혹스러운 것들은 그냥 지나치라고 요구할 수 없어. 내 생각에 예수가 세상의 구세주임을 믿는 것은 아주 이상한 이야기들을 담고 있는 성경을 믿는 것과 같은 거니까. 따라서 성경에 문제가 있다면 결국 구세주에게도 문제가 있게 되는 거지.

그래서 다시 한번 내 질문에 답해 줄 것을 부탁한다. 어느 누가 됐든 어떻게 뱀이 말을 하고, 고래가 사람을 삼키고, 쇠도끼가 물 위에 뜨고, 커다란 바다가 갈라지며, 한 남자의 긴 머리카락으로부터 엄청난 힘이 나온다는 등의 황당한 이야기들을 믿을 수 있겠니? 어떻게 이 모든 것이 문자 그대로 '하나님의 말씀'이라는 것을 믿으라는 게냐? 만일 네가 다른 책에서 그런 이야기를 읽는다면 두 번 다시 생각해 보지도 않을 게다! 이 모든 것을 가톨릭 성당에 다니던 시절에 들었던 걸로 기억하는데, 당시 내가 믿으려고 '애쓸' 때조차도 마음이 혼란스러웠지.

그러니 예수가 누구인지에 대한 너의 이야기가 분명 강한 흥미를 돋우긴 한다만, 성경의 다른 모든 황당한 소재들이 그것을 방해하고 있단다. 오늘은 이만해야겠다.

1990년 9월 27일
언제나 너를 사랑하는 아버지가

늘 비판적이신 아버지께

제가 참가하려는 큰 대회는 이제 겨우 3주 남았어요. 생각만 해도 정말 신이 납니다! 저는 예행연습으로 친구와 약 35킬로미터 정도 되는, 미니애폴리스와 세인트폴 구간의 트윈시티(Twin Cities) 마라톤에 참가할 거예요. 그리고 나서 대회 때까지는 좀 느긋하게

191

열아홉 번째 편지

있으려고요. 나중에 다시 알려 드릴게요.

좋아요. 성경의 모든 수수께끼들을 꼭 다루고 싶으시다는 거죠. 아버지께 이 주제에 대한 판단을 '보류'해 달라고 요청한 이유는 그것이 당혹스러운 문제여서가 아니라, 다만 기독교 신앙의 중심이 아니기 때문이에요. 그것은 한 사람을 온전하게 만드는 하나님과의 관계와 상관이 없거든요. 하나님과의 관계야말로 기독교 신앙의 핵심입니다. 저는 예수님이 누구인지에 대한 진위는 따로 떼어 놓고 평가할 수 있다고 주장하고 싶어요. 성경의 영감은 다른 부차적 문제이지요. 이렇게 주장하는 것은, 제가 애초에 성경을 '하나님의 말씀'이라고 믿는 가장 강력한 이유가 바로 예수 그리스도가 저의 주님이라고 **이미** 믿는 제 믿음의 **결과**이기 때문입니다. 설명해 드릴게요.

다소 '자유주의적인' 교육을 받으면서 저도 아버지처럼 성경을 그저 인간의 책으로 보고 싶은 마음이 여러 번 들었습니다. 성경의 몇몇 이야기는 만약 다른 책에서 읽었다면 꾸며 냈다고 생각할 만하지요. 저 역시 설명할 수 없는 본문과 명백한 모순, 고고학적 불일치 등의 문제에 직면했습니다. 하지만 저는 계속해서 성경이 하나님의 말씀이라는 믿음으로 돌아왔습니다. 제가 종래에 그 모든 문제를 설명하게 되었기 때문이 아니라, 그 믿음만이 예수님이 인간의 형태로 오신 전능하신 주님이시라는 믿음과 조화를 이루기 때문이었지요.

아버지, 저는 이렇게 생각해요. 앞의 편지들에서 제시한 근거들을 바탕으로, 저는 예수님과 예수 그리스도가 성육신한 주님이

성경에 관한 질문

라는 것에 대해 복음서가 상당히 믿을 만한 역사적 묘사를 해주고 있다고 확신합니다. 이 말인즉슨 적어도 하나님에 대한 예수님의 가르침에는 실수가 없다는 뜻입니다.

하지만 만일 복음서 속 예수님의 가르침 중에 그 **무엇**이든 확실한 게 있다면, 그건 예수님이 구약이 하나님의 말씀이라고 틀림없이 믿었다는 것입니다. 예수님의 이러한 확신은 그분의 가르침 전체에 걸쳐 나타나 있으며, 그분은 자신이 이해한 것을 바탕으로 합니다. 또한 예수님은 제자들이 자신의 가르침과 동일한 권위를 갖고 설교하도록 분명히 위임하셨습니다. 예수님은 제자들이 예수님의 말씀과 행동을 기억하고 그분이 누구인지 깨달으며, 그들의 말과 글을 통해 다른 이들이 예수님을 믿을 수 있도록 성령이 임하시고 도울 것이라고 약속하셨습니다(요 14-16장). 다시 말씀드리지만, 저는 성경을 증명하기 위해 성경을 인용하려는 것이 아닙니다. 저는 여전히 복음서들을 그저 '기본적으로 신뢰할 만한' 문서로 취급하고 있습니다.

이렇듯, 저는 때때로 성경을 이해하느라 애를 많이 쓰긴 했지만 언제나 이러한 딜레마로 되돌아왔습니다. 그것은 어떻게 제가 예수님을 '주님'이라고 부르면서 그분 신학의 중심을 바로잡을 수 있는가 하는 것이지요. 제가 성경에 있는 자료들을 충분히 이해할 수 없을지는 모르지만, 이러한 이유로 제 추론을 예수님의 권위보다 높일 수는 없다고 확신합니다.

간단히 말해, 이게 바로 제가 이제껏 제시한 증거에 근거해서 아버지가 그리스도의 주권을 생각해 보셨으면 하는 이유입니다.

성경의 난해한 부분들을 이해시킬 수 있는 제 (부족한) 능력과는 별도로 말이지요. 지식이란 모든 분야에서 알고 있는 것으로부터 알지 못하는 것으로, 분명한 것으로부터 분명하지 않은 것으로 진전됩니다. 저는 아버지가 분명한 것(그리스도의 주 되심)을 시작한 **그다음**에 분명하지 않은 것(성경)을 이해하려 애써 보시길 부탁드리는 겁니다.

그리스도의 주 되심에 대한 증거가 바로 제가 성경을 하나님의 말씀으로 받아들이는 가장 강력한 이유입니다. 하지만 그것만이 유일한 이유는 아닙니다. 몇 가지 다른 이유도 말씀드릴게요.

첫째로, 성경에는 성취된 예언들이 상당량 담겨 있는데, 그것은 이 책이 하나님의 말씀이라고 간주해야만 설명될 수 있습니다. 예를 들어, 구약 기사 전체에는 그리스도의 귀환에 대한 예언과 신약에서 성취된 예언들이 나와 있습니다. 즉, 구약에서는 그리스도의 탄생 장소를 베들레헴이라고 예언하며(민 24:17, 19; 미 5:2 등), 그분이 아브라함, 이삭, 야곱, 다윗의 혈통이라는 것(창 12:3, 21:12; 삼하 7:13), 그분의 선발자인 세례 요한(사 40:3; 말 3:1)과 그분의 고난과 죽음에 대해(사 53장), 십자가 처형이 사형의 종류이기도 전에 그분의 십자가 처형에 대해(시 22:16; 슥 12:10), 그분이 다른 일반 범죄자들과 함께 처형되는 것에 대해(사 53:9, 12), 그리고 그분의 신성에 대해(사 9:6; 렘 23:6; 미 5:2 등) 예언합니다. 이것을 어떻게 설명해야 할까요? '우연'으로 넘기기에는 너무 절묘하지 않나요?

게다가 성경에는 다른 주제들에 관해 성취된 예언도 많습니

성경에 관한 질문

다. 한 가지 주목할 만한 예를 말씀드릴게요. 두로는 에스겔 시대 (B.C. 약 580년)에 크게 번화했던 항구 도시였습니다. 영감을 받은 에스겔은 당시 그 도시를 보아서는 도저히 짐작도 할 수 없을 많은 것들을 예언했습니다. 그는 바벨론 왕인 느부갓네살 2세가 그 도시를 정복할 것이라고 예언했는데(겔 26:8), 그 일은 13년간의 포위 공격 끝에 결국 이루어졌습니다.

사실 에스겔은 이 도시의 잔해가 바닷속으로 던져질 것이라 고까지 예언합니다(겔 26:12). 두로같이 번성한 대도시는 말할 것 도 없고, 한 도시에 대한 예언치고는 정말 이상하지요. 하지만 이 예언은 수백 년 후에 낱낱이 이루어졌습니다. 알렉산드로스 대왕 이 도시를 포위했고 시민들은 바로 옆 해변 근처 섬(그들 영토의 일 부였죠)으로 피신했습니다. 알렉산드로스 대왕은 함대로 도시를 침략하는 데 실패하자, 도시의 잔해들을 바다로 밀어 넣어 섬으로 향하는 둑길을 만들었지요! 그게 바로 그곳이 매우 평평해진 이 유 중 하나입니다! 오늘날 고대 도시가 있었던 자리는 그저 낚시 꾼들이 모여 노는 작은 마을에 불과합니다. 예언대로 평평한 돌 위에 그물을 말리면서 말이지요. 도시 자체는 지중해 어딘가에 위 치해 있고요!

아버지, 저는 이것이 꽤 인상적인 예언이라고 생각해요. 그리 고 성경에는 이와 비슷한 무수히 많은 예언들이 담겨 있습니다. 이것이 성경이 단순히 한 인간의 저작이 아니라는 것을 보여 주지 않나요?

성경의 '골치 아픈 부분들'에도 불구하고, 성경이 하나님의

열아홉 번째 편지

감동에 의해 기록되었다고 주장하는 또 다른 이유들이 있습니다. 얼마 전에 말씀드렸듯이 성경은 고고학적으로 정확하다는 것이 여러 번 되풀이해서 입증되었습니다. 심지어 〈타임지〉(Time, 1974년 12월 30일)마저도 성경 고고학에 대한 글을 이렇게 시작합니다. "성경은 종종 역사적 세부 항목들에서 놀랄 만큼 정확하다. 이전 세대의 학자들이 일찍이 짐작했던 것보다 더욱 더 그러하다." 그리고 그 글은 이런 말로 결론을 내립니다. "2세기가 넘도록 견딜 수 없을 가장 맹렬한 과학적 포화를 맞고도 성경은 살아남았다. 그리고 아마 포위 공격에는 더 잘 견딜 것이다." 고대의 다른 저술 중 이렇게 말할 수 있는 것은 없습니다.

아버지, 성경에는 자연적으로는 설명할 수 없는 통일성 또한 있습니다. 창세기부터 계시록에 이르기까지 하나님이 사랑으로 인류에게 다가가시고, 인류는 하나님께 반항한다는 통일된 주제를 발견합니다. 저자, 관점, 문화, 환경, 시대, 세계관, 그리고 문학적 장르 등이 놀랄 만큼 다양한 가운데, 성경은 특히 구속에 대해서는 통일된 내용으로 구성되어 있습니다. 성경의 다양성이 다양한 저자들이 있었음을 증거하듯이, 성경의 통일성은 하나님이 그것을 포괄적으로 쓰셨음을 증명하고 있지 않은가요?

마지막으로, 성경의 영감에 대한 체험이 있습니다. 이 체험은 오랜 세월에 걸쳐 그리스도인들이 증명해 온 것입니다. 다양한 장르의 책 66권을 모아놓은 이 작은 '도서관'의 메시지가 삶을 변화시키는 능력을 체험한 사람에게, 성경의 '골치 아픈 부분들'은 별로 중요치 않습니다. 예수님은 밭에서 보물을 발견한 한 사람이 그 보물을 갖기 위해 밭 전체를 산 비유를 말씀하신 적이 있습니다. 성경도 이 비유와 비슷합니다. 구속이라는 주제, 그것이 제시하는 그리스도는 제 삶을 바꾸었고 지금도 바꿔 가고 있어요. 저에게는 '전체를 다 사는 것'이 당연한 것처럼 보입니다. 아버지와 마찬가지로, 저 역시 성경의 어떤 부분에 대해서는 뭐가 뭔지 알 수가 없습니다. 하지만 변화의 경험과 성경이 하나님의 감동으로 기록되었음을 입증하는 견고한 증거는 이따금씩 느끼는 당혹감으로 뒤집기에는 너무 강력합니다.

아버지, 이 문제에 대해 생각해 보세요. 그보다 더 나은 것은 그 책을 읽기 시작하고, 읽으면서 그 저자인 분에게 이야기하는 것입니다. 손해 볼 거 없잖아요?

1990년 10월 13일
언제나 아버지를 사랑하는 그렉 올림

열아홉 번째 편지

스 무 번 째 편 지

성경은 신화와 하나님의 복수로
가득 차 있지 않은가?

Isn't the Bible full of myths and God's vengeance?

사랑하는 그렉에게

이 편지를 받을 때쯤이면 대회가 끝났겠구나. 마무리 잘했기를 바란다. 100킬로미터를 달리는 일이 잘 끝나면 얼마나 잘 끝나겠느냐 싶지만 말이다! 할 수만 있다면 네가 경주 후에 느긋하게 쉴 수 있게 내 자쿠지라도 보내 주고 싶지만 그건 불가능하겠지. 내친김에 우리 집 앞을 결승점 삼아 몇 킬로미터 더 달려오지 그랬니?

언젠가 편지에서 네가 '인지부조화'에 대해 말했지. 내가 바로 그런 것을 겪고 있단다. 너는 상상조차 할 수 없는 것을 믿는 것에 대해 상상할 수 있는 최고의 이유들을 제시하지! 1세기 한 유대인이 죽은 자 가운데서 살아났고 그 사람이 하나님이었다. 고래가 사람을 삼켰다고 말하는 책도 하나님의 말씀이다. 누가 그것을 믿을 수 있겠니? 하지만 네 주장대로라면 또 믿지 않을 사람이 어디 있을까? 그래서 나는 골치가 아프다.

딜레마에 빠진 나를 도와주렴. 너는 성경이 믿을 만하다는 훌륭한 증거를 제시하지만, 성경은 믿기에는 너무 기이하구나. 너는 이 모든 것이 문자 그대로 사실이라고 여기는 거냐? 너는 성경의 모든 말이 다 무오하다고 생각하니? 솔직하게 말해 다오, 그렉. 너는 정말로 말하는 뱀 따위를 믿는 거야? 너는 이 모든 황당한 것을 진지하게 받아들이고 있어?

또 이런 문제도 있다. 너는 하나님의 사랑에 대해 많은 이야기를 했지. 하지만 내가 구약에서 기억하는 하나님은 절대로 그렇지 않아! 그분은 홍수로 온 세상을 싹 쓸어버리지 않았냐? 한 성깔 하던데 말이다! 그리고 여자들과 어린아이들을 포함해 가나안 사람들을 멸절해 버리라고 명령하지 않았냐? 소돔과 고모라를 잿더미로 만들지 않았어? 이것이 네가 말하는 사랑 많으신 하나님이라고는 보이지 않는구나.

마지막으로 이런 문제도 있다. 내가 잘 아는 것은 아니다만, 구약의 저자라고 나와 있는 사람 중 실제 그 책의 저자는 아무도 없다는 말을 들은 적이 있다. 여러 다른 사람들이 '모세 오경'을 썼다거나, 솔로몬은 도저히 혼자서 모든 잠언을 다 쓸 수 없었다는 것 등등이지. 하지만 그 후에 누군가가 그것들을 한데 모아서 모세나 솔로몬 같은 지도자들이 썼다고 했다는 거야. 그러니 예수가 구약을 완전한 하나님의 말씀이라고 생각했다면, 결국은 그가 틀린 것일 수도 있지 않을까? 그러니 어쩌면 그가 스스로를 하나

스무 번째 편지

님이라고 칭한 게 잘못되었거나, 혹은 제자들이 예수가 그런 주장을 했다고 이야기한 게 틀렸을 수도 있다. 어쩌면 예수가 죽은 자 가운데서 살아나지 않았던 건 아닐까? (하지만 그렇게 되면 그 증거들은 어찌해야 할까?) 아니면 애초에 우리가 하나님을 인격적 존재라고 생각한 것부터가 완전히 잘못된 길로 빠졌던 게 아닐까? 아이구야!

이 편지를 처음 주고받기 시작할 때 말했듯이, 나는 아직도 내가 무엇을 믿는지 확실히 모른다. 그냥 질문들만 가지고 있을 뿐이지.

1990년 10월 30일
진정으로 당혹감을 느끼며, 아버지가

사랑하는 아버지

정말 고통스러워요. 엄청 아프네요. 저는 이제야 겨우 제대로 걷기 시작했답니다. 발톱 네 개가 시커멓게 돼 버렸지요. 사실 한 개는 경기 도중에 부러졌어요. 흰색이던 제 신발은 빨간색이 되었고요. 그리고 무릎, 불쌍한 내 무릎! 맹세컨대 앞으로는 (내년까지는?) 절대 이런 바보 같은 짓을 하지 않을 거예요.

그래도 성적은 꽤 괜찮았어요. 믿지 않으시겠지만 실로 대단

성경에 관한 질문

한 경험이었답니다! 이 말이 '인지부조화'를 일으키나요? 저는 달리기 경주들 끝자락에서 다른 어떤 순간보다도 하나님을 가깝게 느껴요. (어쩌면 제가 죽음을 맛봐서 그럴지도요!) 저는 미국인 중에서는 7등, 전체에서는 23등을 했어요. 세계선수권대회라는 것을 감안할 때 이 결과에 아주 만족합니다. 경기 **내내** 시속 56킬로미터의 '거친 강풍' 속을 달려야 했던 게 제게는 상당히 유리하게 작용했어요! 몸집이 작은 세계 최고 선수들이 많이들 나가떨어졌지만, (훨씬) 무거운 제 체격으로는 오히려 유리했거든요. 날씨가 좋았다면 제 성적은 더 나빴을 거예요.

이제 훨씬 중요한 문제를 살펴볼까요? 아버지, 저는 성경 전체를 **정말** 진지하게 받아들여요. 예수 그리스도가 저의 주님이신데 어떻게 그러지 않을 수 있을까요? 그분이 진지하게 받아들이셨기 때문에 저 또한 그래야 합니다. 그렇기 때문에 저는 성경이 아니었다면 받아들이지 않을 이야기들을 받아들일 준비가 되어 있어요. 그러나 이야기들을 받아들이는 데 수반되는 어려움을 경감해 줄 몇 가지 사항이 있습니다.

먼저, 과거의 인류는 오늘날 우리와 아주 다른 상황에 있었습니다. 따라서 당시 하나님의 방법도 오늘날과는 상당히 달랐습니다. 화석의 기록이 없었다면 저는 한때 이 지구상에 건물만 한 높이의 거대한 짐승들이 살았다는 것을 믿기 어려웠을 거예요. 그런 짐승을 한 번도 본 적이 없으니까요. 이 모든 공룡 이야기는 마치 '킹콩' 같은 허구로 들립니다. 하지만 증거가 있으니 저는 믿어요. 성경도 마찬가지예요. 오늘날 우리는 성경이 말하는 이상하고 기

스무 번째 편지

적적인 일들을 일반적으로 보지 못하지만, 만일 그것이 사실이라는 증거가 있고 받아들일 만한 이유가 있다면 믿지 않겠어요? 그리스도의 부활, 고고학, 예언 등이 바로 그러한 이유들입니다.

둘째로, 성경의 기사들은 선택된 것입니다. 그 기사들이 성경에 나오는 이유는 바로 그것들이 보기 드문 것이기 때문이지요. 하나님은 딱 **한 번** 홍해를 가르셨습니다. 하나님이 삼손에게 이상한 방식으로 역사하신 것도 **한 번**이었지요. 그분은 불순종한 선지자를 삼키게 하려고 거대한 물고기(성경은 '고래'라고 하지 않습니다)를 **한 번** 만드셨지요. 역사 전체를 두고 볼 때, 구약에서 여호와가 하신 극적인 행동들은 매우 희귀한 것입니다. 하지만 그것들이 성경이라는 하나의 장서에 모두 모아져 있기 때문에 전체적으로는 마치 이러한 일들이 계속 일어난 것처럼 보이는 거예요.

셋째로, 이전 편지에서 살짝 말씀드렸듯이 저는 하나님이 스스로를 계시하실 때 역사라는 장르에 제한을 받으실 이유가 없다고 봅니다. 성경의 특정 부분들이 어떤 상징적 요소를 포함하면 안 될 이유는 없습니다. 신화나 풍유라는 문학 장르를 사용하여 하나님이 전달하고자 하는 요점을 더 잘 표현할 수 있다면, 하나님이 그것을 사용하지 못할 이유가 어디 있겠습니까? 아무것도 없지요.

그러니 아버지, 성경을 진지하게 받아들인다는 것이 그것을 모두 **문자 그대로** 받아들인다는 의미는 아니에요. 이것은 새로운 통찰이 아닙니다. 교회사 전체를 통틀어 몇몇 그리스도인 지도자들은 성경의 특정 요소들을 문자적으로 받아들여서는 안 된다고 주장해 왔습니다. 일부는 말하는 뱀이 아마도 성경의 저자가 사탄을 나타내기 위해 사용한 문학적 장치일 것이라고 주장했지요. 그런 관점에서 금단의 열매는 유혹을 뜻할 것입니다.

성경 시대의 저자들은 현대의 저자들처럼 '문자 그대로의 사실들'에 열중하지는 않았습니다. 그들은 요점을 말하기 위해 종종 역사와 풍유 혹은 역사와 신화를 함께 엮어 놓았지요. 에스겔서 19장이 적절한 예입니다. 저자는 문자 그대로의 역사를 이야기하지만 상징주의를 사용하지요. 그 결과 문학적 요점을 내포하고 있으면서도 역사이기 때문에 진지하게 받아들여야 하는, 그러나 모든 면에서 문자 그대로 이해할 수는 없는 이야기가 나온 것입니다. '성경이 100퍼센트 영감받은 문헌이라면, 100퍼센트 문자 그대로 받아들일 수 있어야 한다'는 생각은 매우 최근에 나온 견해로, 상당히 잘못된 개념입니다.

하지만 모든 것을 문자 그대로 받아들이는 현대인들의 마음속에는 한 가지 의문이 생겨납니다. 문자적인 것과 상징적인 것을 어떻게 구분할 수 있나? 이러한 질문에 대한 두려움 때문에 금세기 초 근본주의자들은 성경 속 모든 것이 문자 그대로 사실이라고 잘못된 주장을 했던 것입니다. (비록 그들은 성경이 말하는 또 다른 대목, 곧 하나님이 깃털을 가지고 있다거나 코에서 불을 내뿜는다거나 하는 일부분은 비유로 받아들이지만요.) 이것이 어려운 질문인 것은 맞지만, 그 대답에 의해 달라지는 것은 거의 없습니다. 문자적이든 상징적이든 모두 하나님의 말씀이며, 그러므로 진지하게 받아들여야 합니다. 질문 자체는 본문을 문학적으로 철저히 분석한 것을 바탕으

스무 번째 편지

로 결정을 내려야 합니다. 저자가 무엇을 말하고자 **의도**했는가 하
는 것인데, 그에 대해서는 전문가들조차 의견이 분분합니다. 하지
만 다시 말하건대, 그렇다고 해서 달라지는 것은 거의 없습니다.

그러니 아버지, 아버지가 말하는 뱀 이야기를 받아들이는 데
에 어려움이 있다 치더라도 이로 인해 이야기의 요점을 놓치는 일
이 없도록 하세요. 요점은 뱀이 말한다는 것이 아닙니다. 요점은
하와가 하나님이 누구이시며 자신은 누구인가에 대한 사탄의 거
짓말에 끌려, 자신의 운명을 스스로 개선할 수 있다고 생각했다는
것입니다. 하와는 하나님이 창조하신 자기 모습에 더 이상 만족하
지 않았어요. 그것이 이야기의 요점이며 오늘날까지 내려오는 모
든 죄의 본질입니다. 이 이야기는 믿을 수 없을 만큼 심오합니다!
뱀이 문자적인가 상징적인가 하는 것은 이야기의 요점에 거의 영
향을 미치지 못합니다!

이제 구약에 나오는 하나님의 복수에 대해 살펴보자면, 저도
아버지와 마찬가지로 이 문제에 대단히 당혹감을 느낀다는 것을
인정해요. 하지만 그것은 전체적인 시야를 가지고 보게 도와줍니
다. 먼저, 앞서 말했던 것처럼 이미 알려진 것에서 알려지지 않은
것 순으로 살펴보는 것이 언제나 가장 좋습니다. 예수 그리스도는
그 안에 하나님이 **충만히** 계시된 분입니다. 저한테는 이것이 하나
님에 대한 가장 중심이 되는 정의입니다. 하나님이 다른 어떤 분
이든 간에, 제가 예수님 안에서 만난 하나님과 다를 수가 없지요.
예수님은 "너희가 나를 보았으면 아버지를 보았느니라"(요 14장)
라고 말합니다. 만일 성경에 이와 모순되는 내용이 나온다면 일단

성경에 관한 질문

은 저의 무지를 인정하고 판단을 보류해야겠지요. 저는 구약에서 왜 하나님이 그런 행동을 하셨는지 항상 다 알지는 못합니다. 하지만 다른 근거들을 통해 하나님이 사랑 많으시고 매우 지혜로운 분이심을 알기에, 그저 하나님이 그렇게 하실 만한 지혜롭고 애정에 찬 이유가 있었을 것이라고 믿는 것입니다.

둘째로, 우리는 구약을 읽을 때 그것이 현대 세계와는 전혀 다른 세상의 이야기라는 것을 다시 한번 기억해야 합니다. 우리는 고대인들의 사고가 어떠했는지 상상조차 하기 힘듭니다. 가장 원시적인 원주민의 사고방식이 우리의 사고방식과 다른 것만큼이나 상이합니다. 그 시대는 지극히 폭력적이고 힘에 좌우되는 '힘이 곧 정의'인 세상이었습니다. (어쩌면 결국 우리가 사는 세상과 그리 다르지 않을지도 모르겠네요). 생명은 경시되었습니다.

예를 들어, 가나안 사람들은 갓난아기들을 산 채로 불에 태워 제물로 바치곤 했습니다. 또한 그들이 해산하고 있는 여인의 다리를 한데 묶어 죽을 때까지 내버려 두는 '종교' 의식을 거행했다는 증거도 있습니다! 이러한 문화권에서는 때로 정복한 나라의 사람들을 말뚝으로 찌르고, 그곳 유아들의 머리를 바위에 내던져 깨뜨리는 것으로 승리를 경축하는 일도 생겼지요!

그러니 하나님이 구약에서 폭력을 사용하신 이유 중 하나는 아마도 당시에는 폭력만이 하나님이 의도한 바를 이루는 유일한 길이었기 때문일 거예요. 전쟁터 한복판에서는 폭탄만이 말할 수 있을 뿐이지요.

또 하나 생각해 볼 점은, 아마도 어떤 상황에서는 특정한 사

스무 번째 편지

람들의 죽음이 두 가지 악 중에 덜한 악이었을 것입니다. 우리도 종종 죽음이 오히려 삶보다 낫다고 믿을 때가 있지 않나요? 이와 더불어 하나님의 우주적인 관점을 생각할 때, 우리는 두 가지 악 중에 개개인에게 미칠 피해가 더 적은 악이 무엇인지 물을 뿐 아니라, 역사 전체를 통틀어 전 세계에 피해를 덜 끼칠 악은 무엇인지 물어 봐야 합니다. 하나님께는 역사 전체를 향한 계획이 있으시기 때문에, 타락하고 야만적인 세상에 비추어 볼 때 때로는 많은 사람의 죽음이 그들이 하나님의 전반적인 구속 계획에 악영향을 끼치는 것(예로 가나안 사람들)보다 더 나은 것 같습니다. (사실상 이스라엘이 가나안 사람들을 멸절하는 데 실패했기에 살아남은 소수의 가나안 사람들은 후에 엄청난 어려움을 야기했습니다!)

마지막으로 생각해 볼 점은, 저처럼 내세를 믿는 사람이라면 가나안 사람들의 죽음은 사실 그들 삶의 종말이 전혀 아니라는 거예요. 하나님과의 영원한 삶이 시작되는 것이지요. 하나님이 역사적 목적을 위해 행하시는 일들이 반드시 사람들을 영원히 심판하신다는 증거는 아닙니다. 이에 비추어 볼 때 특정한 가나안 사람들, 특히 어린아이들의 죽음은 오히려 자비의 행위로 볼 수 있습니다. 아마도 그들이 성장했다면 겪게 되었을 지옥 같은 삶(그리고 그 후의 지옥)을 겪지 않게 되었으니까요. 이 말이 무심하게 들리시겠지만(말하는 데서 벌써 무심함이 느껴지네요), 단지 엄격하게 '현세적' 관점으로 보면 그럴 수도 있다는 것입니다.

노아의 홍수도 이와 비슷한 맥락에서 말할 수 있어요. 당시 세상은 상상 이상으로 죄악이 가득했습니다. '그들 마음의 모든 생각이 악했다'라고 성경은 말합니다. 한마디로 인류는 전 세계적 규모의 가나안 사람들이었지요. 상상해 보세요! 하나님은 그 모습에 슬퍼하셨고, 인간을 창조하지 않았길 바라실 정도였다고 성경은 말합니다. 그러나 하나님은 전체를 다 버리시는 대신 구원 가능한 한 사람, 노아를 발견하셨지요. 하나님은 그를 새로운 아담으로 이용하여 인류를 다시 창조하기로 결정하십니다. 어떤 의미에서 생존이 비생존보다 못할 때, 하나님은 생존이라는 그분의 선물을 거두어 가십니다. 이것이 노아의 홍수 때 하나님이 하신 일이지요. 궁극적으로 하나님의 영원한 사랑과 기쁨을 공유하고 반영하는 사람들이 생겨나게 하려는 계획을 이루기 위해, 하나님은 기꺼이 그러한 극단의 처방을 하셨습니다.

마지막으로, 구약의 저작권에 대한 아버지의 질문을 간단히 다뤄 볼게요. 아버지, 다시 한 번 말씀드리자면 저는 이것이 성경의 영감과는 아주 약간, 혹은 전혀 관계없다고 봐요. 제가 볼 때 모세가 처음 다섯 책의 주요 저자라는 것은 증거가 보여 줍니다. 하지만 모세가 (복음서 저자들이 그랬던 것처럼) 자신 이전의 자료들을 사용한 것 역시 분명해 보이며, 후대에 이 저술에 자료들이 추가된 것 역시 분명한 듯합니다.

하지만 그렇다고 해서 뭐가 달라지나요? 만약 모세가 전체 글의 표면상 대표일 뿐이라고 한들 뭐 어떤가요? 그렇다고 해서 예수님이 그 전승을 따르고 '모세 오경'이라고 말한 것이 잘못인가요? 저는 그렇지 않다고 생각해요. 잠언, 시편, 혹은 어떤 책도 마찬가지지요. 잠언이라는 제목의 선집에 나오는 모든 잠언 하나

스무 번째 편지

하나를 솔로몬이 전부 썼다고 믿는 사람은 아무도 없습니다. 하지만 솔로몬은 고대 히브리 지혜 문학의 전통적인 대표 인물이기 때문에, 그 글들은 총괄하여 그의 저술로 여겨지지요. 다윗과 시편의 경우도 마찬가지입니다. 심지어 시편 중 일부는 다윗이 아닌 다른 사람의 이름이 명백하게 제시되어 있습니다. 하지만 시편은 전체적으로 '다윗의 시편'이라고 불리는데, 그가 고대 히브리 시편의 전통적인 대표 인물이기 때문입니다.

아버지, 아버지의 고민들이 이제 좀 정리되었기를 바랍니다. 아버지가 성경에 대해 품은 의문들 중 상당수는 성경이 반드시 어떠한 책이 되어야 한다는 데서 비롯된 오해 같습니다. 이는 그리스도인들 사이에서도 흔히 나타나는 오해이고요. (제법 많은 '무오성' 논란이 발생하는 부분이지요.) 하지만 일단 이 의문들에 대한 관점을 정리하면 그것은 비교적 사소한 문제가 된다고 생각합니다.

그러므로 제가 이전에 그랬던 것처럼 다시 권해 드립니다. 아버지도 하나님이 영감을 불어넣으신 이 책의 당혹스러운 부분들에 대해 인내심을 가지고, 그 책의 변화시키는 능력에 아버지의 마음을 열어 보세요. 성경은 정말 영감받은 책이랍니다! 그렇게 하시면 이 책이 아버지를 구세주와의 관계로 인도할 거예요.

1990년 11월 6일
언제나처럼 사랑과 소망을 품고, 그렉 올림

성경에 관한 질문

가톨릭교회가 성경을
편집한 것이 아닌가?

Didn't the Catholic Church put the Bible together?

사랑하는 그렉에게

네가 세계선수권대회에서 이룬 위업을 내가 얼마나 자랑스러워
하는지 또 한 번 말해야겠다. 모든 부상이 회복되고 네 몸의 상처
들이 마침내 다 빠져나가기를 바란다! 너와 네 가족이 이곳으로
내려올 수 없다니 몹시 아쉽다. 우리는 너희 만날 날만 손꼽아 기
다리고 있었거든. 너희 모두 너무 보고 싶구나. 하지만 이해한다.
복권이 당첨되기만 하면 네 새어머니와 내가 너희를 해마다 이곳
으로 비행기로 실어 날라 주마!

신학에 대해 말해 보자. 그렉, 인정하기는 정말 싫지만 네 말
이 이제 그럴듯하게 들리기 시작하는구나! 내가 기독교에 대해
갖고 있는 문제는 대부분 두 가지 잘못된 근원에서 생겨난 게 아

209

닌가 싶다. 바로 가톨릭교회와 텔레비전에 나오는 꺼벙한 설교자들이지. (내가 가끔가다 웃으려고 보는 방송 말이다.) 성경에 대한 네 설명은 내가 지금까지 갖고 있던 뿌연 안개를 걷어내 주었다. 물론 여전히 하나님에 대한 구약의 묘사는 그리 좋아하지는 않지만, 네가 나에게 갖게 해준 관점 때문에 그에 대한 판결을 기꺼이 보류하겠다.

하지만 네가 지난번에 보낸 편지를 읽고 또 읽으면서 또 다른 질문이 떠올랐다. 내가 성당에 다니던 시절에 개신교도들이 성경을 유일한 기준으로 삼는 것은 잘못된 것이라고 배웠다. 성경을 편집한 것은 교회이기 때문이라는 거지. 어떤 책이 성경에 포함되고 어떤 책은 포함되지 않게 결정한 것은 가톨릭교회가 아니었더냐? 그들이 5세기경에 그런 일을 하지 않았니? 내가 다니던 성당의 신부는, 개신교도들이 애당초 성경을 가지게 된 것은 가톨릭 덕분이라는 것을 납득시키려고 우리에게 그걸 가르쳐 줬지.

성경이 하나님의 말씀이라면 어떻게 이런 일이 있을 수 있는지 궁금하다. 내 말은, 성경이 완성되기까지 왜 그렇게 오래 걸렸으며 하나님은 어떻게 그처럼 중요한 문제를 이기적인 놈들의 손에 맡겨 두었느냐는 거지. 내가 어디선가 듣기로는 한 주교회의에서 하나님의 감동으로 기록된 책과 그게 아닌 책을 표결에 붙여서 결정했다던데! 그건 하나님의 말씀을 확증하기에는 별로 위엄 있는 방식이 아닌 듯하구나. 그들의 결정이 옳은지 어떻게 안단 말이냐? 어쩌면 '부적당한' 책이 몇 권 그 안에 들어갔을 수도 있고, 들어가야 할 책이 빠졌을 수도 있지 않니?

성경에 관한 질문

그리고 가톨릭과 개신교는 지금도 이 문제를 놓고 싸우고 있지 않느냐? 왜 가톨릭의 성경은 개신교 성경보다 책이 더 많은 거냐? 하지만 둘 다 '하나님의 말씀'이라고 주장하고 있으니 나로서는 도저히 이해가 가지 않는구나.

그러니 그리스도와 성경에 대한 너의 글은 매우 흡인력 있었지만, 네가 타고 있는 믿음의 배에 올라타려면 나는 아직도 뛰어넘어야 할 장애물이 많은 것 같다.

1990년 12월 11일
모든 사랑을 담아, 아버지가

사랑하는 아버지께

아버지와 새어머니가 멋진 크리스마스를 보내셨길 바랍니다. 찾아뵙지 못해서 다시 한번 죄송해요. 내년에는 꼭 가도록 할게요! 우리는 1월부터 매달 적금을 넣기 시작할 거고, 그러면 **아무것도** 우리를 막지 못할 거예요. 아버지와 새어머니가 정말 보고 싶기도 하고, 실은 아이들이 그곳 플로리다에 있는 디즈니월드에 가고 싶어 우리를 들들 볶고 있답니다!

아버지께 기독교가 그럴듯하게 들리기 시작했다는 말에 제가 얼마나 행복한지 말로 다 할 수 없을 정도예요. 아버지, 처음부

211

터 내내 말씀드렸지요. 아버지는 하나님께 찍힌 사람이라고요. 하나님은 아버지를 놓아주시지 않을 거예요. 저와 성령님 사이에 끼어서 아버지는 빠져나갈 틈이 없으십니다!

이제 아버지의 질문으로 넘어가 볼게요. 아버지는 정경화(canonization, 正經化) 과정에 대해서도 몇몇 잘못된 정보를 들으신 것 같아요. 아니면 들으신 정보를 오해하셨거나요. 5세기까지 정경화된 책들의 공식 목록이 작성되지 않았다는 것은 사실입니다. 그리고 그때까지 (심지어 이후 꽤 긴 시간 동안) 몇몇 영향력 있는 인물들이 정경화를 놓고 다투던 두 권의 책이 더 있다는 것도 사실이지요. 하지만 신약 정경의 대다수는 2세기 때 확정되었답니다. 초대교회 교부들이 신약을 권위 있는 말씀으로 인용한 사례에서 알 수 있지요. 신약의 90퍼센트 이상은 초대부터 3세기까지 교회 교부들의 인용문들로 재구성할 수 있답니다.

누군가가 '공식적'인 정경에 대해 우려하기 시작한 유일한 이유는, 마르키온(Marcion)이라는 한 이단자가 2세기에 맹위를 떨치면서 스스로 이교적 정경을 만들어 냈기 때문입니다. 이 사람은 유대인들과 구약을 싫어했어요. 그래서 구약을 완전히 빼 버리고 (그는 악한 신이 구약을 썼다고 했어요) 대신 신약의 단편들만 이용해서 자신의 기독교 분파를 시작했습니다. 그는 이단적인 자신의 신학에 뜯어 맞추기 위해 각 책의 일부분을 떼어 내 한데 붙여 놓았지요.

그의 분파는 인기를 얻기 시작했고 이에 직면한 교회는 신자들에게 무엇이 참된 신약인지 공식적으로 가르쳐야 했습니다. 신약이 **확립**되어야 했기 때문이 아니라 거짓 가르침에 대결하기 위해서였던 거죠. 그 결과, 약 A.D. 170년경에 무라토리안(Muratorian) 정경이 지금 우리가 가지고 있는 최초의 '공식적' 정경 목록으로 발표되었습니다. 여기에 나와 있는 목록은 오늘날의 모든 성경에서 발견되는 목록과 거의 똑같습니다.

보세요, 아버지. 신약의 저술들은 많은 믿는 사람들에 의해 거의 처음부터 영감받은 문헌으로 받아들여졌어요. 이에 대한 논쟁은 많지 않았고 이 저술들은 모든 교회 안에서 회람되었으며, 상당히 정확한 문헌들이 점차 일반적으로 신약으로 인식되었지요. 그러므로 마르키온과 같은 논란 뒤에 **비공식적**인 정경이 먼저 생겨났던 것이고, 그 후에 비로소 **공식적**인 정경이 형성되었습니다. 일부 사람들이 미심쩍은 것으로 간주한 몇몇 책들을 확립하는 것을 빼고는 공식적인 정경은 기존의 것에 단 한 가지도 더하지 않았습니다.

이제 적절한 책들은 모두 포함되고 부적절한 책들은 모두 빠졌다는 것을 어떻게 확신할 수 있느냐는 아버지의 질문에 대답하자면, 사실 어떤 결정적인 답을 드릴 수는 없을 것 같아요. 정경에 포함되면 안 됐을 특정한 책이 포함되었을 수도 있는 이론적 가능성을 배제할 수 없습니다. (루터는 그게 야고보서라고 추측했죠.) 또한 포함되었을 수 있는 영감받은 책이 빠졌을 가능성도 결정적으로 배제하지 못합니다.

하지만 저는 이 문제로 잠도 못 잘 만큼 걱정하지는 않을 거예요. 다음 세 가지를 생각하면 안심하고 잘 수 있지요.

스물한 번째 편지

첫째, 저는 그 과정이 진행되는 도중 어떤 시점에서 하나님의 섭리가 있었으리라고 믿습니다. 하나님이 우리의 구원을 위해 성육신하시려고 시간과 노력을 들이셨다면, 그분이 이 사건에 대한 정보가 우리에게 전달되는 전반적인 과정도 내다보셨다는 것을 믿어야 합니다. 예수님은 제자들에게 성령이 영감을 주실 것이며, 그들의 증언을 통해 세상이 예수님을 믿게 되리라고 약속하셨지요. 만약 하나님이 그들의 글에 영감을 불어넣으셨다면 그분이 그 글들을 분명 정경화되도록 하셨을 것이라고 믿습니다. 때문에 혹시 어떤 책이 실제로 '빠졌다'면, 그 책은 그리 중요한 것이 아니라는 증거겠지요.

둘째로, 영감받은 책들을 한데 모아 하나의 정경을 만드는 과정은 초대교회로서는 가벼운 일이 아니었습니다. 이들은 믿음을 위해서라면 죽음도 각오한 사람들이었으며, 그렇기 때문에 자신들이 믿는 모든 내용이 하나님의 입에서 나온 것이 확실하기를 원했습니다. 거짓말을 위해 죽고 싶은 사람은 아무도 없으니까요. 그래서 그들은 이 책들에 상당히 엄중한 판단 기준을 적용했습니다. 누가 썼는가? 언제 쓰였는가? 그 내용은 모든 사람이 하나님의 감동으로 기록되었다고 인정한 다른 저술들과 일치하는가? 교회들에 의해 처음부터 영감받은 문헌으로 받아들여졌는가? 그것은 하나님의 말씀으로서 사람을 변화시키는 능력을 지니고 있는가? 그들은 이 질문들에 대해 우리보다 더 잘 답할 수 있는 위치에 있었으며, 만약 잘못 답했을 경우 우리보다 더 많은 것을 잃어야 했습니다. 그래서 저는 그들의 결정에 따르는 일이 상당히 안전하

다고 느낍니다. 게다가 이제까지 역사 전체에 걸쳐 수많은 그리스
도인들은 성경이 영감받은 책이며 삶을 변화시킨다고 증거했습
니다. 그러므로 제가 특정한 책이 합당치 않다는 사실을 우연히
발견한다 해도, 성경의 결함을 따지기 전에 저 자신의 부족함을
묻는 게 주제 파악을 하는 일이라고 생각합니다.

마지막으로, 만에 하나 초대교회에서 논란이 되었던 몇몇 서
신서를 (이 서신서들은 5세기까지 교회에 인정받지 못했습니다.) 누군가
거부한다 하더라도 신약에서 그리 많은 부분을 잃게 되는 것은 아
닙니다. 신약은 주목할 만한 몇몇 돌들을 제거한다 해도 여전히
놀랄 만큼 훌륭한 기념비입니다. 예를 들어, 베드로후서는 그 문
체가 베드로전서와 너무 다르기 때문에 논란이 되었습니다. 이것
은 쉽게 설명됩니다. (베드로는 자신이 첫 번째 편지를 쓸 때 실라의 도움
을 받았다고 말합니다. 벧전 5:12). 하지만 베드로후서를 빼놓는다 해
서 대체 무엇이 바뀔까요? 요한이서와 요한삼서, 야고보서, 히브
리서, 요한계시록 등도 마찬가지입니다. 모두 훌륭한 책이며 저는
그것들이 정경에 들어 있어 기쁩니다. 하지만 요점은, 구원의 핵
심이 그 책들의 존재 여부에 달린 게 아니라는 겁니다.

그러므로 개신교도들이 5세기 가톨릭교회 덕분에 성경을 갖
게 됐다는 개념은 오류입니다. 사실상 가톨릭교회를 그 수장이 되
는 교황들의 계보에 의해 규정한다면, 6세기 전에는 (아마 그 이후
에도요) 공식적인 가톨릭교회가 존재했다고 주장하기는 힘듭니다.

그러니 가톨릭의 성경과 개신교의 성경의 차이에 대해 아버
지가 제기하신 문제는 신약의 정경화와는 아무런 상관이 없습니

스물한 번째 편지

다. 그 차이는 오히려 16세기에 루터가 교회와 결별하면서 생겨났습니다. 그때까지는 묵시문학이라고 알려진 문헌들이 있었는데 이것은 공식적으로 정경화된 성경 문헌들에 덧붙어 있었습니다. 교회 지도자들 간에는 이 문헌에 대한 의견 차가 있었습니다. 어떤 지도자들은 그 문헌이 성경 문헌과 동일한 지위를 갖는다고 간주했고, 또 어떤 지도자들은 그렇게 간주하지 않았습니다. (우리가 유대교로부터 물려받은 양가감정이죠.) 그래서 그것들은 보통 성경 정경에 '교훈적인' 문헌으로 포함되었지만, 공식적으로는 나머지 성경과 같은 권위를 가지고 있는 것으로 여겨지지 않았어요.

하지만 루터가 교회와 결별하면서, 외경의 애매모호한 위치가 많은 이유로 분명해져야 했습니다. 이 중 가장 주요한 이유는 가톨릭 지도자들이 루터가 부인한 그들의 교리 (예를 들어, 연옥) 몇 가지를 지지하기 위해 이 문헌을 인용하고 싶어 한다는 것이었습니다. 그래서 루터는 외경의 정경성을 무조건적으로 부인했고, 이는 가톨릭교회가 이 문헌을 무조건적으로 지지하는 극단으로 나갈 수밖에 없게 했지요. 두 입장은 모두 교회 역사에 있어 '새로운 것'이었습니다.

그런데 아버지, 저는 루터의 편입니다. 그 입장을 고수하는 이유를 모두 상세히 논하지는 않겠으나, 다만 (a) 예수님이나 제자들은 외경을 권위 있는 것으로 인용한 적이 한 번도 없으며, (b) 외경에는 신약의 가르침과 모순되는 듯해 보이는 자료들이 포함되어 있다는 것, (c) 초대교회 교부들은 외경을 권위 있는 것으로 인용한 경우가 거의 없다는 것, 그리고 (d) 저는 외경 문헌의 질이

성경에 관한 질문

전반적으로 정경화된 문헌들보다 상당히 낮다고 생각한다는 것
만 말씀드리겠습니다.

그러나 정경에는 포함되었지만 초대교회에서는 그 정경성이
의문시된 책들도 있는데, 그렇다고 해서 저는 결코 이 문제 때문
에 잠을 설치지는 않을 거예요. 그렇다고 달라지는 것은 아무것도
없으니까요. 저는 종교개혁 이전의 외경에 대한 견해를 시인하는
것조차 상관하지 않겠습니다. 누군가 이 문헌이 영감받았고 교훈
적이며 삶을 변화시킨다고 생각해도 좋습니다. 저는 그렇게 생각
하지 않습니다. 각자 스스로 알아서 결정하기로 하지요.

아버지, 이 문제 전체에서 가장 핵심은, 성경을 둘러싸고 있
는 사소한 문제들이 성경의 중심 내용과 중요한 교훈에는 아무런
영향도 끼치지 않는다는 것입니다. 저는 아버지가 그냥 성경책을
읽기 시작하실 것을 권합니다. 아마도 복음서, 특히 요한복음부터
시작하는 것이 좋겠지요. 문제들을 한쪽으로 제쳐 놓고 그냥 그
책이 아버지께 무엇을 말하는지 들으려 해 보세요. 성령님이 그
본문을 통해 아버지가 들어야 할 것을 마음속에 전달하시게끔 허
락하세요.

아버지, 성경의 목적은 아버지가 예수님과 사랑의 관계를 맺
게 하는 것입니다. 이를 통해 성경은 한 사람이 예수님을 만날 수
있도록 생생하게 다가옵니다.

1990년 12월 28일
저의 모든 사랑과 소망을 담아서, 그렉 올림

성경에 대한 해석은
왜 그렇게 다양한가?

Why are there so many differing interpretations of the Bible?

사랑하는 그렉에게

네가 새해를 순조롭게 시작했기를 바란다. 지난 번 편지는 정말 고마웠다. 그 편지 덕분에 성경이 어떻게 생겨났는지에 대해 내가 크게 오해한 부분이 해결된 듯하구나.

하지만 겉으로 보기에 성경이 '공식적으로' 하나로 묶인 방식은 마구잡이인 듯해서 나는 여전히 그 권위를 인정하기가 어렵다. 왜 하나님은 성경을 그냥 하늘에서 뚝 떨어뜨리지 않았을까? 어쨌든 적어도 네 대답을 통해 내가 별로 좋아하지 않는 가톨릭교회가 성경을 만들어 낸 게 아니라는 점을 알게 되어 다행이라고 생각한다.

요즘 내가 품고 있는 의문은 지난 번 편지 질문에 덧붙여 생겨난 거란다. 그렉, 성경이 하나님의 말씀이라면 왜 그렇게 불분명한 것이냐? 너는 불분명하지 않다고 말하겠지만, 그렇다면 어째서 해석들이 그토록 다양하지? 내 말은, 미국에만 해도 1,200개의 기독교 교파가 있단 말이다! 그들은 성경에 관해 각자 자신들의 견해가 '옳다'고 주장하지. 어떻게 그럴 수 있어? 하나님이 명료하게 말해 줄 수는 없을까? 신학 박사 학위가 없는 사람들은 어떤 견해가 옳은지 도대체 어떻게 알 수 있단 말이냐?

네 아내와 아이들에게 사랑을 보낸다. 답장 기다리마.

1991년 1월 16일
많은 사랑과 함께, 아버지가

사랑하는 아버지께

아버지, 만약 아버지가 회의론자이신 데서 절반만이라도 그리스도인이 된다면 분명 대단한 신학자가 되실 거예요! 저는 이제 아버지가 기독교에 대해 제기하지 않을 반론이 과연 하나라도 남을 수 있을까 하는 궁금증이 들거든요.

그리스도인 사이의 분열 문제는 모든 그리스도인에게 끝없는 육체적 가시랍니다. 사역이 끝날 무렵 예수님은 모든 신자들이 연합하기를, 그래서 예수님이 진정 하나님의 보내심을 받은 자임

스물두 번째 편지

을 세상이 알게 해 달라고 기도하셨어요(요 17장). 그래요. 이것은 구세주이신 그리스도에 대한 우리의 증거를 부분적으로 손상시킵니다.

하지만 그렇다고 성경이 모호하다는 의미는 아닙니다. 다만 교회의 죄성을 드러낼 뿐이지요. 아버지, 교회들 간의 차이점 중 대부분은, 성경 해석에 대한 정당한 차이라기보다는 그들의 교만과 자만심, 탐욕과 권력에 대한 굶주림의 결과입니다. 그리스도인들 역시 순전한 죄인입니다. 이것의 나쁜 점은 하나님의 일을 방해한다는 것이지요. 하지만 그리스도인들이 죄인이어서 좋은 점도 있어요. 저나 아버지도 얼마든지 그 모임에 낄 수 있다는 거지요! 교회가 거룩한 사람들만의 모임이라면 저는 애초에 가망조차 없었을 거예요.

하지만 그리스도인들 역시 순전한 죄인이라고 해서 그리 놀랄 필요는 없어요. 하나님이 완벽한 누군가를 통해 그분의 목적을 이루셨다는 기록은 성경 어디에도 없답니다! 성경 자체가 '하나님은 지혜 있는 자들을 난처하게 하려고 어리석은 자들을 택하시고, 강한 것들을 난처하게 하려고 약한 것들을 택하신다'(고전 1:27, 제가 풀어 썼어요)라고 말합니다.

예를 들면, 하나님의 사람이었던 아브라함은 무슨 짓을 저질렀나요? 그는 제 목숨을 건지려고 자기 아내를 두 번이나 낯선 사람과 자도록 내어 줍니다. 참 대단한 '하나님의 사람'이지요! 성경에서 '하나님의 마음에 합한' 사람이라고 말한 다윗을 보세요. 그는 다른 남자의 아내와 성관계를 갖고 임신시키고는, 그 사람과 결혼하기 위해 그 남편을 죽인 뒤 범죄를 은폐합니다. 참 대단한 '성자' 아닌가요! 그리고 '하나님이 택하신 민족'인 이스라엘은 성경 역사 전체에 걸쳐 일관되게 하나님을 반역하고 거짓 신들을 따르며 총체적으로 일을 망쳐 버립니다. 오늘날 기독교 교회도 마찬가지이지요. 변한 건 아무것도 없어요. 그렇지 않나요?

하지만 아버지, 어떤 면에서 이것은 매우 중요한 점을 시사합니다. 바울은 '하나님이 모든 사람이 죄 가운데 있음을 보여 주심은 모든 사람에게 긍휼을 베풀려 하심이라'(롬 11장)고 말했습니다. 하나님은 우리가 다 이해할 수 없는 방식으로 소통하시며 모든 사람에게 보편적 진리를 보여 주십니다. 사람들은 은혜를 필요로 하는 죄인들이라는 것이지요. '하나님의 백성들' 내부만큼 죄성이 분명하면서 아울러 은혜가 흘러넘치는 곳은 없습니다. 아브라함, 다윗, 이스라엘, 교회와 같은 죄인들을 하나님이 구원하고 사용하실 수 있다면, 우리 모두에게도 소망이 있습니다. 창조의 의도가 마침내 성취될 때, 하나님은 인간의 반역과 죄에도 불구하고 끊임없는 자비를 베푸신 하나님으로 영원히 나타나실 것입니다. 그리고 인간의 반역과 죄가 분명할수록 하나님의 자비도 더욱 분명하게 계시됩니다. 이처럼 하나님은 지금 죄 된 교회를 통해 역사하십니다.

따라서 기독교 내의 분열은 대부분 죄성으로 인한 것이지요. 하지만 제가 교단들 사이의 차이가 이로 인한 것이라고 말한다면 아버지의 질문을 살짝 비켜 가는 셈이 될 거예요. 교단들의 차이에는 두 가지 이유가 더 있습니다. 하지만 그중 어느 것도 성경의

221

명쾌함에 이의를 제기하지는 않습니다.

　첫째로, 모든 교단이 성경을 똑같은 방식으로 간주하는 것은 아니에요. 자유주의 교단들은 성경을 결정적인 '하나님의 말씀'이라고 보지 않습니다. 그들은 성경의 어떤 내용에 동의하지 않을 때 그것을 주저함 없이 거부합니다. 반대로 극단적 근본주의자들은 '자유주의적'인 것을 너무 두려워한 나머지, 성경을 '역사성을 결여한 관점에서' 읽는 경향이 있지요. 그들은 성경을 20세기 법률 문서로 만들려 합니다.

　또 성경을 그저 권위의 여러 원천 중 하나로 보는 가톨릭교도들이 있지요. 교황과 교회 교리가 다른 두 원천이고요. 동방정교회도 동일한 관점을 가지고 있지만 그들은 교황을 받아들이지 않습니다. 그리고 복음주의자들이 있는데, 근본주의자들과 마찬가지로 성경을 하나님의 말씀으로 보지만 그것을 역사적 문맥 속에서 읽어야 한다고 주장합니다. 성경은 20세기의 법률 문서가 아니니까요.

　이러한 관점 차이 때문에 여러 교회들이 완벽하게 조화를 이루어서 협력하지 못하는 것입니다. 이제까지 아버지의 질문들에 제가 답하는 방식을 보고 짐작하셨겠지만, 저는 복음주의자입니다. 자유주의 교회와 달리, 저는 예수님이 보여 주신 것과 동일한 태도로 성경을 대하려 애쓰고 있어요. 저는 예수님을 '주님'이라고 부르기 때문에 제 마음대로 거부해 버릴 수 있는 것은 아무것도 없습니다.

　하지만 근본주의자들과는 달리, 저는 성경을 역사에 비추어

성경에 관한 질문

읽는 것이 가치 있고 필요하다고 여깁니다. 앞에서 보셨듯이 저는 증거만 있다면 성경적 교리의 '원천'을 발견하거나 성경의 특정 부분을 문자적으로 해석하는 것에 반대하지 않아요. 그러면서 가톨릭이나 동방정교회와 달리, 저는 성경 외의 어떤 것도 성경에 버금가는 권위를 지닌 것으로 인정하지 않습니다.

이러한 차이들은 성경 본문의 어떤 모호성 때문에 생겨난 결과가 아닙니다. 제 판단으로 그것은 역사·문화적 영향력이 성경을 이해하는 사람들에게 끼치는 결과일 뿐이지요.

둘째로, 이 각각의 집단 안에서도 특정 본문을 어떻게 해석해야 하는지, 의견 차이가 있습니다. 성경이 성찬식 때 쓰는 빵과 포도주를 그리스도의 몸과 피에 대한 상징이라고 가르치는가, 아니면 실제 몸과 피라고 가르치는가? 성경은 유아들이 세례를 받아야 한다고 가르치는가, 아니면 어른들이 세례를 받아야 한다고 가르치는가? 세례는 무엇을 상징하는가? 성경은 교회가 상명 하달식(계급 구조적 조직)으로 운영되어야 한다고 가르치는가, 아니면 밑에서부터 올라가며(회중 조직) 운영되어야 한다고 가르치는가? 사람들은 교회에서 방언으로 말해야 하는가, 하지 말아야 하는가? 성경 자체에 대한 서로 다른 관점 외에도, 이러한 것들이 교단을 달리하게 하는 성경 해석의 차이입니다.

저는 이 각각의 문제에 대해 제가 특정한 신학을 신봉하는 이유를 얼마든지 말씀드릴 수 있습니다. 하지만 이것보다 훨씬 더 중요한 것은, 크고 분명하게 울려 퍼지는 신약의 중심 메시지 곁에서 이러한 차이들은 부차적임을 깨닫는 것입니다. 바로 예수 그리스도가 당신을 위해 죽으셨으며, 그분은 믿는 모든 사람들의 주님이며 구세주가 되신다는 것입니다!

아버지, 사람은 성찬이나 교회 정치, 혹은 다른 어떤 것에 대해 신봉하는 견해 때문에 구원받지 않습니다. 예수 그리스도와의 관계로 인해 구원받지요. 그가 자유주의자든 근본주의자든, 가톨릭교도든 복음주의자든 간에, 그가 유아세례를 주장하든 어른 세례를 주장하든, 계급주의적 교회 조직 형태를 주장하든 회중적 조직 형태를 주장하든 간에 말입니다. 적어도 이 한 가지 중심 요점에 있어서 하나님의 말씀은 결함 없이 분명합니다.

즉 성경이 교회에서 제기되는 모든 교리적 문제를 미리 다루지 않는다고 해서 그게 성경의 잘못은 아닙니다. 마찬가지로 성경이 우리가 다루고자 하는 모든 질문에 명료하게 대답하지 않아도 역시 성경의 잘못이 아니지요. 그리고 사람들이 역사·문화적 요소의 영향을 받아 성경을 서로 다른 방식으로 해석한다 해도 역시 성경 잘못은 아닙니다. 사람의 마음이 열려 있으면 그가 들어야 할 중요한 것은 분명하게 들을 수 있답니다.

그러므로 아버지, 저는 또다시 이전 편지에서 말씀드린 요점에 이르게 됩니다. 이러한 문제는 당분간 접어놓고 아버지와 예수 그리스도의 관계를 묵상해 보시라는 것입니다. 이 관계의 진리와 생명은 아버지가 제기하신 문제들과는 꽤나 별개의 것이지요. 일단 아버지가 이 관계를 시작하시고 그 안에서 어느 정도 양육을 받고 나면, 아버지가 바라시듯 다른 문제들을 충분히 다룰 수 있을 거예요.

성경에 관한 질문

물론 그 문제들도 중요해요. 하지만 그 문제들이 '구원'을 주
는 것은 아닙니다. 저는 지금 당장 아버지가 구원받으시기를 바
란답니다! 그저 언제나 멀리서 기도할 뿐이지만요, 아버지.

1991년 1월 24일
저의 모든 사랑과 기도를 담아서, 그렉 드림

다른 종교의 '경전들'은
어떻게 된 것인가?

What about the 'holy books' of other religions?

사랑하는 아들

지난주에 너와 이야기 나눌 수 있어서 무척 좋았다. 너희 가족이 돌아가며 다 독감을 앓았다니 마음이 안 좋구나. 플로리다 사람들은 아플 때가 없단다. 너도 알지? 그렉, 장담컨대 이곳에는 두 손 들고 너를 환영할 학교들이 아주 많을 게다. 한번 알아보고 이사 오는 건 어떠냐?

지난 번 전화에서도 말했지만 네가 교회의 죄성에 대해 거듭 말하는 것에 나는 다소 놀라기도 했고 감명도 받았다. 내가 보기에 그리스도인들은 보통 자신들을 거룩한 자로 묘사하려 애쓰지만, 그들이 그렇지 않다는 건 뇌가 반쪽인 사람이라도 단번에 알 수 있지. 지미 스와가트(Jimmy Swaggart)* 사건을 보렴. 나는 이 사건을 교회의 메시지가 전혀 옳을 수 없다는 또 하나의 증거로 여겼지만, 너는 그런 가정을 내게서 상당히 제거해 주었다. 하나님이 교회를 통해 세상에 전달하려 애쓰는 메시지가 우리 모두가 죄인이라는 점이라면, 하나님은 매우 훌륭히 그 일을 하고 계시는구나!

하지만 그리스도인들이 성경에 대해 서로 다른 견해를 갖는 데에 1차적으로 원인을 제공한 것은 그 모호한 성경이 아니냐? 네가 성경이 져야 할 책임을 감소시킨 건 아닌가 하는 생각이 든다. 세례 같은 문제만 그리스도인들이 의견 일치를 보지 못하는 걸까? 네가 처음 그리스도인이 되었을 때 속했던 집단에서는 삼위일체가 잘못되었다고 주장하지 않았니? 이곳에 자주 오는 여호와의 증인들은 예수가 하나님이 아니라고 말한단다. 이런 것들은 상당히 중대한 의견 불일치로 보이는데, 그럼에도 그들은 그것이 '성경에 분명히 나온다'고 주장하지.

이런 문제들은 내게 훨씬 더 근본적인 질문을 품게 하는구나. 모든 종교는 그들 나름의 '경전'을 가지고 있지 않니? 너는 그중에서 너의 성경이 유일하게 참된 것임을 어떻게 알지? 의심할 여지 없이 그들도 그들의 경전을 믿는 나름의 이유가 있을 게다. 네가 너의 성경을 믿는 것처럼 말이지. 그렇다면 너는 너의 성경만이 유일하게 참된 것이라고 어떻게 말할 수 있느냐? 내가 보기에 그것은 상당히 편협한 태도 같구나.

자, 오늘은 이 정도로 하자. 몸조심해라, 아들아.

1991년 3월 4일
많은 사랑으로, 아버지가

사랑하는 아버지께

플로리다 사람들은 절대로 아프지 않다고요? 제가 보기에는 더위 때문에 오히려 더 많이 아플 것 같은데요? 저라면 차라리 이따금 콧물을 흘리는 편이 더 낫겠어요!

좋아요, 아버지의 질문들을 살펴보지요. 믿음의 몇몇 중심 교리를 부인하는 성경 해석으로 전통적인 그리스도인들과 자신들을 구분하려는 소규모 분리파 집단들이 존재한다는 아버지 말씀은 맞아요. 하지만 이들은 일반적으로 '사교'(邪敎)로 간주되며 그들이 독특하다는 사실 자체가 그들이 뭔가 잘못되었음을 보여 주는 거지요. 교회사에서 어느 누구도 보지 못했던 성경의 '새로운 진리'를 누군가—이 종파들은 이러한 추측을 바탕으로 생겨난 것이랍니다—'발견'할 때마다 우리는 즉시 의심해 봐야 합니다. 그 '발견'이라는 것이 믿음의 핵심 진리와 관련된 것이라면 특히 더 그렇지요.

물론 그것이 불가능한 일은 아닙니다. 하지만 교회에는 교회

성경에 관한 질문

사 전반에 걸쳐 많은 훌륭한 학자들과 영성 깊은 성도들이 있었습니다. 따라서 이 모든 사람들이 구원의 핵심 사항 중 뭔가를 **빼먹었다**고 주장하고 싶다면, 그는 그것을 입증할 **아주** 강력한 근거를 펼쳐야 할 거예요. (또한 그 종파가 '발견'하기 전까지 하나님이 그분의 교회를 수 세기 동안 근본적인 오류 속에 표류하게 내버려두셨다는 점을 납득시킬 엄청난 양의 증거도 필요하고요.)

이 집단 중 어느 누구도 이와 비슷한 주장을 펼친 적이 없습니다. 사실상 그들이 성경을 다루는 방식을 보면 상당히 무식하고 기이하기까지 하지요. 성경을 한 번이라도 읽어 본 사람이라면 아주 명료하게 여기는 가르침들을 어떻게든 피하려다 보니 **그럴 수밖에** 없는 것입니다. 그들이 그런 노력을 기울이는 까닭은 그들의 믿음 안에서 자신들이 '엘리트주의자'라고 느끼고 싶기 때문이에요. 어떤 사람들은 단지 다른 누구에게도 없는 어떤 것을 믿고 싶어 합니다. 제가 1970년대에 몸담았던 이단 집단에서도 분명 이러한 정서가 팽배해 있었지요.

하지만 이 중 어떤 이유로도 성경 자체를 비난할 수는 없습니다. 특별해지고 싶은 몇몇 무식한 이들이 《맥베스》(*Macbeth*)를 좀 괴상하게 해석했다고 해서 우리가 셰익스피어를 비난하지는 않잖아요?

다른 종교의 '경전들'에 대해서는 세 가지만 말씀드릴게요.

첫째, 몇몇 주요 종교들만이 '하나님의 말씀'이라고 주장하는 '경전들'을 가지고 있답니다. 대부분의 종교들, 예를 들어 힌두교와 불교의 신봉자들은 그들의 종교적 문헌이 신성하며 지혜로 가

스물세 번째 편지

득하다고 간주하지만 그렇다고 결코 무오하다고 여기지는 않습니다. 그러므로 제 입장에서는 이러한 경전들을 직접 읽어 보고 그들 경전이 얼마나 '신성한 지혜'를 담고 있는지 스스로 판단하는 것이 좋다고 생각합니다. 그것들은 때로 그런 지혜를 담고 있기도 하고 그렇지 않기도 하지요. 심지어 그 종교의 신봉자들조차 그렇게 말할 수 있을 겁니다.

둘째, 실제로 '성경과 경쟁하는' 경전들을 가진 다른 종교에 관해서는 이미 알려진 것부터 알려지지 않은 것 순으로 나아가는 게 가장 합당한 자세라고 봅니다. 저는 제가 왜 그리스도와 성경을 믿는지, 또 성경이 제 삶에 무엇을 해주었는지 압니다. 그렇기 때문에 저는 이것으로부터 출발해야 합니다. 이에 비추어 다른 경전들의 '경쟁'을 판단하자면, 그것들은 몇 가지 근본적인 점에서 성경과 모순되므로 하나님의 말씀이 될 수 없다는 결론을 내릴 수 있습니다. 다른 종교 문헌들과 마찬가지로 인간의 지혜는 상당량 담고 있을 수 있지요. 하지만 저는 그것이 예수님이 성경에 부여하신 것과 같은 권위를 가진다고 볼 수 없습니다.

하지만 아버지는 그들도 그들의 경전을 믿는 나름의 이유가 있지 않겠냐고 물으셨지요? 그럼 어디 한번 제시해 보라고 하지요! 저는 코란이 영감으로 기록되었음을 입증하려 애쓰는 이슬람교 책들과 모르몬경이 영감으로 기록되었음을 입증하려는 모르몬교 책들을 읽어 보았는데, 솔직히 별 감명을 받지 못했어요. 간단히 말해 그 책들은 예수님의 부활이나 성경의 성취된 예언이 갖고 있는 특징이 없어요. 더구나 이 두 경전들은 (그리고 이와 비슷한 다른 경전들 역시) 근본적인 문제에서 성경과 모순되기 때문에 저는 성경만을 믿습니다. 또한 이것이 그 외의 다른 경전들도 믿지 않는 이유이기도 합니다. 그들은 그 경전을 옹호할 수 있는 합당한 근거들을 제시하지 못할 뿐 아니라, 도리어 그들 주장의 오류를 인정할 수밖에 없는 확실한 근거를 갖고 있습니다.

셋째, 하나님의 말씀이라고 주장하는 다른 글들이 있다고 해서 그리 놀라실 필요는 없답니다. 굶주린 사람에게 먹을 음식이 하나도 없을 때, 그가 상상 속에서 자신만의 만찬을 만들어 내는 것과 같지요. C. S. 루이스가 말했듯이, "신화는 실재를 가리킵니다." 신화는 이러저러한 것이 **실재해야 한다**는 마음의 확신을 표현합니다. 만일 참된 '하나님의 말씀'이 존재한다면, 하나님의 말씀이 부재하거나 그 말씀을 알아차리지 못하는 문화권 내에서도 그와 유사한 신화적 형태들을 찾아볼 수 있으리라 예상할 수 있습니다.

저는 이것이 아버지 말씀처럼 편협한 것이라고 생각하지는 않아요. 편협함은 우리가 **무엇**을 믿는가가 아니라 **어떻게** 믿는가와 관계되는 거지요. 제가 제 생각과 일치하지 않는 어떠한 관점이나 종교 서적, 또는 어떤 철학을 모두 거부한다면 편협한 것이겠지요. 하지만 그저 다른 관점, 다른 종교 서적 그리고 다른 철학과 동의하지 않는 믿음을 고수한다고 해서 제가 편협해지는 것은 아닙니다. 아버지가 무엇을 믿으시든지 간에 그것에 동의하는 사람보다는 동의하지 않는 사람이 언제나 더 많기 마련입니다. "진리는 하나이지만 거짓은 다양하기 때문이겠지요."

스물세 번째 편지

아버지, 성경은 우리에게 "범사에 헤아려 좋은 것을 취하고"(살전 5:21)라고 말합니다. 계시라고 주장하는 모든 것을 같은 시험에 통과하게 할 때, 성경만이 명확한 '하나님의 말씀'임을 알게 된다는 것이 저의 주장입니다. 물론 다른 모든 글들도 훌륭한 문학적·철학적 통찰을 담고 있을 수 있으며, 실제로 담고 있지요. 하지만 그것들은 인류에게 가장 필요한 한 가지를 전달해 주지 못합니다. 바로 예수 그리스도의 인격 말입니다.

계속 편지 보내 주셔서 감사해요. 저는 아버지와 이렇게 대화 나눌 기회를 갖게 되어 정말 감사하답니다. 언젠가 아버지의 그 '질문 양동이'의 바닥을 칠 날이 오겠지요. 그리고 아버지는 그 양동이 밑바닥에서 아버지를 향해 미소 짓고 계시는 사랑 많으신 구세주의 얼굴을 보게 되실 거예요. 그분은 "나는 너를 기다려왔단다, 에드!" 하고 말씀하실 거예요. 그날이 빨리 오면 얼마나 좋을까요!

1991년 3월 15일
모든 사랑과 소망을 품고, 그렉 올림

성경에 관한 질문

4부

삶과
교리에
관한
질문

Questions about Christian life
and doctrine

그리스도인이 아닌 사람들은
모두 지옥에 가는가?

Do all non-Christians go to hell?

사랑하는 아들

다른 종교의 '경전들'을 검토하는 너의 접근법이 일리가 있어 보인다만, 그건 아마 내가 성경에 익숙한 서구인이기 때문일 게다. 그래서 말인데, 나는 네 대답이 충분히 만족스럽지는 않구나. 내가 생각하기에 내 문제의 근원은, 성경이 다른 어떤 책보다 하나님의 말씀이라는 것을 (우리가!) 믿기에 얼마나 합당한지 여부와는 상관없이, 사람들은 다른 책들이 그들 문화와 양육의 일부이니만큼 여전히 그것을 믿을 것이라는 데 있다.

자, 그런데 여기서 네 말대로라면 그들은 구원받지 못한다는 의미가 아니냐? '거듭난' 사람들은 모두 그렇게 믿고 있지 않니? 이것은 이 불운한 사람들—세상의 과반수 이상인—이 사실상 너의 사랑 많으신 하나님에 의해 지옥으로 보내지고 있다는 말이 아니냐? 그렇지만 그들이 **언제, 어디서, 어떤** 문화권에서, 심지어 **누구**로 태어날지는 그들 의사와 아무 상관이 없는데 어떻게 그럴 수 있단 말이냐! 그러나 이런 것들이 바로 천국과 지옥을 결정한다는 말이지. 이러한 것들이 한 사람이 어떤 삶의 철학을 가지고 살아갈지 결정하게 되는 요인이라는 거야. 우리가 실제로 어떠한 자유의지를 가지고 있다 한들, 그 자유의지는 이러한 요인들로 한정된 환경 **내**에서 작동하는 거지. 그러니 한 사람의 삶의 철학은, 혹은 네 말에 따르자면 그의 구원은 결국 '자유롭게' 선택하는 것이 아니겠구나.

아무래도 나는 하나님의 공평함에 대한 내 오랜 고민으로 되돌아가게 되는구나. 우리가 사는 세상의 우연한 악을 받아들이기 어렵다면, 영원 속에서의 우연한 악을 받아들이는 것은 결단코 불가능하다. 어떻게 한 사람이 어느 곳에서 태어나는지에 따라 지옥에 갈 수 있단 말이냐? 하나님만이 유일한 길임을 발견할 기회를 가진 사람이 그토록 적은데 어떻게 그분만이 단 하나의 의로운 길일 수 있지? 단지 기독교 가정에서 태어나지 않았다는 이유만으로 어떻게 이교도의 아이들이 지옥에 갈 수 있는 거냐?

그렉, 좀 더 솔직히 말하자면, 나는 지옥에 대한 기독교 교리와 불신자들은 모두 지옥에 간다는 믿음은 모든 종교에서 가장 어이없는 것이라고 언제나 생각해 왔단다. 어쩌면 네가 이 중 일부를 정리해 줄 수 있겠지.

스물네 번째 편지

사랑하는 아버지께

아버지, 저를 애먹이려고 작정하신 건가요? 아니 왜 성령님이 모두 다 사실이라고 말씀하시는 것을 그냥 느끼고 회심해 버리질 못하시나요!

농담이에요, 아버지. 사실 저는 아버지가 깐깐하게 캐묻는 것에 감탄하며 우리의 대화가 주는 도전을 즐기고 있어요. 아버지는 다시 한번 아주 좋은, 그리고 극도로 어려운 신학 문제를 제기하시는군요. 그리고 이 문제에 대해서는 심지어 복음주의자들 사이에서도 많은 의견의 불일치가 있다고 먼저 말씀드려야겠어요. 그러니 아버지가 이 문제를 해결하는 데 절대적인 확답을 찾고 계신다면 아마 실망하실지도 몰라요.

제가 반복해서 말씀드렸듯이, 저의 접근법은 이미 알고 있는 것에서부터 모르는 것으로, 명확한 것에서부터 불명확한 것으로 나아가는 방법이랍니다. 그리스도 없이 죽은 모든 사람들에게 일어나는 일은 불명확한 영역이니, 저는 명확한 것에서부터 시작해서 해결책을 찾아볼게요. 이렇게 접근할 때 이 문제에 대한 제 견해에 영향을 미치는 다섯 가지 원리를 발견하게 됩니다.

삶과 교리에 관한 질문

첫째, 성경이 하나님의 말씀이라는 것을 믿을 수 있는 좋은 바탕—예수님의 인격, 성취된 예언, 개인적 경험 등—을 가지고 있다면, 저는 이 계시가 제 이성을 초월하는 가르침도 포함할 수 있다는 점을 처음부터 기꺼이 고백해야 합니다. 게다가 그런 계시가 때로는 역설적일 수 있음도 예상해야 합니다. 오히려 그것이 제가 **이미** 믿고 있는 것과 모든 면에서 완벽히 들어맞는다면, 그것이 신적 기원보다는 순전히 인간적 기원에서 비롯된 게 아닌지 의심할 만한 충분한 이유가 될 거예요.

요점은, 실재는 우리가 간신히 상상할 수 있는 것보다 훨씬 더 복잡하다는 것입니다. 하나님과 우리의 상호작용에 영향을 미치는 것들 중에는 우리가 전혀 모르는 수십억 가지의 변수가 있을 거예요. (제가 예로 들었던 노르망디 해변의 공격을 떠올려 보세요.) 그리고 실재에 대한 우리의 관점은 너무도 근시안적이기 때문에, 하나님이 지혜롭고 의로운 일을 행하시리라고 어느 지점에서는 단순히 믿어야 한다는 것을 우리는 짐작할 따름입니다. 하나님이 하시는 일이 무엇이고 어떻게 지혜롭고 의로운지 알 수 없다 해도 말이지요. 그러니 우리가 볼 때 지옥에 가서는 안 될 사람들이 지옥으로 간다면, 그것은 우리의 관점이 하나님의 관점보다 '조금' 더 제한되어 있기 때문일 거예요!

둘째, 저는 하나님이 예수 그리스도 안에서 명확하게 계시되어 있다고 확신합니다. 신약에서 '나를 본 사람은 아버지를 보았다'(요 14:9-10)는 말씀보다 더 중심이 되는 것은 없어요. 그러므로 구약에 나오는 하나님의 복수 문제처럼 그리스도 안에 나타난

스물네 번째 편지

하나님의 계시와 일치하지 않는 것처럼 보이는 무엇인가가 있다면, 저는 기꺼이 이에 대한 판단을 '보류'해야 합니다. 실제로 하나님이 복수심에 불타고 진노로 가득 차서, 지옥에서나 볼 법한 분처럼 보일 수 있으니까요. 이것이 바로 루터가 말한 '하나님의 왼손'입니다. 루터가 이해하지 못했던 하나님의 신비한 측면이지요. 그럼에도 불구하고 루터가 이해했던 것이 있습니다. 신자는 확신에 차서 "내게는 구유에서 나시고 나무에 달려 죽으신 하나님 외에 다른 신이 없습니다"라고 말할 수 있다는 것입니다. 때때로 하나님이 우리에게 어떤 모습으로 **나타나시든** 간에, 그분은 예수 그리스도 안에 나타난 그분 아닌 다른 분이 될 수는 없습니다. 저는 이것을 확신합니다. 비록 모든 '외양들'에 대한 판단을 '보류'해야 할지는 모르지만 말이에요.

아버지가 제기하신 문제를 이해하려고 하면 할수록 제가 확신하게 되는 세 번째 원리는, 예수 그리스도 외에는 구원이 없다는 것입니다. 이것 역시 신약에 아주 분명하게 나와 있지요. 아들을 말미암지 않고는 아무도 아버지께로 갈 수 (혹은 '알' 수, '사랑할' 수, 또는 '믿지' 않을 수) 없습니다. 이것은 신약의 지배적인 주제이지요. "천하 사람 중에 구원을 받을 만한 다른 이름을 우리에게 주신 일이 없음이라"(행 4:12). 죄인들은 예수 그리스도의 희생을 통해서만 하나님과 화목할 수 있게 되었습니다. 그들 스스로는 할 수 없는 일입니다. 어떤 사람이 구원을 얻는다면 오직 예수 그리스도를 통해서 얻는 것입니다.

이와 조금 상반되어 보이기는 하지만 제가 성경 안에서 확신

삶과 교리에 관한 질문

하는 네 번째 원리는, 예수 그리스도를 인격적으로 혹은 의식적으로 알지 못함에도 불구하고 구원받은 사람들이 있다는 사실입니다. 우리는 하늘나라에 있을 구약 성도들에 대해 알고 있습니다. 성경은 이스라엘인이 아니었던 몇몇 개인들이 하늘나라에 있음을 암시하기까지 합니다(예를 들어, 노아, 욥, 멜기세덱). 모든 사람이 그리스도로 말미암아 하나님 아버지께로 간다면 그들이 어떻게 하나님께 갈 수 있을까요? 노아와 욥, 멜기세덱도 다른 모든 사람과 마찬가지로 구원이 필요한 죄인들인데 이런 일이 어떻게 가능할까요?

아버지, 그리스도의 희생은 그것을 의식적으로 받아들이는 사람들 이상을 포용한다는 것이 제가 알 수 있는 유일한 해결책입니다. 만일 구약 시대 사람들과 유대인, 이방인이 하나님과 올바른 관계를 맺을 수 있었다면, 그것은 그들 역량 밖의 다양한 이유로 그들이 알 수 없었던 구세주의 피를 하나님이 그들에게 적용하셨기 때문입니다. 그래서 그리스도를 '말미암는다'는 것은 예수 그리스도를 '믿는다'는 것과 정확히 똑같은 것이 될 수는 없습니다. 그리스도를 의식적으로 알지 못하는데도 그리스도의 피로 속죄함을 받은 사람들이 분명 있습니다.

일찍 죽은 어린아이들, 지적장애인, 그리고 그리스도를 알 수 없는 환경에 놓인 다른 사람들에 대해서도 이같이 말해야 한다고 생각합니다. 하나님은 사람들의 마음에 따라, 그들이 대답해야 했던 진실의 빛에 따라, 또 사람들 마음에 암시되어 있는 (혹은 암시되어 있지 않은) 믿음에 따라 그들을 판단하십니다(마 25장; 롬 2장).

그러니 아버지, 하나님은 공평하시고 의로우세요. '우연히' 지옥에 가게 되는 사람은 없답니다.

마지막으로 한 가지 분명한 문제가 있습니다. 그것은 복음을 듣지 못하고 믿지 않는 사람들은 지금 중대한 위험에 처해 있다는 거지요. 성경에 믿지 않는 이들에 대한 일말의 희망이 나와 있을지는 몰라도, 그들에 대한 그 어떤 **보증**도 없습니다. 실제로, 우리가 들은 모든 내용으로 볼 때 그들을 긴급히 복음화해야 합니다. 모든 사람들이 들을 필요가 있거든요!

그렇다면 비그리스도인들은 모두 지옥에 가나요? 그리스도를 믿지 않는 모든 사람은 저주받았다고 저는 확실히 말할 수 있습니다. 하지만 그리스도에 대한 분명한 믿음을 가지지 않은 사람들이 전부 저주를 받는다는 것은 아니지요. 물론 믿음이 없는 모든 사람들이 위험에 처해 있으며 확실한 믿음을 가진 이들만이 구원을 보장받는다는 것은 분명합니다. 하지만 저는 그들이 반드시 하나님께 버림받을 것이라고는 생각하지 않습니다. 저는 그렇지 않은 몇몇 경우들(구약 신자들, 어린아이들, 지적장애인들)을 알기 때문에 모든 경우 그저 하나님이 공평하고 의롭게 행하시도록 맡겨두어야 한다고 생각합니다.

아버지, 예수 그리스도를 통해서만 하나님을 알기로 결심하세요. 그리고 안심하세요! 하나님이 그분의 아들 안에 계시된 분이라면, 그분은 가능한 한 최고의 방법으로 세상을 심판하실 거예요. 우리는 언젠가 그것을 알게 되겠지요. 아버지가 유일하게 관심 가지셔야 할 것은 본인의 자유의지로 그리스도를 거부한 사람

삶과 교리에 관한 질문

들 가운데 아버지가 속하지 않도록 하는 일이에요. 믿기로 선택하
세요! 그분을 아버지의 주님과 구세주로 받아들이세요! 지옥은
아버지의 문제가 아니라 하나님의 문제가 되도록 놓아두세요.

1991년 4월 27일
모든 사랑을 담아, 그렉 올림

스물네 번째 편지

하나님은 사랑이라면서 어떻게
사람들을 영원한 지옥에서 괴롭히는가?

How could an all-loving God torture people in an eternal hell?

사랑하는 그렉에게

내가 판단을 '보류'하는 것이 너보다는 좀 어렵지 않나 싶다. 나는 너처럼 예수가 이 땅에 오신 하나님이라고 100퍼센트 확신하지 못하기 때문에, 내가 지옥에 대해 품고 있던 끈질긴 궁금증들이 그렇게 금세 납득되지 않는구나. 너는 이미 그리스도를 통한 하나님의 사랑을 확신하니까 하나님의 사랑을 굳게 믿고 그분의 진노는 '보류'하겠지. 그러나 그렉, 나에게 사랑과 진노는 같은 차원이다. 사랑은 진노의 실재에 대해, 진노는 사랑의 실재에 대해 의문을 품게 하니까.

그래서 나는 이 지옥 문제를 좀 더 검토하고 싶구나. 이것을 조금이라도 이해할 수 있다면 기독교가 훨씬 더 그럴듯하게 여겨질 것 같다.

　누가 지옥에 갈 것인지에 대해 쓴 지난번 네 편지는 내 마음을 조금 편하게 해주었단다. 하지만 너는 지옥 자체를 다루지는 않았지. 이건 정말로 근본적인 질문이다. 성경에서는 이 장소가 실로 악몽 같은 곳이라고 묘사하고 있지 않니? 그곳은 불과 뜨거운 유황과 어두움과 고통이 있으며 그러한 것이 영원토록 지속된다고 하지! 이제 말해 보려무나. 어떤 사람을 영원히 고문하는 목적이 도대체 뭐지? 요점이 뭐냐 말이다. 거기서 배울 '교훈'은 당연히 없다. 그것은 교정을 위한 벌이 아니야. 지옥에 있는 사람은 자신의 성품이나 상황을 개선할 만한 소망이라고는 전혀 없다. 그러니까 이것은 온전한 복수, 순수한 보복, 완전한 분노로써 사람에게 소름 끼치는 고통을 가해서 하나님이 즐거움을 얻으려는 것 외에 다른 동기라고는 없는 거야!

　내 말을 오해하지 말기 바란다. 지옥에 간들 나하고는 아무 상관없을 사람들도 많다. 한동안은 말이다. 하지만 200년이 지나도록 히틀러가 계속해서 비명 지르는 것을 듣고 있자면 나라도 지겨울 것 같다. '재미'란 점차 사라지는 법 아니겠냐? 그 이후에 나라면 히틀러가 그가 만든 희생자들에 대한 빚을 다 청산했다고 보고 그를 그냥 죽여 버리고 말 게다. 하지만 왜 하나님은 그렇게 하지 않지? 몇 백 년 후면 이미 하나님은 자신의 목적을 이뤘을 텐데. 왜 계속해서 고통을 주는 거냐? 왜 죄인들을 그냥 그들의 불행에서 멸망시키지 않고 고문을 위한 고문을, 그것도 영원토록 하는 것이냐?

스물다섯 번째 편지

이와 관련된 것이 또 하나 있다. 밑에서 지옥이 불타고 있는데 어떻게 하늘나라가 계속 유지될 수 있는지 모르겠다. 네 바로 밑에서 영원토록 수많은 사람들이 뜨거운 용암 속에서 끓고 있다는 것을 알면 '파티 기분'이 좀 식어 버리지 않을까? 특히 고문받는 그 불쌍한 영혼들도 사랑한다는 사랑 많으신 하나님께 이것은 문제가 될 성싶구나. 하나님께는 치명적인 것일 게다! 네 자식들 중 한 명이 하늘나라에 들어가는 일에 '성공'하지 못했다면 네가 어떤 기분일지 생각해 보려무나.

그러니까 내가 보기에 이건 말이 안 되는 거야. 그리고 나는 이 문제에 대해 판단을 '보류' 할 지점까지 도달하지 못했단다. 나는 지금 내 삶 속에서 하나님의 성품을 시험해 보는 중이며, 이것은 고려해 봐야 할 매우 적절한 문제이지.

1991년 5월 12일
아버지가

사랑하는 아버지

아버지는 할 수 있는 가장 강력한 방법으로 이 문제를 제기하셨네요. 지옥은 진정 신학적으로 문제가 되는 부분이에요. 그것을 인정하지 않을 수 없군요! 아버지, 완전 솔직히 말하자면요, 저 자신

삶과 교리에 관한 질문

도 지금까지 그 부분을 충분히 이해할 수 없답니다. 하지만 저는 이 문제에 대한 예수님과 성경의 입장을 받아들여요. 비록 제가 완벽하게 이해하지 못하더라도 그들을 믿을 충분한 근거가 있기 때문입니다. 지옥에 대한 그 가르침이 제게 합당하지 않다고 해서 이 절차를 뒤집기로 결정한다면, 그렇게 이 두 권위를 거부한다면 저는 그들을 대표하는 모든 근거를 전부 설명해 내야 할 거예요. 그리고 제가 볼 때 이것은 지옥보다 힘든 일입니다.

그렇기 때문에 저는 제가 이해 못할 때라도 믿습니다. 그렇다고 해서 아버지 질문에 뭐라고 답해야 할지 전혀 몰라 쩔쩔맨다는 뜻은 아니에요. 결국 저도 보이드 가문의 후손이니까요! 네 가지 일반적인 사항을 말하도록 하지요.

첫째로, 지옥이 불과 유황의 장소라는 말을 문자 그대로 믿는 사람은 거의 없어요. 성경에서는 지옥을 묘사하기 위해 수많은 비유를 사용하는데 그 모든 비유를 문자적으로 받아들이면 서로 모순될 거예요. 예를 들면, 지옥은 완전한 '어둠'의 장소, 그러나 또 '불'의 장소로 묘사되지요. '구덩이'이면서 '유황이 불타는 호수', 벌을 받는 장소로 묘사됨과 동시에 완전한 절멸로 그려집니다. 때로 그곳에 있는 사람들은 하늘나라의 만찬에서 '내쫓긴' 사람들, 또는 구덩이로 '쫓겨 내려간' 사람들, 불복하는 종에게 채찍질 당하는 사람들로 묘사됩니다. 때로 그들은 반역적으로 보이기도('이를 갈며'라는 표현에서 보이듯이), 슬픔에 잠긴 것처럼 보이기도 합니다(눅 16장).

보시다시피 그 비유들은 매우 다양한데다, 이 중 그 어떤 것

스물다섯 번째 편지

도 지옥을 말 그대로 '스냅 사진'처럼 보여 주기 위함이 아닙니다. 오히려 이 모든 비유의 목표는 우리에게 지옥이 **매우 나쁜** 곳이라는 인상을 주는 데 있지요! 즉 지옥은 하나님이 인류에게 원하시는 것의 모든 정반대입니다. 사실상 **지옥**이라는 말 자체가 비유적으로 이를 표현해요.

지옥(hell)은 그리스어로 **게헨나**(gehenna)인데, **게헨나**는 예루살렘에서 쓰레기 버리는 곳으로 사용되던 성 밖 골짜기였습니다. 성경 저자들은 인간 폐물들만이 종내 지옥에 있게 될 것이라고 말합니다. 그곳은 우주의 쓰레기 처리장이며, 하나님이 결코 의도하지 않은 삶을 살기로 자유로이 선택한 사람들의 궁극적 운명입니다. 그들은 '쓰레기'가 됩니다. 그들은 '추방' 당합니다. 그들은 '불에 타게' 됩니다. 성경에 나오는 모든 비유들은 이것을 가리킵니다.

두 번째 요점은, 하나님이 아닌 **사람들 스스로가 지옥에 들어가게 하는** 것입니다. '하나님은 아무도 멸망하지 않고 모두 구원에 이르기를 원하신다'라고 성경은 말합니다. 어떤 사람이 지옥에 간다면 그것은 하나님 뜻에 어긋나는 것입니다! 어떤 사람의 고통을 보면서 하나님이 조금이라도 기뻐한다고 생각한다면 그야말로 터무니없는 것이지요. 하나님은 우리에게 "내가 어찌 악인이 죽는 것을 조금인들 기뻐하랴"(겔 18:23)라고 분명하게 말씀하십니다. "빛보다 어둠을 더 사랑한"(요 3:19) 것은 도리어 반역적인 사람들 자신입니다. 지옥은 그들이 가기 원하는 곳이지 하나님께서 그들이 있기를 원하는 곳이 아닙니다.

자, 분명 하나님은 이런 사람들이 지옥에 가도록 **허용**하시지만, 그분은 그들이 **자기 마음대로** 하도록 내버려두심으로 그리하십니다. 아버지, 로마서 1장 20-32절을 주의 깊게 읽어 보세요. 여기에서 바울은 타락한 로마인들에 대해 세 번에 걸쳐 '하나님이 그들을 그들 마음대로 하도록 내버려두셨다'라고 말합니다. 하나님의 심판은 죄인들에게 그들 마음대로 하도록 하시는 것이었습니다. 어떤 사람이 전혀 소망이 없게 될 때 하나님은 마침내 그를 그냥 내버려두십니다. "네 마음대로 해 봐라" 하고 말씀하십니다. 그리고 그렇게 말씀하심으로써 그들을 지옥에 던져 버리시지요. 하나님은 사람들이 스스로 창조한 것 안에서 영원히 살도록 허용하십니다.

사실 하나님께 버림받은 사람들은 이 상태를 좋아합니다. 하나님의 사랑을 접한 사람들, '의에 주리고 목마른' 자들의 관점에서는 악몽 같은 혐오감을 일으키지만 말이에요. 아내와 아이들과 가정보다 술병을 더 사랑하는 알코올 의존자는 마침내 '그를 그냥 내버려둘 때' 자신이 원하는 대로 합니다. 하지만 병들지 않은 나머지 사람들이 보기에는 이것이 바로 지옥 아니던가요? 그가 얼마나 밑바닥까지 가라앉는지는, 세상 무엇보다 술병과 함께 있을 때 자신이 더 행복하다고 생각하는 것만 봐도 알 수 있습니다. 그래서 그는 술을 마시기로 선택합니다. 하지만 사실 그는 비참합니다. 그는 술을 통해 자신이 원하는 것을 얻지만, 바로 이 '특권'과 더불어 지옥 속에 있는 거지요. 그가 받는 고통은 결국 스스로 선택한 고통입니다.

스물다섯 번째 편지

아버지, 하나님도 마찬가지입니다. 하나님은 그분을 거부하는 자아에 중독된 죄인에게 그가 원하는 것을 주십니다. 그러나 이 때문에 그 죄인은 진정한 인생을 경험하지 못하지요. 인류가 가지고 있는 사랑과 기쁨과 화평의 유일한 생명선에서 스스로 끊어져 나간 그는, 점차 사랑도 없고 기쁨도 없으며 평화도 없는 존재로 가라앉습니다. C. S. 루이스가 말한 적 있듯이, 그것은 실존 이하의 실존이지요. 그는 하나님이 그에게 의도하신 목적에 맞지 않아 인간 폐물이 됩니다. 그는 이제 하나님이 의도하셨던 모든 것의 정반대편에 서 있게 되지요. 그의 실존은 비극적인 낙태 상태가 됩니다.

세 번째 사항은 이것입니다. 즉 지옥이 실제로 영원히 잠겨 있다면(저는 그렇다고 믿습니다), 그것은 '안에서'(다시 C. S. 루이스를 인용하자면) 잠근 것입니다. 거듭 말씀드리지만 죄인들을 지옥에 가두는 것은 하나님의 뜻이 아니라 죄인들 자신의 뜻입니다. 결국 이것은 그들이 원하는 것이거든요. 따라서 지옥의 영원함이란 건강한 상태로 이끌 만한 것은 모두 봉쇄해 버리고 스스로에게 불합리하게 굽어진 자유의지를 영원히 지니는 것이라고 볼 수 있지요.

아버지, 이렇게 볼 때 저는 영원한 지옥이라는 개념에 대해 믿기 어려운 부분은 아무것도 없다고 생각해요. 오히려 저는 이러한 교리만이 우리가 경험을 통해 알고 있는 인간 본성에 들어맞는다고 주장하겠어요. 전에 보낸 편지에서 말씀드렸듯이, 우리가 어떤 길을 따라 더 오래 내려가면 갈수록 그 길에서 벗어나기는 더 어려워지는 것 아닐까요? 삶의 매 순간순간마다 우리는 스스로를 특정한 존재로 굳혀 가지 않나요? 우리는 지금도 우리를 영원화하는 과정에 있지 않나요? 사람들이 각자의 성품 안에서 영원히 굳어지는 상태가 다가오고 있다는 성경 말씀은, 인간 본성으로 볼 때 충분히 예측 가능한 해석이라고 생각합니다. 더 이상의 결정도 변화도 이루어지지 않을 때가 옵니다. 바로 하늘나라와 지옥이 영원해지는 때이지요.

그러므로 하나님이 일말의 가학적 기쁨을 누리기 위해 사람들에게 영원한 고통을 가하고 괴롭힌다는 것은 전혀 사실이 아닙니다. 저주받은 자들이 경험하는 모든 고통은 그들이 초래한 것입니다. 그리고 그들의 상태가 영원히 지속되는 것은, 재차 말씀드려 그들 자신의 탓이며 그들이 선택한 것입니다.

네 번째이자 마지막 사항은 이거예요. 아버지는 왜 하나님이 어느 정도 시간이 지난 후에 반역한 자들을 최종적으로 불행에서 꺼내 주지 않을까 궁금해 하셨지요. 왜 하나님이 신적 안락사를 행하여 저주받은 자들을 멸절시키지 않느냐고요? 아버지, 명성 높은 많은 복음주의 신학자들이 성경의 가르침이 어떠하다고 주장하는지 아셔야 해요! 그들은 성경 본문 분석을 기초하여, '그리스도 안'에 있지 않은 모든 이들을 하나님이 궁극적으로 멸절시키리라는 것을 성경에서 가르친다고 주장합니다. 그 벌이 '영원'한 것은 그것이 영원히 지속되기 때문이 아니라 영원토록 효과가 있기 때문입니다. 지옥에 관한 이러한 견해는 타락한 자들이 '멸망하고', '파괴되며', '겨처럼 탄다'는 등의 모든 성경적 이야기들과 조화를 이룬다고 이 신학자들은 지적합니다. 악한 자들은 '깬 후

스물다섯 번째 편지

의 꿈' 같으며 '본래 없던 자들같이' 될 것입니다(시 73:20; 욥 1:16).

이런 견해에 따르자면, 하나님의 심판과 자비는 동일한 행위에서 동시에 발생합니다. 하나님은 반역자들을 자비롭게 멸절시키면서까지 심판하십니다. 더 정확히는 전통적인 지옥관이 말하는 그들이 견뎌야 할 것을 견디지 않아도 되게 하기 위해서이지요.

저는 이 견해가 엄격한 이성적 차원에서 가장 설득력 있다고 생각하지만, 해석 면에서는 몇 가지 제약도 있다고 봅니다. 하지만 아버지가 이 입장을 믿게 되신다 해도, 이것이 아버지를 성경을 믿는 신앙에서 벗어나게 하지는 않을 거라고 생각합니다. 제 생각에 이것은 존립 가능한 선택권입니다.

이러한 '멸절주의적' 입장을 받아들인다면 지옥과 천국이 공존하는 것이 천국의 '파티'를 망쳐 버리지 않을까 하는 아버지의 염려는 분명 해결되지요. 이 입장을 받아들이지 않는다면 문제가 남긴 하겠지만, 저는 그것이 그리 극복하기 어려운 문제라고 생각하지는 않습니다.

희망 따윈 없는 지옥이 천국의 눈에 띨 만한 흠이 되지는 않을 거라고 생각하는 근거는 여러 가지입니다. 예를 들어, C. S. 루이스와 다른 사람들은 천국과 지옥의 차원은 각각에 거주하는 이들의 영적 성향과 대응될 것이라고 추측했습니다. 사랑은 열려 있고 광대하며 팽창력 있고 포함적인 반면, 이기심은 안으로 굽어 있고 인색하며 좁고 작습니다. 지옥에 있는 사람들의 관점에서 본다면 그들의 현실은 그저 그게 전부입니다. 하지만 천국에 있는 사람들의 관점에서 본다면 지옥의 실존은 너무 작고 하찮아서 알아채기가 어렵습니다. 그래서 지옥은 '잠에서 깰 때의 꿈'과도 같은 것입니다. 이것은 오늘날 인색하고 속좁은 사람들이 '진실된' 사람들과 맺게 되는 관계와 상당히 비슷하지 않나요?

제가 이 교리와 관련된 모든 어려움을 다 제거했을 리는 만무하지만 아버지가 조금이나마 더 이해하셨기를 바랍니다. 아버지, 지옥에 대해 가장 중요한 것은 그것을 이해하거나 설명하는 것이 아니라, 피하는 것이랍니다! 지옥에 대해 어떤 이론을 신봉하든 간에 그곳은 인간이 결코 관여해서는 안 될 악몽 같은 곳입니다. 그런데 우리는 지금 너무나도 타락하고 더할 나위 없이 망가졌기 때문에, '폐지'되는 것을 피할 수 있는 유일한 길은 구세주께 매달리는 것뿐입니다. 그분은 우리의 유일한 희망이세요, 아버지.

이렇게 생각해 보세요. 우리가 지옥을 피할 수 있도록 하기 위해 예수님이 우리를 위해 기꺼이 죽으셨다면, 지옥은 그만큼 분명 무시무시한 경험일 것입니다! 그 치료법이 극단적인 것으로 보아 그 질병이 얼마나 무서운 것인지 알 수 있지요.

1991년 5월 28일
저의 모든 소망과 기도를 담아, 그렉 올림

스물다섯 번째 편지

그리스도인의 삶을 산다는 것은
불가능한 일 아닌가?

Isn't the Christian life impossible to live?

사랑하는 그렉에게

그렉, 최근에 나는 지난 2년간 우리가 주고받은 편지들을 다시 검토해 봤는데 우린 정말 먼 길을 왔더구나! 적어도 **나**에게는 참으로 긴 여정이었다! 아직도 아침에 눈을 뜰 때 종종 내가 이 모든 것을 진지하게 고찰하고 있다는 게 믿기지 않는단다. 하지만 앉아서 그 모든 것을 내 앞에 펼쳐 놓고 보면 나는 그것들을 진지하게 숙고할 수밖에 없단다. 내 안에는 여전히 상당히 많은 질문과 보류 사항이 있다. 하지만 그 모든 것이 '진짜같이 들리기' 시작했다고 솔직하게 말할 수 있다. 이제는 내가 대체로 한고비는 넘겼다는 생각도 드는구나. 내가 이런 말을 하리라고는 전혀 상상도 못했다. 너의 끈기에 고맙구나, 아들아.

지옥에 대한 네 대답은 정말 큰 도움이 됐어. 내게는 중대한 장애물이었거든. 특별히 네가 언급한 '멸절주의' 견해가 마음에 든다. 나는 너처럼 그 견해에 해석학적 단서들을 달 만큼 성경을 충분히 알지는 못하지만, 상식에 비춰 봐도 그런 견해를 지지할 만하더구나. 나는 언제나 안락사가 어떤 경우에는 사랑의 행동이라고 믿어 왔다. 특히 죽이지 '않으'면 '영원히' 고통 받아야 하는 사람을 생각한다면, 이 경우보다 더 안락사가 당연하게 여겨지는 상황은 없을 게다! 그것은 유일하게 깊은 사랑과 의로운 대안처럼 보인다. 한 사람을 고통 속에 영원히 존재하게 한다는 것은 우리의 개정된 관점에서도 내게 매우 가학적으로 보이는구나. 그래, 완전히 없애 버려야지. **그런** 종류의 지옥이라면 나도 믿을 수 있겠다.

그건 이 정도로 하자. 이제 다소 방식을 바꾸었으면 한다. 그렉, 최근 내 궁금증들은 철학적이기보다는 더 실제적이라는 것을 깨달았다. 내가 그리스도인이 되는 것을 고려 중이라면 어떤 일에 뛰어들고 있는지 알아야겠지.

그러니까 내 문제는 이런 거다. 어떻게 하나님은 우리가 그분의 이상에 맞추어 살아가길 기대할 수 있지? 이를테면, 나는 내가 꽤나 선한 사람이라고 생각해. 나는 확실히 대부분의 사람들에 비해 사회의 희생자들을 도우려고 애써왔단다. 하지만 내 삶이 성경에서 이상적으로 묘사하는 '성도다운' 삶은 아니라는 것도 안다. 절대 그렇게 될 수 없다는 것도 말이다. 하지만 내게 이 성경적 이상은 완전히 비실제적이며 비현실적인 것처럼 보이는구나.

스물여섯 번째 편지

예를 들자면, 성자 바울은 정욕에 대해 생각하는 것 자체가 그것을 행하는 것이나 마찬가지라고 어딘가에서 말하지 않았니? 참 나! 나쁜 생각 한번 했다고 간음자가 되다니! 누가 그런 기준에 맞춰 살 수 있을까? 많은 그리스도인들은 자신들이 그런 삶을 산다고 말한다만 나는 그들의 말을 못 믿겠다.

성경에는 성(性)에 대한 온갖 종류의 제한들이 나와 있는 것 같다. 왜 하나님은 자위행위를 한다고 해서 그 사람을 죽였느냐? 그건 좀 지나치지 않니? 그리고 왜 하나님은 우리에게 온갖 성적 충동을 주고 성관계를 즐길 만한 것으로 만들어 놓고서는 그분의 법으로 우리를 모질게 단속하는 거냐? 그리고 재혼하는 사람들은 간음을 저지르는 것이라는 예수의 말은 또 어떻고! 그 때문에 나는 네 새어머니가 가톨릭교회에 계속 다닐 수 있도록 내가 이전에 결혼했었다는 사실을 무효화시키는 번거로운 절차를 밟아야 했지. 이 모든 것은 상당히 비실제적이고 비현실적인 것처럼 보인다.

그리고 성경의 엄격한 성 윤리만 나를 성가시게 하는 것이 아니다. 한 신부가 '네 원수를 사랑하라'는 예수의 계명에 대해 설교하는 것을 들은 것이 기억나는구나. 나는 어떤 나라든지 실제로 이 계명을 실행하려 한다면 그로 인해 망해 버리고 말 거라고 생각했지! 또 예수는 누가 너의 코트를 훔치면 네 셔츠도 그에게 주어야 한다고, 혹은 누가 네 한쪽 뺨을 때리면 다른 쪽 뺨도 내어 주라고 말한 적이 있지! 나 원 참! 내가 장담컨대 플로리다 주에 실제로 그렇게 하는 그리스도인은 한 명도 없을 게다!

그러니까 그렉, 내 마음 한편에서는 기독교가 참이고 그것을 믿어야 한다고 말하지만, 또 다른 한편에서는 어차피 결코 그런 삶을 살 수 없을 테니 신경 쓰지 말라고 한다. 나는 위선적인 '성자'가 되느니 차라리 솔직한 죄인이 되겠다. (말 나온 김에 덧붙이자면, 그것이 바로 내가 그리스도인이 된다 해도 결코 교회에 발을 들여놓지 않을 것 같다는 이유다!)

할 수 있다면 내가 여기서 빠져나오도록 도와주렴. 열린 마음으로 들으마.

1991년 6월 22일
모든 사랑과 감사를 보내며, 아버지가

사랑하는 아버지께

아버지가 기독교 신앙을 받아들이기 시작하신다는 말에 제가 얼마나 흥분하고 있는지 이루 말로 할 수 없을 정도예요. 아버지, 우선 무엇보다도 아버지가 무엇을 믿는지에 대한 문제가 아니라는 것을 언제나 기억하세요. 이건 아버지가 **누구**를 신뢰하는지에 대한 문제랍니다. 우리는 이 일이 일어나도록 하기 위해 2년 넘게 광범위한 문제들을 논해야 했지요. 하지만 하나님과의 구원의 관계는 특정한 문제들을 해결함으로써 비롯되는 것이 아니라, 구세주를 아버지의 것으로 받아들임으로써 시작되는 것이랍니다. 아

255

버지께 구세주가 필요하다고 고백하세요. 아버지를 위한 그분의 희생을 받아들이세요. 아버지의 삶을 그분께 맡기세요. 그것뿐이 에요, 아버지, 그것이 **전부**예요. 기독교의 다른 모든 것은 이 한 가 지로부터 뻗어 나오며, 사실상 이것의 각주에 불과하답니다.

이제 아버지의 지난번 편지에 대해 말해 볼까요. 아버지의 말 씀은 아주 옳아요! 어느 누구도 완벽한 그리스도인의 삶을 살 수 없답니다! 그리스도인의 삶을 완벽하게 산 사람은 여태껏 없었고 지금도 없으며, 앞으로도 (이 지상에서는) 결코 없을 겁니다! 아버 지는 한순간이라도 제가 아버지보다 조금이라도 더 '거룩한 삶'을 산다고 생각하시나요? 그보다는 저를 더 잘 아실 텐데요! 아버지 와 마찬가지로 저에게도 그건 불가능한 일이에요.

하지만 아버지, 이것이 바로 요점이에요. 이게 예수님의 모든 윤리적 가르침의 중심 주제랍니다. 우리 힘만으로는 하나님께 이 를 수 없습니다. 그렇기 때문에 우리에게 구세주가 필요한 거죠! 예수님은 사역하는 내내, 하나님 앞에서 본인이 얼마나 선한가에 근거해 자신을 의롭다고 믿은 사람들과 맞섰습니다. 그들은 자신 에게 구세주가 필요하다고 생각하지 않았어요.

그렇다면 예수님은 그들을 어떻게 도우셨나요? 예수님은 만 일 그들이 구세주 없이 하나님 앞에서 의롭다면 실제로 어떻게 해 야 하는지 보여 주심으로 그들을 도우셨습니다. 예를 들어 바리새 인들은 자신들이 다른 사람들처럼 죄가 많아 보이지 않았기 때문 에 교만했습니다. 그러나 예수님은 그들에게 "하늘에 계신 너희 아버지의 온전하심과 같이 너희도 온전하라"고 말씀하십니다(마

삶과 교리에 관한 질문

5:48). 잘해 보라지요! 마찬가지로 자기 의에 가득 찬 사람들은 한 번도 간음을 행하지 않았다는 것으로 해서 교만했지요. 하지만 예수님(바울이 아니라)은 그들에게 "네가 마음속으로 어떤 여자에게 정욕을 품었다면 너는 이미 간음을 행한 것이다"(마 5:27-28, 제가 풀어 썼어요)라고 말씀하셨지요. 모든 사람이 마음속으로 정욕을 품기 때문에 그분은 이런 말씀을 하시는 거예요! 또한 이 종교적 무리들은 자신들이 한 번도 살인한 적이 없다는 이유로 매우 교만했지요. 그래서 예수님은 그들에게 "네가 마음속으로 한 형제에게 화를 내거나 심지어 '바보'라고 말한다면 너는 이미 지옥불의 위험에 처해 있는 것이다"(마 5:21-22, 제가 풀어 썼어요)라고 말씀하신답니다. 요점은요 아버지, 우리끼리라면 우린 모두 '지옥불의 위험'에 처한다는 것입니다.

이런 구절들 목록은 줄줄이 늘어놓을 수 있어요. 하지만 요점은 언제나 같을 겁니다. 아버지가 스스로의 힘으로 하나님 앞에 서려 한다면 아버지는 **온전**해야 합니다. 하나님이 온전하시니까요. 조금이라도 불완전한 것은 하나님의 성품과 영원토록 화합할 수 없습니다. '비교적 선한' 것으로는 안 됩니다. 하늘나라에서 '다소 거룩한' 것만으로는 마약 중독자나 창녀보다 점수를 더 따지 못할 거예요. 우리는 하나님**만의 완벽한 의**를 지녀야 합니다. 그렇지 않으면 값어치 있는 의를 전혀 갖지 못한 것입니다.

하지만 아버지, 이러한 의는 우리 자신의 노력을 통해서는 결코 얻을 수 없습니다. 이것이 예수님이 그분의 가르침을 통해 우리가 깨닫기 원하셨던 것입니다. 하나님과 올바른 관계를 맺는 것

스물여섯 번째 편지

은 무언가를 '행하는' 것이 아닙니다. 그것은 어떤 성과가 아니에요. 어떤 사람들이 애쓰는 것처럼 그것이 성과를 내는 것이라면, 우리는 모두 실패자가 될 것입니다. 하나님의 의는 오히려 **선물로**만 받을 수 있습니다. 하나님은 그것을 아버지께 무료로, 아무런 조건 없이 주고자 하십니다! 아버지, 하나님은 아버지와 관계 맺길 원하십니다. **무조건적인 사랑**이라는 특징을 지닌 관계요. 아버지가 하셔야 할 일이라고는 아버지가 **아무것**도 할 수 없다고 인정하고 그냥 하나님의 의를 받아들이는 것뿐입니다. 성경에서는 '율법'의 목적이 우리를 바로 이러한 지점까지 데리고 가는 것이었다고 말합니다(갈 3장).

그러니 아버지, 산상수훈의 불가능한 윤리를 들으시고 손을 위로 높이 들고 고백하세요. "나는 못 해요! 포기하겠어요! 나는 가망 없는 죄인입니다!"라고요. 성경의 그런 가르침들을 읽고서 다른 사람들처럼 아버지에게도 구세주가 얼마나 필요한지 깨달으셔서 구세주를 받아들이세요. 아버지, 그분은 아버지의 죄를 위해 십자가에서 죽으셨습니다. 그래서 죄가 더 이상 아버지와 하나님 간에 문제되지 않게 하셨어요. 이제 단 한 가지만 남았어요. 아버지는 이 희생을 받아들이시나요?

마지막으로 아버지가 편지에서 제기하신 세 가지를 다루어 볼게요. 먼저, 성경에는 자위행위를 했다고 해서 하나님이 어떤 사람을 죽였다는 기록은 전혀 없답니다. 가톨릭 안에서 성장하는 아이들이 어깨너머로 천둥이 치지 않나 흘끔거리며 자라는 것도 무리가 아니지요! 저는 3학년 때 한 수녀가 자위행위는 두뇌 손상

삶과 교리에 관한 질문

을 가져온다고 말한 것을 들은 기억이 나요. 그때 저는 자위행위가 뭔지도 잘 몰랐지만 절대로 그런 짓은 하지 않겠노라고 다짐했지요!

그런데 이 중 그 무엇도 성경에 나와 있지 않습니다. 성경에는 자위행위에 대해 단 한 가지도 말하지 않습니다. 아마 아버지가 생각하고 계시는 경우는 오난이라는 사람과 관련된 것일 텐데, 그는 '땅에 자신의 씨를 흘린' 죄로 죽었지요. 그 본문이 이상하기는 하지만, 어쨌든 자위행위와는 아무런 관계가 없답니다. 오난은 죽은 자기 형의 아내에게 아이를 갖게 하는 의무 수행을 거절했습니다. 이는 당시 하나님의 관점에서 볼 때 매우 중요한 일이었지요(창 38:9). 어찌 되었건 문제가 된 것은 정액을 쏟아버린 행위가 아니라 하나님께 불순종한 산아제한 행위였습니다.

둘째는 예수님의 윤리들을 정치적으로 적용할 수 있는가에 관한 것인데, 어떤 나라든 '다른 뺨도 돌려 대는' 사고방식으로 생존하려 한다면 재앙이 닥칠 것이라는 아버지의 말씀은 옳아요. 만일 루즈벨트와 처칠이 이런 식으로 생각했더라면 우리는 모두 나치 당원이 되었겠지요. 하지만 예수님의 윤리의 주목적은 이 타락한 세상에 새롭고 보다 통제적인 사회 프로그램을 제시하는 게 아니었음을, 제가 이미 말씀드린 것을 통해 분명해졌으면 좋겠네요. 예수님은 간음에 대해 생각하는 모든 사람을 돌로 치라고 주장하는 것이 아니었습니다. 그분은 구약에서 이혼을 허용하던 것이 이제는 더 이상 적용되지 않는다고 말하는 게 아니었어요. 그분은 한 국가의 정부가 이제 다른 쪽 뺨을 돌려 대야 한다고 말하는 것도 아니었습니다.

예수님이 하신 것은 우리 상황이 얼마나 죄 된 것인지 드러내는 것이었습니다. 예수님은 우리를 십자가로 데려가기 위해 하나님의 이상을 제시한 것입니다. 하지만 일단 그렇게 하고 나면 예수님의 이상적인 가르침의 일차적 기능은 끝나는 것이지요. 그러므로 아버지, 성경적 이상들이 그리 실제적이지 않다는 아버지의 말씀은 옳아요. 우리가 사는 세상처럼 엉망으로 망가진 곳에서 대부분의 실제적 선택들은 이미 어느 정도 죄가 됩니다. 이것을 피해 갈 수 있는 방법은 없어요.

세 번째로 마지막 한 가지만 더 말씀드리고 마칠게요. 아버지, 제가 추측하건대 아버지는 그리스도를 받아들인다면 아버지 삶의 특정한 것들을 '포기'해야 된다고 우려하시는 것 같아요. 그리고 아버지가 그렇게 할 수 있는지, 혹은 그렇게 하기 원하는지 확신할 수 없으신 거지요. 그리스도인이 되려면 하기 싫은 많은 것들을 해야 하고, 하고 싶은 많은 것들을 하지 말아야 한다는 일반적인 개념을 아버지가 가지고 계시지 않나 싶어요.

아버지, 그 어떤 것도 이보다 더 진실에서 먼 것은 없다는 것만 말씀드릴게요. 아버지는 저처럼 해야 하는 것들을 하지 않고 하면 안 될 것들을 하고 있다는 바로 그 이유 때문에 죄인이랍니다. 이해되시나요? 그리고 이것이 아버지께 구세주가 필요한 이유예요. 아버지가 혼자 힘으로 모든 일의 뒤처리를 할 수 있었다면, 혹은 스스로 뒤처리를 하고 싶어 했더라면 아버지께는 이따금 받는 상냥한 '신적 격려'면 충분했을 거예요. 하지만 그 대신에 아

삶과 교리에 관한 질문

버지는 고난받고 끔찍한 죽음을 당하셨으며, 아버지를 위해 모든 일을 기꺼이 감수하려 하고 하실 수 있는 구세주가 필요하지요!

아버지, 그래서 그리스도인이 된다는 것은 그저 아버지가 그분이 필요하다고 고백하는 것을 의미합니다. 더 정확히는 아버지가 하나님의 도움 없이는 스스로를 옳게 만들거나 삶을 변화시킬 수 없기 때문이지요. 그리스도인이 되는 것은 하기 싫은 일을 해야 하는 것이 아니라, 그리스도께서 아버지가 원하는 일을 바꾸도록 하는 거예요. 그냥 그분이 들어오게 하세요, 아버지. 그분은 아버지를 있는 그대로 사랑하도록 하세요. 그분은 아버지가 아버지 자신을 깨끗하게 하실 때까지 기다리지 않으세요. 하나님은 아버지를 팔로 감싸안고 아버지를 안에서부터 깨끗하게 하십니다. 바로 아버지를 있는 모습 그대로 사랑하시니까요.

아버지, 스스로 그리스도인의 삶을 살아가는 것은 불가능합니다. 그러니 저와 함께 동참하세요!

1991년 7월 2일
사랑과 희망을 가지고, 그렉 올림

스물여섯 번째 편지

어떻게 다른 사람의 죽음으로
내 죄가 용서받을 수 있는가?

How can another man's death pardon me?

사랑하는 그렉에게

요즘 네 편지에 답장을 늦게 해서 미안하구나. 하지만 우리 토론
에 대해 내 관심이 줄어든 게 아니라는 것만 믿어 주렴. 사실 내 답
장 속도는 네가 보낸 각각의 편지를 이해하는 데 필요한 사색의
양을 말해 준단다. 너의 지난번 편지는 상당히 놀라웠다. '규칙들'
이 우리가 구원을 선물로 받아들이도록 몰아가기 위한 것이라는
개념은 가히 혁명적이더구나! 나는 그런 것은 한 번도 들어 본 적
이 없어! 어떤 면에서 그것은 누군가가 악덕을 미덕으로 만들려
고 하는 것처럼 들린다. 그건 마치 누군가가 "자, 나는 이렇게 높
은 기준들에 따라 살 수 없으니 그 기준들의 목적이 내가 그렇게
살 수 없다는 사실을 드러내기 위한 거라고 말해야지"라고 말하는

것 같다. 하지만 또 다른 차원에서 보면 예수의 가르침에 대한 너의 해석은 매우 흥미롭다. 그건 내가 늘 사실이라고 믿어 온 것이 실제임을 알게 해주는데, 즉 누구라도 그리스도의 이상에 따라 일관되게 살 수 있는 사람은 전혀 없다는 거다. 자신이 그런 삶을 산다고 말하는 사람들은 뻔뻔한 위선자이거나 농담을 하고 있거나 둘 중 하나일 게야.

그러므로 내 생각대로 너의 해석이 실제로는 악덕을 미덕으로 만들고 있는 것에 불과하다면 우리는(그리스도인들을 포함해서!) 어쨌든 지옥에 가고 말 거다! 만약 네 말이 틀리다면 의롭다는 것은 전혀 중요하지 않게 되는 거지.

하지만 그렉, 꼭 대답을 듣고 싶은 중대한 문제가 하나 더 있단다. 우리가 서신 교환을 하는 내내 너는 '예수가 나의 죄를 위해 죽었다'는 취지의 말을 계속했지. 너의 메시지는 예수가 내가 한 일 때문에 벌을 받았다는 것과, 그를 믿음으로 내가 하나님과 올바른 관계를 맺을 수 있다는 것인 듯하다. 전에도 이런 것을 들은 적이 있지만 그때는 전혀 이해하지 못했지. 나는 도대체 이게 어떻게 가능한 건지 모르겠다. 어떻게 2,000년 전 한 사람의 죽음이 나의 죄를 사한단 말이냐? 어떻게 완벽하게 정의로운 하나님이 나의 죄를 위해 예수를 벌줄 수 있으며, 내게 여전히 죄성이 있는 것을 잘 알면서도 나를 궁지에서 벗어나게 해준단 말이냐? 그리고 왜 하나님은 이 모든 고생을 사서 한단 말이냐? 분명 더 쉬운 방법이 있었을 텐데 말이다.

언제나처럼 너의 답장을 고대한다.

스물일곱 번째 편지

사랑하는 아버지께

아버지가 최근 우리 대화를 그처럼 많이 생각하신다니 기뻐요. 서두를 것 없으니 각각의 편지를 소화시키는 데 필요한 만큼 시간을 들이세요. 아버지와 새어머니는 요즈음 잘 지내고 계시죠? 새어머니는 새 일자리를 찾으셨나요?

아버지가 지난번 편지에서 예수님의 가르침이 나타내는 이상(理想)에 대해 말씀하신 것이 저는 정말 마음에 들어요. 그것들이 우리가 완전히 은혜에 의지하도록 하는 것이 아니라면 우리는 가망 없습니다! 간단히 말해 바로 이렇습니다. 아버지와 저처럼 세속적인 사람들이 '뼈대 있는 종교인들'보다 유리한 점은, 우리가 그들보다 예수님의 가르침 중 이 요점을 더 쉽게 이해하는 경향이 있다는 거죠. 우리는 **우리에게 대안이 없다는 것을 알아요!** 바리새인들처럼 상당히 괜찮고 잘 닦인 이미지를 유지하는 사람들은 스스로를 꽤나 거룩하게 여기기 때문에, 선행을 하면 하나님의 용납을 **얻을** 수 있다고 생각하는 경향이 더 많습니다. 그래서 그들은 예수님의 가르침을 독선적인 자신들의 노력에 대한 도전으로 듣곤 했습니다. 가르침이 어려울수록 더 고군분투했지요. 그래서 예수님이 "하나님처럼 온전하라"라고 말씀하시는 것을 들었을 때조차, 그들은 스스로를 굽히고 자비를 달라고 외치지 않습니다. 그들은 실제로 그렇게 되려고 필사적으로 노력하지요! 그리고 그들에게 구원은 이것에 달려 있습니다.

이것은 예수님의 가르침을 심각하게 오해하는 것일 뿐만 아니라 극히 파괴적인 것입니다. 어떤 사람이 정말로 구원이 자신의 선함에 달려 있다고 믿는다면, 그는 자신이 실제로 하나님을 위해 '충분히 완전'하다고 확신할 때만 자존감을 지닐 수 있습니다. 하지만 행동으로는 나타나지 않는다 해도 모든 사람은 마음과 생각에 죄성을 품고 있으므로, 이러한 완벽주의는 종교인들을 **자기기만**의 전문가로 살도록 합니다. 아버지가 말씀하신 것처럼 그들은 끊임없이 '자신을 속여야' 합니다. 그들은 예수님의 '도전'을 충족할 수 없다는 마음속 모든 생각을 철저히 억눌러야 합니다. 이것이 바로 율법주의적 종교인들이 매우 피상적인 이유입니다. 지도자들이 다른 사람들보다 더 심한데, 그건 그들이 이 자기기만 게임에서 '성공적'이라고 '스스로 입증'한 사람들이기 때문이지요. 이 사람들이 그토록 열심히 주장하는 종교적 이미지에 들어맞지 않는 모든 것들은 그냥 '옷장 안에 쑤셔 박아' 두어야 합니다. 그것은 그들의 의식 저 깊숙한 데로 내려보내야 하지요.

이건 정말 역겨운 일입니다. 그건 이 사람들의 삶에서 반드시 다뤄야 하는 모든 문제와 치유되어야 하는 상처들이 전혀 다뤄지지도, 치유되지도 않는다는 의미입니다. 그들은 자신들의 모든 정서적·영적 질병을 마치 고발장처럼 여기기 때문에 종교적 가식으

스물일곱 번째 편지

로 덮으려고 합니다. 당연히 그 결과는 매우 파괴적입니다. 스콧 펙(Scott Peck)이 말하기를, 모든 노이로제는 진실을 대면하기를 거부한 결과물이라고 합니다. 세련된 외양으로 진실을 잠시 가릴 수는 있지만 결국에는 언제나 진실이 승리하는 법이지요. 이 때문에 율법주의적인 개개인과 교회들이 자주 기능 장애를 일으킵니다. 그들은 드러내야 할 모든 것을 처박아 숨겨 버립니다. 지미 스와가트에게 일어난 일이 바로 이런 율법주의의 전형적인 경우가 아닌가 해요.

저는 어떤 경우에도 예수님의 가르침의 중심 취지는 분명히 율법주의가 하는 일의 정반대였다고 생각합니다. 예수님은 우리 안의 죄성을 부인하게 하는 자기 노력을 격려하신 게 아니라, 그 죄성을 검토하게 해서 모든 자기 노력에 종지부를 찍게 하고자 하셨습니다. 그리고 그분의 말씀을 올바로 듣는다면 그것은 분명 효과가 있습니다.

한 사람이 자기 힘으로 예수님의 이상대로 사는 것이 **불가능**함을 들을 때, 이제까지 하나님을 감동시키려 했던 자기 노력을 **포기**할 때, 마침내 하나님 앞에서 자신의 모든 존재가 본인이 아닌 **하나님**의 성취로 인한 것임을 깨달을 때, 그 사람은 삶에서 일어나는 일들을 자유롭게 받아들일 수 있습니다. 그의 모든 잘못과 단점과 죄 등에 마음을 열고 솔직해질 수 있어요. 자신이 실제 그렇지 못한 것을 그런 척한다고 해서 달라지는 것은 아무것도 없음을 알 수 있습니다. 제 친구인 제프 반본데렌(Jeff VanVonderen)은 "**겉모습**이 어떻게 보이든 **개의치 않을** 때만이 그 사물의 실제 모습을 **다루고** 또한 **변화**시킬 수 있다"라고 여러 번 말했습니다. 그리고 철학자라면 누구나 말하듯이, 이것이 바로 모든 정신적·정서적 (그리고 영적) 건강의 중심 요소이지요!

요점을 말하자면, 그리스도의 십자가와 하나님의 은혜는 우리가 하나님 앞에서 꾸밈없이 솔직한 모습을 보여도 안전하다는 것을 의미합니다. 그렇게 해서 우리 영혼이 건강해지는 거예요. 어떤 사람이 비교적 '선'한가 혹은 '악'한가 하는 것은 요점을 벗어난 이야기입니다. 아버지가 아주 웅변하듯 말씀하신 것처럼 은혜는 '굉장히 혁명적인 개념'입니다.

'설교 조'로 흘러서 죄송해요. 하지만 저는 이 통찰이 가장 중심이면서도 가장 오해받는 기독교 교리라고 생각합니다. 그렇지만 일단은 어떻게 그리스도의 죽음이 아버지의 죄를 용서해 주는지에 대한 질문으로 넘어가겠습니다.

아주 솔직히 말씀드리면, 저는 이 일이 어떻게 일어나는지 전혀 모릅니다. 교회는 우리가 어떻게 ('속죄'라고 불리는) 십자가 사역을 통해 하나님과 올바른 관계를 맺게 되는지에 대한 어떤 명확한 신학에 결코 도달한 적이 없습니다. 하지만 그렇다고 해서 그리 놀랄 필요는 없어요. 물리적 실재의 근본 구조를 이성으로 전부 이해할 수 없다면—과학이 이에 대한 결론에 매우 가까워지고 있긴 해요.—하나님이 세상을 구속하시는 계획 역시 신비의 구름에 싸여 있다고 해서 놀랄 이유가 있을까요? 그렇지 않다고 봐요. 그럼에도 불구하고 제가 말씀드리고 싶은 두 가지가 있어요. 이 문제에 대한 아버지의 의문을 다소 풀어 줄 수도 있는 것들이지요.

스물일곱 번째 편지

첫째로 2,000년 전 죽음으로 아버지를 궁지에서 벗어나게
한 예수님이 그저 '한 인간'이 아니었음을 인식하는 것이 중요해
요. 예수님은 하나님이 우리 대신 벌하신 무고한 '제3자'가 아닙
니다. 오히려 예수님 **본인**이 하나님이자 사람이었습니다. 그분은
단지 범죄로 인해 심판받은 사람이 아닙니다. 그분은 범죄의 피해
자이자 징역을 내리는 분이었습니다. 재판관 자신이 심판받는 자
가 된 것이지요! 그러므로 이 일에서 '제3자'는 없습니다. 오직 두
당사자, 거룩하신 하나님과 죄 많은 인간이 있을 뿐이며, 우리를
위해 죽으신 예수님은 그 **둘 다**입니다. 이것은 불의가 아닙니다.
이것은 무한한 사랑입니다.

둘째로, 어떻게 속죄가 일어나는지, 혹은 그것이 **취해야 할**
과정을 그대로 따랐는지에 대한 정확한 설명이 없다 해도, 저는
성경이 그 일이 실제로 그렇게 일어났다는 사실을 충분히 가르쳐
준다고 생각합니다. 예수님이 **왜** 우리를 위해 죽으셨는지 그 이유
를 설명하기 위해서 우리를 위해 죽으셔야만 했다는 당위성까지
들먹일 필요는 없다고 봅니다.

이 세 가지를 고찰해 보면 우리를 위한 예수님의 죽음을 이해
하는 데 도움이 될 거라고 생각합니다. 첫째로, 하나님은 오직 거
룩하신 분입니다. 따라서 죄는 근본적으로 하나님과 양립할 수 없
습니다. 죄는 그분의 본성과 반대됩니다. 비소가 우리 몸에 들어
오면 치명적인 독이 되는 것처럼 말이지요. 더구나 하나님은 완전
하시기 때문에 자기모순이 없어야 합니다. 하나님이 그분의 성품
과 일관되지 않은 적이 한 번이라도 있다면, 오히려 일관되는 것

이 불완전할 때에만 그럴 수 있을 뿐입니다. 따라서 하나님은 죄에 완벽히 반대되는 분이며, 완벽히 일관되며 어떠한 제한도 없습니다.

하지만 둘째로, 거룩함만이 하나님의 유일한 속성은 아닙니다. 하나님은 또한 완벽한 사랑이십니다. "하나님은 사랑이시라"고 성경은 말합니다. 하나님은 이러한 사랑으로 하나님 외에 다른 피조물들을 만드셨으며, 인류가 모두 죄에 빠졌을 때마저도 계속해서 열렬히 우리를 사랑하셨습니다. 우리 죄에도 불구하고, 하나님은 우리가 영원히 하나님과 살기를 원하십니다.

하지만 이로 인해 긴박한 문제가 제기됩니다. 이것이 세 번째로 생각해 볼 사항입니다. 그 문제는 바로, 가망 없을 정도로 죄에 빠진 피조물이 어떻게 필연적으로 모든 죄에 반대되는 온전히 거룩하신 하나님과 화목할 수 있는가 하는 것이지요. 저는 이를 위해서는 두 가지 사건이 일어나야 한다고 주장하고자 합니다.

1. 우리 죄가 '구속함'을 받아야 합니다. 그 죄는 그냥 간과될 수 없습니다. (우리가 때로 죄를 간과하고자 하는 경향은 우리의 불완전한 도덕적 성품으로 인한 것입니다. 하지만 심각한 범죄가 처벌되지 않을 때, 보통 우리는 뭔가 잘못되었다고 느낍니다. 정의는 반드시 충족되어야 합니다!)

2. 우리는 하나님과 화목할 수 있는 온전한 존재로 **변화**되어야 합니다. 이 중 하나라도 이루어지지 않는다면 우리의 영원한 삶은 하나님 뱃속의 비소마냥 의미 없이 소모되어 버릴 것입니다!

여기서 중차대한 질문은, 이 두 가지 일이 어떻게 일어날 것

스물일곱 번째 편지

인가 하는 것입니다. 성경의 가르침은 그러한 일들이 인간 자신의 노력으로는 결코 생겨나지 않는다고 말합니다. 죄 가운데 빠진 우리의 상황은 그렇게 되기엔 너무나 심각합니다. 우리는 심지어 우리 자신의 죄 값마저 '치르려' 하지 않습니다. 설사 그 값을 치르고 싶어도 그렇게 하려면 (영원히) 죽어야 합니다! 더구나 지금 죄 안에 파묻혀 있는 우리는 스스로를 변화시키려 하지도 않을뿐더러, 설사 바꾸고자 해도 그렇게 할 수 없습니다. 우리는 죄의 노예이기 때문에 온전히 거룩해지고자 하는 열망도 없고 그 일을 전혀 이룰 수도 없는 거지요.

그러므로 그 두 가지가 이루어지려면 우리가 아니라 하나님에 의해 이루어져야만 합니다. 그리고 이것이 바로 성경이 말하는 예수 그리스도의 삶과 죽음에서 일어난 일입니다. 하나님의 사랑은 예수님 안에서 그분의 정의를 받아냈습니다. 인류에 대한 사랑으로 하나님은 인류의 죄와 그 죄에 합당한 벌을 감당하셨으며, 그렇게 함으로써 스스로의 도덕적 기준을 충족하셨습니다. 하나님은 한 명의 사람으로서 '우리가 그리스도 안에서 하나님의 의가 되게 하시려'(고후 5:21)고 스스로 죄가 되셨습니다. 예수 그리스도를 통해 인류는 그 죄 값을 치르며 하나님은 그 죄를 의롭게 심판하십니다. 예수님은 하나님이며 동시에 인간이기 때문입니다. 이렇게 해서 죄는 속해지고 더 이상 하나님과 사람 사이에 문제가 되지 않습니다. 이처럼 그리스도는 우리가 영원히 하나님과 화합할 수 있도록 만드는 일에서 첫 번째로 필요한 조건을 충족시키십니다.

그리스도는 또한 인류가 하나님과 화합할 수 있는 두 번째 조건 역시 충족시키십니다. 우리는 영원히 변화됩니다! 어떤 사람이 하나님께서 그리스도 안에서 자기를 위해 해주신 일을 받아들일 때, 하나님은 그 사람에게 **하나님 자신의 온전한 의**, 곧 하나님과 화합할 수 있는 유일한 의를 주신다고 성경은 말합니다. 로마서에서 바울은 "일(자신의 행동으로 하나님의 사랑을 얻으려 애쓰는 것)을 아니 할지라도 경건하지 아니한 자를 의롭다 하시는 이를 믿는 자에게는 그의 **믿음을 의로 여기시나니**"(롬 4:5)라고 말합니다. 아버지가 그리스도를 유일한 구원의 소망으로 믿으실 때, 하나님은 아버지의 과거와 현재와 미래의 모든 죄를 용서하실 뿐 아니라(조건 1), 또한 아버지에게 하나님 자신의 온전한 의를 주십니다(조건 2). 그리고 하나님은 끊임없이 후자를 행하실 수 있는데, 그것은 그분이 전자를 행하셨기 때문입니다. 아버지는 **신과 같은** 새로운 성품을 부여 받습니다. '누구든지 그리스도 안에서 새로운 피조물'이라고 성경은 말합니다. "이전 것은 지나갔으니 보라 새것이 되었도다"(고후 5:17).

이것이 사람들이 자신의 삶을 주님께 드린 순간부터 온전한 존재가 된다는 의미는 당연히 아니에요. 신자는 '새로운 자아'를 얻게 되며, 이는 하나님의 의로 정의된 자아입니다. 하지만 그는 아직 '옛 자아', 곧 하나님 아닌 다른 모든 것과 제휴된 자아로서의 생각과 감정과 행동들에 습관적으로 중독되어 살고 있습니다. 이처럼 신자들은 그들의 참된 모습인 새로운 성품을 부여받지만, 그럼에도 여전히 다방면에서 이 새로운 성품에 모순되는 삶을 살아갑니다. 오직 하늘나라에 갔을 때에만 하나님이 주신 영원한 의라는 선물이 우리에게서 온전하게 빛날 것입니다. 그럴 때 '옛 자아'의 거짓된 모습이 드러날 것입니다. 우리가 하나님께로 전향한후에 이 세상에서 사는 세월은 단지 이러한 끝을 향해 천천히 나아가는 것일 뿐입니다.

더 깊이 들여다볼 시간이 있다면 그리스도의 사역에 대해 훨씬 더 많이 말할 수 있을 거예요. 제 생각에 우리가 하나님 아버지와 화목할 수 있도록 해주는 것이 십자가 사건의 중심 동기이지만, 또 다른 동기들도 있다고 봅니다. 예를 들어, 예수님이 십자가에서 죽으신 것이 우리가 타락한 이래 세상을 공격해 온 사탄과그 세력에게 치명타가 되었음을 성경은 분명히 명시합니다(골 2:14와 히 2:14를 보세요). 또한 예수님이 우리를 가르치시고 하나님을 보여 주기 위해, 우리가 열망할 온전한 인간적 본보기를 보여주시는 것과 함께 다른 여러 가지를 성취하기 위해 오셨다는 것역시 분명합니다. 그것은 한 번에 여러 마리 토끼를 잡는 하나님의 지혜와 들어맞아 보입니다. 하지만 지금은 이 부분들까지 논할수는 없을 것 같아요.

아버지, 제가 말씀드린 것이 도움이 되셨으면 좋겠네요. 마지막으로 하나만 덧붙일게요. 그리스도의 사역은 하나님이 그분의모든 자녀들에게 각각 따로 떼어 둔 1조 원 이상의 은행 계좌와 같습니다. 이 계좌는 하나님이 공짜로 주시는 유산이에요. 하나님은모든 사람이 그분의 자녀가 되기를 원하시지요. 하지만 아버지가개인적으로 상속권을 주장하기 전까지 그것은 아무 쓸모 없이 뒹

굴고 있을 뿐입니다. 아버지가 이 유산을 받아들여야만 해요. 하나님의 아름다운 구원 계획을 그 사람이 자신의 것으로 받아들이지 않는다면, 아무 의미 없는 것으로 전락하고 맙니다. 그러나 그 사람이 그것을 상속받는다면, 그 사람은 전부를 상속받는 것입니다! 아버지는 죄인이지만, 아버지가 예수님을 믿으실 때 예수 그리스도의 의와 더불어 즉시 하나님 앞에 서게 됩니다. 하나님은 아버지에게서 단 하나의 흠도 찾아내지 않으십니다! 성경은 "동이 서에서 먼 것같이 우리의 죄과를 우리에게서 멀리 옮기셨으며"(시 103:12)라고 말합니다. 아버지는 아버지의 창조주이자 구세주 되시는 그분을 두려움이 아닌 기쁨으로 마주볼 수 있습니다.

아버지, 저는 아버지의 이해가 행동으로 바뀌고 이 모든 것이 아버지에게 해당된다는 것을 받아들이시길 기도합니다. 이 왕국을 상속받으세요!

1991년 8월 16일
모든 사랑과 소망을 품고, 그렉 올림

스물일곱 번째 편지

어떻게 내가 거룩하면서 동시에
죄성을 지닐 수 있는가?

How can I be holy and sinful at the same time?

사랑하는 그렉에게

예수가 왜 죽으셨는지에 대한 소논문을 보내 주어 고맙구나. 그건 매우 유익하기도 했고 내가 상당 기간 혼란스러워 하던 부분도 다소 해소해 주었단다.

그렉, 하나님의 은혜에 대한 너의 이해는 매우 이상해서, 내 입장에서 그런 이해는 전능자로부터 온 계시가 **틀림없다**고 여겨질 정도란다. 나는 누구든지 그처럼 우리의 직관에 반하는 개념을 생각해 내리라고는 도저히 상상할 수가 없거든. 상식적으로 볼 때, 사람은 자신이 선하게 혹은 악하게 살았는지에 따라 천국이나 지옥에 가는 것이고, 나는 그리스도인들이 이렇게 믿는다고 늘 생각해 왔단다. 하지만 너는 이것이 천부당만부당하다고 말하고 있다. 내가 제대로 이해한 게 맞느냐? 그리스도를 향한 믿음에 따라 천국에 들어갈지 말지가 결정된다고? 가히 혁명적이구나!

나는 네 말처럼 '이해를 행동으로' 바꾸고 싶은 단계까지는 아직 오지 않았다. 하지만 그건 시간문제 아닌가 싶구나. 내가 이런 헌신을 한다면 진심으로 임해야 한다는 것을 안단다. 그리고 아직은 그때가 아니라고 생각할 뿐이지.

어쨌든 나는 이 구원 건에 대해 질문이 하나 더 있다. 말하자면 이렇다. 나를 아는 모든 사람들이 내가 거룩하지 않다는 것을 아는데, 어떻게 내가 하나님 앞에서 전적으로 거룩할 수 있는지 모르겠다. 하나님이 눈이 멀기라도 했단 말이냐? 어쩌면 내가 너의 말을 오해한 것인지도 모르겠구나. 우리가 하나님과 관계를 맺으려면 우리 죄가 반드시 **용서받아야** 하고 우리가 **변화되어야** 한다고 너는 말하지. 그러니까 나는 하나님이 예수로 인해 우리가 과거에 지은 죄를 용서해 준다는 건 알겠다. 하지만 그리스도인들이 **현재** 변화되고 있다는 것은 잘 모르겠다. 어떻게 그리스도인들이 아직 완벽히 변화되지 않았는데 하나님과 현재 완벽하게 화합할 수 있다는 거지? 만일 죄 중에서 한 가지라도 우리와 하나님과 분리시킨다면, 내 과거의 모든 죄가 용서된다 해도 딱히 좋을 게 없을 거다. 틀림없이 나는 날마다 망쳐 버릴 테니 말이다. 그러니 그렉, 내가 죄성을 지니면서 어떻게 동시에 거룩할 수 있단 말이냐?

1991년 9월 12일
내 모든 사랑을 담아, 아버지가

스물여덟 번째 편지

사랑하는 아버지

아버지가 지난번 편지에서 하신 질문이 아주 마음에 들어요. 눈치 채셨는지 모르겠지만 우리의 편지 '방식'이 좀 바뀌었지요. 우리는 더 이상 기독교가 참**인지 아닌지**(변증학)에 대해 그리 논쟁하고 있지 않아요. 그보다는 기독교가 **어떻게** 참인지(신학)에 대해 논하고 있지요. 아버지는 전보다 훨씬 더 믿음 **안**의 관점에서 질문하시는 듯해요. 이건 정말이지 신나는 일입니다. 아버지가 말씀하셨듯이 이제 '시간문제'일 뿐이지요. 저는 전부터 늘 그렇다고 믿어 왔답니다!

자, 우리가 어떻게 거룩하면서 동시에 죄성을 지닐 수 있을까요? 이런 추론으로 설명해 볼게요. 태초에 하나님이 세상을 만드실 때 "빛이 있으라" **말씀하셨고** 곧 빛이 **있게 되었**습니다. 하나님이 "마른 땅이 있으라" **말씀하시니** 마른 땅이 **있게 되었고**, 이와 같은 일이 계속되지요. 우리는 하나님의 말씀이 곧 말하는 실재를 창조한다는 것을 알 수 있습니다. 철학 용어로 말하자면, 하나님의 말씀은 '존재론적으로 생산적'입니다. 그분의 말씀은 곧 존재를 창조해 냅니다.

우리의 구원 역시 하나님의 말씀으로 우리가 창조된 것과 다름없는 결과입니다. 하나님이 "에드 보이드의 모든 과거의 죄는 사라졌다"라고 말씀하시면 아버지의 모든 죄는 사라집니다! 그리

삶과 교리에 관한 질문

고 하나님이 "에드 보이드는 내 앞에 온전히 거룩하다"라고 말씀하시면 아버지는 하나님 앞에 온전히 거룩하게 됩니다. 하나님의 말씀은 무엇이 진짜이고 참된 것인지 규정합니다. 어느 누구도, 그 어떤 것도 하나님과 논쟁할 수 없습니다. 사도 바울은 이렇게 말합니다. "만일 하나님이 우리를 위하시면 누가 우리를 대적하리요… 의롭다 하시는 이는 하나님이시니"(롬 8장). 그러므로 하나님이 아버지의 믿음 때문에 아버지가 의롭다고 말씀하시면, 그걸로 **아버지는 의로우신 거예요!**

하지만 하나님의 구원의 말씀은 한 가지 중요한 점에서 하나님의 창조의 말씀과 다릅니다. 하나님이 창조의 말씀을 하셨을 때 그것에 저항하는 것이 아무것도 없었어요. 오직 무(無)만 있었지요. 그러나 하나님이 구원의 말씀을 하실 때에는 그에 저항하는 무언가가 있습니다. 옛 사고방식과 행동과 감정 등으로 가득 찬 기존의 에드 보이드, 그리고 이 '옛 자아'의 많은 속성들이 하나님이 아버지에 대해 말씀하시는 것에 반대하지요.

여기서 하나님은 '옛' 에드 보이드를 그냥 소멸해 버리고 '새' 에드 보이드를 재창조하지는 않으실 겁니다. 만약 하나님이 그렇게 한다면 그것은 **아버지**를 구원하는 것이 전혀 아닐 거예요. 하나님이 완전히 다른 사람을 만들어 내는 셈이니까요. 하지만 하나님이 사랑하고 구원하기 원하는 사람은 바로, 모든 옛 죄악 속에 있는 아버지 **당신**이십니다. 그래서 하나님은 아버지와 저를, 그리고 모든 사람을 **안에서부터 바깥으로** 재창조하기 위해 역사하십니다. 아버지가 구세주를 믿으면 하나님은 아버지 삶 속의 영원한

스물여덟 번째 편지

의에 대해, 아버지의 흠 없는 완전함에 대해 말씀해 주십니다. 바로 이것이 아버지에게 '가장 참된' 것입니다. 그러나 하나님은 이미 아버지에게 있는 것들을 불도저처럼 밀어 버리지는 않으세요. 다만 '거짓'인 것으로 드러나게 해주시지요. 그것은 더 이상 아버지에게 궁극적으로 참이 아닙니다. 바로 그 때문에 그것이 '**옛** 자아'라고 불리는 것이에요. 시간이 지나면 '새 자아'가 '옛 자아'보다 더 커질 것입니다.

그래서 우리는 믿는 순간 그리스도 안에서 새로운 피조물이 됩니다. 우리의 모든 죄는 십자가 안에서 흡수되며 그리스도의 모든 의가 우리에게 전가됩니다. 우리는 **용서**받고 **변화**됩니다. 하지만 이러한 진리가 우리 삶에서 순식간에 나타나지는 않아요. 우리 '옛' (그리고 이제 거짓으로 드러난) 습관의 사고방식은 우리가 용서받았다는 진리를 종종 받아들이려 하지 않습니다. 우리의 '옛' (그리고 이제 거짓으로 드러난) 습관의 생활 방식은 하나님이 우리 마음에 이루시는 변화에 저항합니다. 우리의 '옛' (그리고 이제 거짓으로 드러난) 자기 정체성, 곧 우리의 지난 모든 경험과 성향과 감정과 야심에 의해 규정된 정체성이 완전히 사라지는 데에는 시간이 걸립니다. 천국에 가야만 우리의 '참된 모습'이 흐려지지 않고 온전히 나타날 것입니다.

그렇다면 신자들은 어떻게 거룩하면서 동시에 죄성을 지닐 수 있습니까? 그들이 새롭게 창조된 본질이라는 견지에서 보면 그들은 거룩합니다. 하지만 이 본질을 그들의 생각, 감정, 행동에서 어떻게 **발현하느냐**(manifest) 하는 견지에서 보면, 그들은 여전히 죄 된 상태입니다. 그들이 장차 어떤 존재가 될 것인지, 하나님의 관점에서 보면 신자들은 거룩합니다. 하지만 그들이 **지금** 어떤 존재인지, **그들의** 관점에서 보면 그들은 죄인입니다. 하나님이 규정하신바 무엇이 **궁극적으로 참된** 것인가 하는 견지에서 보면 그들은 거룩합니다. 하지만 다른 모든 출처가 규정한바 무엇이 **궁극적으로 거짓된** 것인가 하는 견지에서 보면 그들은 죄인입니다. 그들이 '**그리스도 안에서**' 누구인가 하는 견지에서 보면 그들은 온전히 거룩합니다. 하지만 그들이 그리스도와 별도로 '**그들 자체**'로 누구인가 하는 견지에서 보면 그들은 전적으로 죄인입니다. 무슨 말인지 이해되시나요, 아버지?

그렇다면 그리스도인들은 각자 고치 속에 들어 있는 나비와 비슷합니다. 아름다움, 비행, 우아함의 삶이 그들 내면에 있습니다. 그것이 그들의 참모습입니다. 하지만 이 삶은 아름다움, 비행, 우아함에 본질적으로 반대되는 어떤 것으로 둘러싸여 있습니다. 날아오르는 것이 그들의 운명이지만 그렇게 되기까지 과도기가 있습니다. 그들은 고치에서 탈바꿈하는 과정에 있는 나비입니다.

아버지가 꼭 아셔야 할 요지는, 그리스도인들이 자기 노력으로 점차 '옛' 자아로터 자유로워지는 것이 아니라는 거예요. 다만 주님이 그들 속에 있는 나비를 단련시키고 강화시켜 나가도록 맡길 때 그들은 참으로 자유로워집니다. 구원받은 영혼이 먹는 유일한 식량은 하나님의 사랑입니다. 그래서 우리가 아직 고치 속에 있을지라도 우리를 위하는 하나님의 사랑 안에서 쉴 때에만 고치 밖으로 나갈 힘과 동기를 점점 더 많이 얻게 됩니다. 예수님이 우리를 있는 그대로 사랑하시도록 할 때에 우리는 속박을 벗어던지고 자유하게 되며, 날 수 있다고 더욱 확신하게 됩니다. 그리고 그렇게 확신할수록 더 원하게 됩니다.

그러니 아버지, 한순간이라도 아버지가 스스로를 고치에서 **자유할 수 있다고**, 혹은 자유를 아주 간절히 원하는 마음을 아버지 혼자 힘으로 생겨나게 할 수 있다고 생각조차 하지 마시시길 바랍니다. 하나님의 삶을 살고자 하는 동기와 힘은, 하나님의 삶이 이미 아버지 안에 존재하고 있을 때에만 생기게 됩니다. 변화는 구원의 원인이 아니라 결과입니다.

그러므로 아버지, 아버지가 정말로 해야 할 일은 하나님의 삶이 아버지 안에 존재하게 하는 것입니다. 아버지가 스스로는 소망이 없는 죄인임을 고백하고 예수 그리스도를 아버지의 구세주로 받아들이실 때 그렇게 할 수 있습니다. 하나님이 아버지를 있는 그대로 사랑하고 받아들이시도록 하세요. 그러면 아버지는 현재와 다른 어떤 모습이 되고자 하는 내적 열망과 힘을 서서히 느끼실 거예요. 하나님이 아버지를 구원하시도록 하는 것, 그것이야말로 아버지가 걱정하셔야 할 유일한 것입니다. 더 이상 주저할 필요가 있을까요, 아버지?

이 편지로 여러 가지가 조금 더 분명해졌으면 합니다.

1991년 10월 3일
사랑과 소망과 기대를 품고, 그렉 올림

삶과 교리에 관한 질문

이 모든 것이 사실이라고
어떻게 확신할 수 있는가?

How can I be sure it's all true?

사랑하는 그렉

요즘 너희 가족 모두 잘 지내고 있는 거 맞지? 지난 몇 주 동안 눈속에 파묻혀 지냈을 너희 모습이 눈에 훤하구나. 10월 말 핼러윈에 몰아닥친 폭풍우 치고는 정말 대단했지! 그걸 보니 과거의 별 '정답지 않은' 기억들이 떠오른다. 물론 이곳이 여름 더위는 지독할지 몰라도, 적어도 현관에서 차도로 나가려고 등골 빠지게 눈을 퍼내지는 않아도 되지! 어쨌든 나와 네 새어머니는 다음 달 너희 가족이 '휴가의 진수'인 디즈니월드로 가는 길에 이곳에서 우리와 만날 날을 손꼽아 기다리고 있단다.

자, 그럼 우리의 '토론'(아직도 그렇게 부를 수 있다면 말이다)으로 들어가 볼까. 너의 지난번 편지는 많은 양의 심중한 신학을 담고

있어서 내가 그걸 전부 이해했는지 잘 모르겠구나. 우리의 '본질'
과 그것을 어떻게 '발현하는가'에 대한 너의 구분은 이해하기가
좀 어렵다. 아니면 그 말이 너무 좋게 들려서 믿기 의심스러운 게
문제인지도 모르지. 잘 모르겠구나. 어떤 경우든 간에 나는 그걸
믿는 쪽으로 기운다. 너의 구분이 사실이 아니라면 어느 누구도
하늘나라에 갈 기회를 얻을 가능성이 없을 테니 말이다.

그렉, 내 입장은 이렇다. 나는 믿고 싶다. 하지만 진심으로 믿
는 것이 어렵다는 생각이 드는구나. 무슨 말이냐면, 너는 네 믿음
을 반석과 같이 견고히 지켜 냈고 내 모든 반대와 질문에 대답했
지만, 나는 여전히 전체적으로 다소 막연하게 느껴지는데 왜 그런
지 확실히는 모르겠다는 거지. 너는 그것이 모두 사실이라고 어떻
게 '확신'할 수 있지? 나는 우리가 놓친 뭔가가 있을지 모른다고
계속 생각하게 된다. 어쩌면 너의 논증에서 내가 간과한 어떤 오
류가 있지 않을까. 혹은 그리스도에 대한 너의 역사적 논설에서
빠졌거나 아직 발견되지 않은, 발견된다면 네 주장을 완전히 뒤엎
을 몇 가지 관련 사실이 있을지도 모르지. 왜 상당히 지적인 사람
들이, 심지어 그중 대다수가 학자들인 그들이 너의 논증을 거부하
고 기독교를 거부하는 걸까?

그래서 나는 내가 믿음에 이르는 낭떠러지에 서 있다고 느끼
지만, 아직 이것을 뛰어넘을 용기는 없구나. 나는 여전히 의심을
품고 있지만 더 이상 네가 무얼 말한다고 해서 이 의심이 완화될
지는 모르겠다. 어쩌면 내게는 그저 시간이 좀 더 필요한 걸 수도
있지.

삶과 교리에 관한 질문

너의 조언을 구한다.

1991년 11월 11일
너를 무척 사랑하는 아버지가

사랑하는 아버지

아버지, 솔직하게 말씀해 주셔서 정말로 감사해요. 우리가 편지를 주고받는 내내 감사를 드려 왔지요. 또한 저는 아버지의 성실하심에도 찬사를 보냅니다. 저도 아버지처럼 솔직하지 않은 행동을 단호히 거부하는 성품이 더 많으면 좋겠어요.

아주 숨김없이 말씀드리자면, 저는 이제 어느 방향으로 토론해 나가야 할지 잘 모르겠어요. '변증학자'로서의 제 역할은 끝난 듯하고, 아마도 목회적인 조언을 할 수 있을 것 같네요. 아들에게 이런 조언을 받는 것에 개의치 않으신다면 말이지요. 몇 가지 제안을 드릴게요.

첫째, 좀처럼 사라지지 않는 지적인 의심들에 관해서입니다. 지금까지 우리가 주고받은 편지들을 아버지가 이따금씩 숙독하실 것을 권해요. 때로 어떤 논증은 시간이 지나면서 그 설득력이 희미해질 수 있어요. 그 논증이 무슨 이유로 설득력 있다고 생각했는지 잊어버릴 수 있기 때문에 그에 대해 다시 의심이 생겨나지

283

요. 저 역시 다른 많은 주제들에 대해 이런 일을 겪곤 합니다. 그러면 다시 돌아가서 그 문제를 검토해 보지요. 때로는 실제로 무언가 간과된 것을 발견하고는 아예 그 문제를 다시 시작하기도 합니다. 어떤 때에는 제가 원래 진리로 받아들였던 주장의 타당성을 그저 재확증하지요. 뭐가 되었건 다시 돌아가는 것은 도움이 됩니다. 무언가가 간과되었다고 느끼신다면, 우리 반드시 그것에 대해 논의를 재개하도록 해요.

둘째로, 아버지는 믿음과 관련된 확신에 대해 오해하고 계신 게 아닌가 싶어요. 아버지, 사람들이 무엇을 믿든 간에 그들의 믿음은 증거가 요구하는 범위를 넘어서게 될 거예요. 바로 그 때문에 그것이 확실함이 아니라 믿음이 되는 거지요. 사람들이 기독교가 참되다고 믿는 것이나 기독교가 거짓이라고 믿는 경우에도 마찬가지입니다. 지적인 차원에서 볼 때, 두 입장 모두 어느 정도 위험을 포함하고 있습니다. 두 입장 중 한 가지는 다른 하나가 갖고 있는, 수학에서와 같은 확실성을 절대 가질 수 없습니다. 문제는 어떤 믿음이 증거에 의해 엄밀하게 **요구**되는가가 아니라, 어떤 믿음이 그것을 지지할 **최고**의 증거를 가지고 있는가 하는 것입니다. 저는 기독교가 하나의 세계관으로서 다른 어떤 대안보다도 지지할 근거를 더 많이 가지고 있다고 믿고, 아버지도 그렇게 믿으신다고 생각합니다. 하지만 우리가 그것을 부인한다고 해도 논리적인 모순을 범하는 것은 아니지요.

그러므로 어떤 것을 믿는 데에는 언제나 '도약'이 포함되어 있습니다. 하지만 아버지, 저는 아버지가 이미 이러한 '도약'을 하

삶과 교리에 관한 질문

고 있다는 사실을 깨달으셨으면 합니다. 믿지 않기로 선택하는 사람, 심지어는 그저 판결을 보류하는 사람 역시 엄청난 위험을 감수하고 있으며, 엄청난 '믿음의 도약'을 하고 있는 것입니다. 그 판단이 잘못될 수도 있고 그것이 엄중한 결과를 가져다줄 수 있기 때문이지요. 그것은 마치 내가 집 안에 있는데, 밖에서 누군가가 "불이야!" 하고 외치는 것과도 같아요. 아버지는 그 사람의 말을 믿거나 믿지 않기로 선택할 수 있어요. 아버지는 그 증거를 주의 깊게 살핍니다. (연기 냄새가 나는가, 불꽃이 보이는가 등등.) 아버지는 그 사람의 말을 믿기로 하고, 그 말이 농담일 경우 아버지가 바보같이 보일 위험을 감수한 채 집 밖으로 뛰어나갈 수 있습니다. 아니면 믿지 않기로 하고 불에 탈 위험을 감수하는 거지요. 판결을 보류한다고 해도 똑같은 위험을 감수하는 셈입니다. '아무 위험도 없는' 입장은 전혀 없어요. 심지어 어떤 입장도 취하지 않는 입장이라도 말이지요.

　　다른 비유를 들자면, 인생은 기차를 타는 것과 매우 비슷한 것 같아요. 우리는 모두 낭떠러지를 향해 계속 속도를 올리며 달려가는 기차 안에 있습니다. 언제 선로가 끝날지는 모르지만 어느 지점에선가 분명 끊긴다는 것은 확실히 알고 있지요. 이 기차에 탄 어떤 사람들은 아버지가 무언가를 믿으면 기차가 탈선한다 해도 살아남을 수 있다고 말하며, 다른 사람들은 그렇지 않다고 말합니다. 아버지는 불특정하게 제한된 시간 안에 결정을 내려야 합니다. 결정을 하지 않기로 결정하는 것 역시 결정을 내리는 것입니다. 이를 주장하는 사람들이 옳다면 우리의 생존은 우리가 믿는

스물아홉 번째 편지

것에 달려 있으니까요. 그래서 아버지는 각각의 주장에 대해 입수할 수 있는 모든 증거를 검토합니다. 아버지는 모든 선택을 고찰하고 모든 위험을 숙고하지요. 그러는 동안 기차는 속도를 높이고 있습니다. 낭떠러지는 가까이 다가오고 있지요. 자, 아버지는 어떤 결정을 내리시겠어요?

아버지, 가장 합당한 일은 믿는 것입니다! 증거는 강력하고 대안들은 상대적으로 약합니다. 그리고 믿지 않음으로써 감수하게 될 위험은 믿음으로써 감수할 위험보다 훨씬 더 큽니다. 파스칼은 (그의 유명한 '파스칼의 내기'라는 논리에서) 기독교가 거짓이라 해도 잃을 것은 아무것도 없다고 말했습니다. 하지만 기독교를 믿지 않았는데 그게 사실로 드러난다면, 믿지 않은 사람은 영원을 다 잃어버리는 것이라고요. 그러므로 기독교는 분명 최선의 방책이지요!

하나만 덧붙일게요. 믿음의 불확실성은 제 입장에 있는 사람보다 아버지 입장에 있는 사람의 경우 훨씬 더 커요. 일단 어떤 사람이 그리스도인이 되고 나면, 그리스도를 그의 구세주로 받아들이고 그리스도와의 관계를 개발해 나가기 시작하면서 믿음의 확실성이 증가합니다. 그리스도는 **살아 있는 실재**가 됩니다. 그 사람은 그리스도를 오로지 (심지어는 중점적으로) 역사적 증거들에 의해서만 아는 게 아니라 경험적 관계에 근거해서도 알게 됩니다.

그러므로 아버지, 저는 그리스도께 아버지의 삶을 걸어 보라고 간청합니다. 지금은 그것이 '모험'처럼 보일지라도 시간이 지나면 훨씬 덜 그렇게 보일 거예요. 게다가 결국 잃을 것은 아무것

삶과 교리에 관한 질문

도 없고 온통 얻을 것뿐입니다.

마지막으로 아버지와 나누고 싶은 몇몇 '목회적' 조언이 있어요. 저는 아버지가 기독교에 대해 보류하는 상당 부분이 증거와는 아무 상관없고, 오히려 이 모든 내용이 아버지께 아주 새로운 것이라는 점과 연관되어 있다고 확신해요. 이제껏 이렇게 생각해 본 적이 한 번도 없기 때문에 그것이 '비현실'적으로 보이는 것이지요. 그것은 아버지 자신과 세상을 보는 새로운 방식입니다. 새로운 생활 방식이지요. 그러므로 아버지가 그것을 보류하고자 하는 것은 그리 놀랄만한 일이 아닙니다.

아버지, 단지 서서히 기독교 사고방식과 생활 방식에 '익숙'해지기 시작한다면 도움이 될 거예요. 이것 역시 '내기'의 일부이지요. 처음에는 그저 그것이 최상의 방책이기 때문에 아버지는 모든 카드를 내려놓으시지만, 점차 그것을 하나의 실재로 느끼시게 될 거예요.

그래서 아버지가 좋아하실 만한 기독교 음악 테이프를 몇 개 보냅니다. 괜찮으실 때 테이프들을 들어 보세요. 그렇게 하면 아버지가 그리스도인으로 살아가는 것에 '익숙'해지는 데 도움이 될 거라고 생각합니다. 음악을 들으면서 가사를 생각해 보세요. 그들이 노래하는 메시지를 마음속에 그려 보세요. 그리스도의 아름다움이 음악을 통해 아버지에게 다가오게 해보세요. 그러면 점차 그리스도와 사랑에 빠지는 것을 아시게 될 거예요.

또 성경책과 신앙 서적 몇 가지도 보냅니다. 이것 역시 아버지가 믿음에 '익숙'해지는 데 도움이 될 거예요. 요한복음부터 읽

스물아홉 번째 편지

어 보세요. 천천히 읽으시고 생각해 보시되, 이해되지 않는 부분이 많다 해도 전혀 염려하지 마세요. 그저 얻을 수 있는 것만 얻어 내도록 하세요. 신앙 서적도 같은 방법으로 읽어 보세요. 할 수 있는 한 많이 그것에 푹 잠겨 보세요.

또 인근에 있는 성경적인 교회에 출석하실 것을 권해 드려요. 아버지가 교회들에 대해 어떻게 느끼시는지 알아요. 어쩌면 이 일은 당분간 뒤로 미뤄야 할지도 모르겠어요. 하지만 같은 믿음을 가진 사람들과 예배에 참여하는 것은 정말로 도움이 된답니다.

마지막으로 아버지, 이따금 하나님과 이야기해 보시길 권합니다. 반드시 공식적일 필요는 없어요. 아버지가 가톨릭 성당에 다니던 시절의 경험 때문에 이에 대해 거리낌이 있으시다는 것을 알아요. 하지만 저에게 말씀하시듯 예수님께 그냥 한번 이야기해 보세요. 아버지가 할 수 있는 만큼(하지만 이에 대해 염려는 마시구요), 그저 눈을 감고 예수님을 그리면서 아주 자연스럽게 말을 걸어 보세요. 기독교 음악을 배경으로 부드럽게 깔아 놓고 하면 더 잘 되는 것 같아요. 처음에는 분명 이상하고 어색하겠지만 시간이 가면서 익숙해지실 거예요.

아버지, 전체를 시작하는 첫걸음이 되는 간단한 기도, 성경에서 구원을 담고 있다고 말하는 기도는 다음과 같습니다.

주님, 저는 제가 죄인이라는 것을 압니다. 그리고 이 사실에 대해 유감스럽게 생각합니다. 저는 하늘나라에서 제가 영원토록 주님과 함께 살 수 있도록 주님이 저의 죄를 위해 죽으신 것을 믿습

니다. 그래서 이제 당신을 나의 주와 구세주로 받아들이기 원합니다. 주 예수님, 저의 삶에 들어오셔서 저를 당신이 원하시는 대로 빚어 주십시오.

이것이 바로 모든 그리스도인들이 그리스도인이 될 때 드리는 기도입니다. 이 간단한 기도는 즉각 한 사람을 하나님 앞에서 흠 없는 존재로 만듭니다. 아버지가 앞으로 하실 그 어떤 일도 이 기도를 드리는 순간의 아버지보다 하나님 앞에서 더 온전하게 만들지 못한답니다. 그리고 이렇게 기도하실 때, 아버지는 아무런 차이도 느끼지 못할 수 있지만 성경에서는 하늘의 모든 천사와 하나님이 기쁨의 축하로 넘친다고 말합니다. 저도 분명 그들과 함께할 거구요!

그러니 아버지, 사실 질문은 어떻게 그리스도를 믿는 모험을 감행할 수 있느냐가 아니에요. 이게 아니라면 어떻게 모험을 감행할 수 있느냐는 거지요. 아버지, 믿음의 도약을 하세요. 절대로 후회하지 않으실 거예요.

계속 연락드릴게요. 다음번 편지를 드릴 때는 "소망을 품고"라는 말 대신에 "기쁨을 품고"라는 말로 맺을 수 있기를 바랍니다.

제가 아버지를 얼마나 사랑하는지 아시지요?

1991년 11월 22일
진정 소망을 품고, 그렉 올림

스물아홉 번째 편지

나는 믿는다!

I believe!

11월 22일에 답장을 보낸 후, 나는 아버지와 통화로만 이야기를 주고받았다. 우리는 서로 여러 번 전화를 했으며, 마지막으로 편지를 교환한 후에 나는 두 달 동안 장기간 아버지를 방문했다. 기독교 신앙이 언제나 주된(그리고 유일한) 대화 주제였다. 그리고 매번 대화를 할 때마다 아버지는 자신의 삶을 그리스도께 드리는 일에 대해 덜 주저하게 되었다. 마침내 1992년 1월 15일, 에드워드 보이드는 하나님 앞에 '굴복'하고 예수 그리스도를 자신의 인격적인 주님이자 구세주로 받아들였다.

다음은 아버지가 자신의 회심에 대해 내게 속보로 보낸 편지의 일부이다.

사랑하는 그렉에게

그러니까 전화로 말했듯이, 나는 마침내 '도약'했다. 할렐루야! 그간 우리가 주고받은 모든 편지들을 읽어 보면서, 모든 걸 다 아는 체하던 그 건방진 내가 어떻게 실제 신자로 변화되었는지 지금도 믿을 수가 없구나! 네 새어머니도 믿을 수 없어 한단다! 심지어 우리 집 개마저도 헷갈려 하는 것 같다! 네가 말하는 이런 일에 기뻐하는 천사들은 아마 하이파이브를 하며 축하하고 있을 게다! 네 동생 아니타에게는 말했니? 장담컨대 분명 기절해 넘어가겠지.

돌이켜보면 네가 성경의 영감에 대해 나를 설득하고 내가 그것을 이해하려고 지독히 애쓰는 걸 도와줬을 때, 변화가 시작되었던 것 같다. 왜 그런지는 확실히 모르겠다만, 나는 그때가 내가 정말로 '빛을 보기' 시작한 시점이라고 생각한다. 그 무렵쯤 나는 내 회의주의가 궁극적인 근거를 잃어버렸다는 명료한 인상을 받기 시작했단다. 이것을 깨달았을 때 즉시 혼란에 빠지고 다소 겁을 먹었던, 하지만 또 흥분했던 내 모습을 기억한다. 이제 나는 그저 흥분에 차 있을 뿐이다. 아들아, 너의 끈기가 없었다면 이 일은 일어나지 않았을 거야. 내가 이 일로 해서 너를 얼마나 사랑하고 감사하고 있는지 알아주었으면 좋겠구나.

너도 알다시피 내게는 여전히 질문이 많이 남아 있고, 분명 우리가 충분한 이야기를 통해 계속 이 질문들을 해결해 나갈 것이라고 확신한다. 하지만 나의 성향은 완전히 변했단다. 나는 더 이상 회의주의자로서가 아니라 신자로서 그러한 질문들을 던지는 거다. 너는 더 이상 "소망을 품고"라는 말로 너의 편지를 끝맺을 필요가 없게 됐어.

계속해서 연락하고 나를 위해 기도해 주기 바란다. 최근에 성경을 많이 읽고 있는데 조금씩 이해가 되기 시작하는구나. 하지만 도움이 될 만한 자료가 있으면 뭐든 보내 주면 참 고맙겠다. 기도는 여전히 힘들지만 시간이 가면 익숙해질 거라 생각한다. 기도에 대해 그리 초조해하지 않는다. 왜냐하면 나는 용서받았으니까.

1992년 1월 21일
많은 사랑과 믿음(!)을 품고, 아버지가

숙고와 나눔을 위한 질문

편지 1. 기독교는 왜 그렇게 많은 해를 끼쳤는가?

1. 자신이 무엇을 믿는지보다 무엇을 믿지 않는지 더 많이 안다는 무신론자 아버지 에드워드의 주장에 공감하시나요?

2. 과거나 현재에 기독교라는 이름으로 행해진 일들 가운데 자신 또는 주변 사람들이 하나님으로부터 등을 돌리게 만든 일은 무엇인가요?

3. 세상에 악이 만연한 상황에서 인간의 자유의지가 어떻게 하나님을 여전히 사랑이 가득하신 분으로 바라보게 하나요?

4. 신학자인 아들 그레고리는 "기독교는 일종의 종교나 제도가 아니라 **관계입니다**"라고 썼습니다. 이 문장에 대해 어떻게 생각하시나요?

편지 2. 세상은 왜 이토록 많은 고난으로 가득 차 있는가?

1. 하나님이 전능하다면 피조물의 자유의지를 허용함과 동시에 악을 차단 하실 수는 없는 걸까요?

2. 선택의 자유를 부여하는 것이 왜 진정한 사랑의 토대가 되는 걸까요?

3. 자유의지에는 왜 악의 가능성이 포함될 수밖에 없나요?

4. '극단적인 악'의 존재가 당신의 하나님 이해 및 하나님이 세상에서 일 하는 방식에 대한 이해에 어떤 영향을 끼쳤나요?

편지 3. 자유는 과연 모든 고난을 감수하고도 얻을 만한 가치가 있는 것 인가?

1. 자유, 사랑, 위험은 서로 어떻게 연결되어 있나요?

2. 누군가를 사랑함으로 고통을 겪어야 했던 삶의 순간을 떠올려 보세요. 그 일이 하나님의 사랑에 대한 당신의 관점에 어떤 영향을 끼치나요?

3. '하나님의 고통당하는 사랑'(God's suffering love)이라는 개념이 하나 님의 본성에 대한 기존 이해에 어떤 도전을 던지나요?

4. 십자가가 어떻게 하나님의 사랑을 나타낸다는 걸까요?

5. 천국에 대한 성경의 약속이 고난 가운데서 어떻게 소망을 제공해 주나 요?

6. 이제까지 그렉이 악에 대해 제시한 설명이 적절하다고 생각하시나요?
   그 이유는 무엇인가요?

편지 4. 하나님은 미래를 다 알고 있는가?

1. '하나님이 앞일을 다 내다보고 있다면, 악하게 될 사람들을 창조하지 않
   을 수는 없었는가'라는 아버지의 질문에 공감하시나요?

2. '하나님의 예지'(Foreknowledge)에 대한 전통적인 견해는 무엇인가요?

3. 그렉의 관점은 전통적인 견해와 어떻게 다른가요?

4. 예지에 관한 전통적 견해와 그렉의 관점은 하나님이 선한 인간만을 창
   조하셨을 가능성을 어떻게 설명하고 있나요?

5. 이러한 하나님 이해가 하나님의 예지에 대해 당신이 이전에 가졌던 관
   점에 어떤 도전을 제기하나요?

※ 그렉의 견해와 관련해 더 자세한 설명은 그의 저서 《가능성의 하나님 *God of
   the Possible*》(Baker, 2000)에서 살펴볼 수 있다. '하나님의 예지'에 대한 더 자
   세한 연구는, 복음주의 신학자 4인의 네 가지 다른 견해를 담은 《속죄의 본
   질 논쟁》(새물결플러스)에서 참고할 수 있다.

편지 5. 하나님은 왜 지진과 기근이 일어나게 하는가?

1. 하나님이 어떻게 미래의 어떤 부분은 알고 다른 부분은 모를 수 있을까
   요?

숙고와 나눔을 위한 질문

2. 세상에서 발생하는 악의 근원은 무엇일까요?

3. 악한 사람들이 세상에서 어떻게 고통의 원인이 되나요?

4. 타락한 영적 존재들은 어떻게 세상에 부정적인 영향을 끼치나요?

5. 악마(demon)라는 존재를 어떻게 생각하시나요?

6. '자연적 악'에 대한 그렉의 설명이 설득력이 있다고 생각하시나요? 그 이유는 무엇인가요?

편지 6. 하나님은 왜 사탄을 창조했는가?

1. '눈에 보이지 않는 실재'가 존재한다는 생각이 하나님을 믿는 데 어떤 영향을 끼치나요?

2. 그렉이 비물질적인 영적 존재를 믿어야 한다고 제시한 근거는 무엇인가요? 그의 견해가 설득력이 있다고 생각하시나요? 그 이유는 무엇인가요?

3. 사랑에는 왜 '수습 기간'(probation period)이 중요한가요?

4. 선택은 우리가 사랑하는 능력에 어떤 영향을 끼치나요?

5. '눈덩이 효과'(snowball effect)는 사탄이 선하게 창조되었음에도 결국 악하게 된 과정을 어떻게 설명하나요? 사람들을 만나고 경험하면서 이런 현상을 본 적이 있나요?

편지 7. 네가 믿는 하나님은 전능한 존재인가?

1. 하나님의 전능에 대한 그렉의 관점에 동의하시나요, 반대하시나요? 그 이유는 무엇인가요?

2. 하나님은 왜 자신의 권능을 위임하는 걸까요?

3. 상황과 사람에 대한 하나님의 통제(control)를 두고 사람들이 흔히 하는 오해는 무엇인가요?

4. 하나님의 능력 및 상황 통제에 대한 당신의 이해가 하나님과 관계를 맺는 데 어떤 걸림돌이 되나요?

5. "하나님은 이 악이 우리 삶에 결정적인 것이 될 수 없도록 통제하십니다"라는 그렉의 말을 어떻게 생각하시나요?

편지 8. 애당초 왜 하나님을 믿는 것인가?

1. '애당초 하나님이 존재하는가'라는 아버지 에드워드의 논쟁점에 공감하시나요?

2. 인간이 지닌 인격적 본성의 특질은 무엇입니까?

3. 우리가 인격적 본성을 지니도록 설계되었는데 '인격적인' 하나님이 존재하지 않는다면, 이것이 의미하는 바가 무엇일까요?

4. 의미와 목적에 대한 우리의 본능적 갈망은 이 우주가 의미와 목적을 가지고 있음을 어떻게 암시하나요?

5. 이 편지글이 인격적인 하나님에 대한 당신의 믿음에 어떤 영향을 끼치나요?

편지 9. 모든 게 우연히 생긴 것은 아닌가?

1. 아버지가 말한 '희망사항'(wishful thinking)에 공감하시나요? 그 이유는 무엇인가요?

2. 진화론이 하나님을 믿는 당신의 신앙심에 긍정적으로든 부정적으로든 어떤 영향을 끼친 바가 있나요?

3. 그렉의 논증이 진화론과 하나님의 손재를 바라보는 당신의 관점에 이떤 영향을 끼치나요? (그렉의 논증은 진화를 지지하거나 아니면 반대하는 과학적 근거를 다루지 않는다는 점에 유의하세요.)

4. 이성적·도덕적 존재로서 우리의 경험이 어떻게 '순수한 우연'에 의한 자연 발생설을 반박하나요?

편지 10. 하나님은 왜 네 엄마를 살려 주지 않았는가?

1. 고통스러운 상황에서 이루어진 감정의 치유가 '왜'라는 질문에 명확한 답을 얻고자 하는 욕구를 어떻게 극복하게 할 수 있나요?

2. '하나님은 무관심한 존재'라는 결론을 내리게 된 개인적인 경험이나 사건이 있나요?

3. 그렉이 제시하는 기독교 신앙의 유일한 점은 무엇인가요?

4. 하나님이 인간의 악몽 속으로 들어오셨다는 이 독특한 믿음이 하나님
에 대한 당신의 관점에 어떤 도전을 제기하나요?

5. 질병으로 배우자를 떠나 보내고 믿음을 잃어가는 사람이 있다면, 어떻
게 반응할 수 있을까요?

편지 11. 하나님이 전능하다면 왜 기도를 해야 하는가?

1. 그렉에 따르면 기도의 주된 목적은 무엇인가요? 기도에 대한 그렉의 견
해와 당신의 관점은 얼마나 다른가요?

2. '청원 기도'(petitionary prayer)는 하나님과의 관계에서 어떤 역할을
하나요?

3. 기도가 결정적으로 '검증될 수 없는' 이유에 대한 그렉의 설명에 동의
하시나요?

4. 우리의 제한된 인간적 관점이 기도의 작동을 이해하는 데 어떤 어려움
을 주나요?

5. 하나님 앞에서 솔직하게 나누고 싶은 한 가지가 있다면 무엇인가요?

편지 12. 하나님이 왜 하찮은 인간들에게 신경을 쓰는가?

1. 이 편지에서 다룬 문제에 대해 어떤 방식으로 고민해 보셨나요?

2. 지구상의 지극히 작은 생명체가 어떻게 거대한 창조 너머에 계시는 하

나님의 근본적인 사랑을 드러낼까요?

3. 우리가 지닌 도덕적 신념들이 어떻게 우리 너머의 '완전한 도덕적 기준'을 가리키나요?

4. 그렉은 "하나님의 사랑과 돌보심은 완전하며 지치지 않기 때문에, 그분이 우주를 위해 준비한 것이 무엇이든 … 우리 '작은' 인간들을 위해서도 남겨 둔 것이 많답니다"라고 썼습니다. 그는 이 확신의 근거를 어디에 두고 있나요?

5. 역사적 인물인 예수 그리스도는 인간이 하나님께 얼마나 소중한 존재인지를 어떻게 드러내었나요?

편지 13. 복음서에 나오는 이야기들을 왜 믿어야 하는가?

1. 예수 그리스도에 관한 복음서 기록이 진실이라는 점을 받아들이는 데 어떤 어려움이 있나요?

2. 예수 그리스도를 믿는 데 복음서의 역사적 타당성이 왜 중요한가요?

3. '내적 판단 기준'에 대한 논증 중 복음서에 대한 당신의 기존 견해를 가장 크게 뒤흔드는 것은 무엇인가요?

4. '외적 판단 기준'에 대한 논증 중 당신에게 가장 중요하게 다가오는 것은 무엇인가요?

5. 이 편지를 읽고 나서 성경에 대한 관점이 어떻게 바뀌었나요?

편지 14. 복음서는 모순들로 가득 차 있지 않은가?

1. 예수 그리스도에 대한 개인적 믿음은 복음서에 나오는 예수 그리스도에 대한 사실적 지식과 어떤 관련이 있나요?

2. 오늘날의 기록과 1세기의 역사 기록 방식은 어떻게 다른가요?

3. 역사를 오늘날의 '촬영/녹음'과 같은 방식으로 보는 관점이 복음서 이해에 어떤 방해가 될 수 있을까요?

4. 복음서에서 발견되는 차이점(표현, 순서 등)이 실제로는 그 가치를 높여주는 이유는 무엇인가요?

5. 복음서에 대한 그렉의 관점 중에서 성경의 신적 영감에 대한 당신의 기존 가정들(assumptions)을 뒤흔드는 부분이 있나요?

편지 15. 복음서는 누가, 언제 쓴 것인가?

1. 복음서의 저작 시기와 저작자성(authorship)에 대한 세부 사항을 다루기 전에, 그렉이 제시하는 기본적인 역사적 결론은 무엇인가요?

2. 복음서의 저작 시기가 이른 시점일 때의 이점은 무엇인가요?

3. 그렉이 제시한 복음서 저자에 관한 논증 중 기억에 남는 것은 무엇인가요?

4. 그렉은 '그리스도 안에서 하나님이 세상을 구속하셨다'(고후 5:19)는 선언이 실제로 역사와 일치한다고 주장합니다. 이것이 사실이라면 우리

숙고와 나눔을 위한 질문

삶에 어떤 실질적인 의미가 있을까요?

편지 16. 예수가 죽은 자 가운데서 살아났다는 말을 어떻게 믿을 수 있는가?

1. 예수의 부활을 믿기 어려운가요? 그렇다면(그렇지 않다면) 그 이유는 무엇인가요?

2. 복음서에 기록된 초자연적 사건들이 예수 그리스를 믿는 데 걸림돌이 되지는 않나요?

3. 기적은 일어날 수 없다고 하는 주장에는 어떤 문제가 있을까요?

4. 복음서의 기록을 전설 같은 이야기로 믿는 데는 어떤 문제가 있을까요?

5. 부활에 대한 그렉의 논증이 설득력이 있다고 생각하시나요? 그 이유는 무엇인가요?

6. 그렉은 '현존하는 평범한 것들 중 처음에는 비범하지 않았던 것이 있는가?'라고 묻습니다. 그가 말하려는 요점은 무엇이며 이에 동의하시나요?

편지 17. 한 인간이 하나님이었다는 것을 어떻게 믿을 수 있는가?

1. 예수의 신성이 부활과 어떤 방식으로 밀접하게 연결되어 있나요?

2. 많은 사람들이 '하나님은 인간이 될 수 없다'고 결론 내리는 이유는 무

엇일까요?

3. 예수는 단지 위대한 인간에 불과하다고 생각하는 데는 어떤 문제들이
   있나요?

4. 하나님이 친히 자신의 본성에 대해 말씀하시도록 해야 한다는 사실을
   깨닫는 것이 왜 중요한가요?

5. 성육신, 삼위일체와 같이 완전히 이해할 수 없는 역설들에 대해 어떻게
   생각하시나요?

6. 지금 이 시점에서, 당신이 예수 그리스도를 믿지 못하게 방해하는 요소
   는 무엇인가요?

편지 18. 하나님은 자신을 믿는 일을 왜 그렇게 어렵게 하는가?

1. 이 편지들을 읽어 오면서 '인지부조화'와 유사한 경험을 한 적이 있나
   요?

2. '직접적인 접근' 방식이 사람들에게 하나님의 실재를 설득하는 데 왜
   효과적이지 않은가요?

3. '직접적인 접근'이 어떻게 사랑을 방해하나요?

4. 하나님은 왜 어떤 이들에게는 그토록 실재하면서 다른 이들에게는 부
   재할 수 있는 걸까요?

5. 모든 논리적 증거를 다 살펴본 후에도 선택을 하기 위해서는 여전히 믿

음이 필요합니다. 이 현실에 대해 어떻게 생각하시나요?

편지 19. 성경이 왜 하나님의 감동으로 기록되었다고 생각하는가?

1. 성경에 기록된 기이한 이야기들이 성경 또는 예수 그리스도에 대한 믿음을 가로막는 장애물이 된 적은 없나요?

2. 그렉은 '예수님이 누구인지에 대한 진위는 따로 떼어 놓고 평가할 수 있다'라고 하면서 성경의 영감은 이와 별개의 부차적인 문제라고 했습니다. 그 이유는 무엇인가요?

3. 구약 성경에 나오는 특이한 내용들이라 해도, 예수 그리스도의 세계관이 구약에 바탕을 두고 있다는 사실을 고려하면 이를 받아들이기가 더 수월해지나요?

4. '성취된 예언'들은 성경의 권위를 입증하는 데 어떻게 도움이 되나요?

편지 20. 성경은 신화와 하나님의 복수로 가득 차 있지 않은가?

1. 이 편지가 성경에 기록된 기이한 이야기들에 대한 당신의 관점에 어떤 영향을 끼치나요?

2. 그렉은 "성경을 진지하게 받아들인다는 것이 그것을 모두 **문자 그대로** 받아들인다는 의미는 아니"라고 했습니다. 그렉의 견해에 동의하시나요, 반대하시나요? 그 이유는 무엇인가요?

3. 구약에 기록된 하나님의 복수(심판)가 하나님의 본성에 대해 어떤 의문

을 품게 하나요?

4. 하나님의 복수에 대한 그렉의 설명을 어떻게 생각하시나요? 그 설명이
   적절하다고 보시나요? 그 이유는 무엇인가요?

5. 현대 사회와 고대 세계의 문화 차이가 어떻게 구약 성경의 내용을 오해
   하게 하는 요인으로 작용할까요?

편지 21. 가톨릭교회가 성경을 편집한 것이 아닌가?

1. 그렉에 따르면, 정경을 편찬한 초기 그리스도인들의 상황과 관점이 신
   약 성경의 타당성을 입증하는 데 어떻게 도움이 되나요?

2. 신약 성경의 정경화 과정이 실제로 그 목록의 권위를 어떻게 뒷받침하
   나요?

3. 외경(apocryphal literature)에 대한 그렉의 관점이 성경을 보는 당신의
   견해에 어떤 영향을 끼치나요? (이 질문은 특히 가톨릭 배경을 가진 분들
   에게 관련이 깊습니다.)

4. 가톨릭교회가 우리에게 성경을 준 것이 아니라는 그렉의 주장에 대해
   어떻게 생각하시나요?

편지 22. 성경에 대한 해석은 왜 그렇게 다양한가?

1. 교회의 분열이 하나님 및 기독교를 바라보는 당신의 관점에 어떤 영향
   을 끼치나요?

숙고와 나눔을 위한 질문

2. 교회의 죄성에 대한 고백이 하나님을 다르게 바라볼 수 있도록 어떻게 우리를 자유롭게 하나요?

3. 해석의 차이에 대한 그렉의 설명 중 중요하게 다가온 것은 무엇인가요?

4. 모든 기독교 교회는 "예수 그리스도가 당신을 위해 죽으셨으며, 그분은 믿는 모든 사람들의 주님이며 구세주가 되신다"라는 고백에 동의합니다. 이 선언이 당신에게는 어떤 의미인가요?

편지 23. 다른 종교의 '경전들'은 어떻게 된 것인가?

1. 기독교 외에 다른 종교를 경험해 본 적이 있나요? 그 경험이 당신의 신앙에 어떤 도전이 되었나요?

2. 다른 종교의 경전에 대해 궁금한 점이 있다면 무엇인가요?

3. 기독교 교회의 경전인 성경과 다른 종교의 경전을 비교할 때, 그렉이 제시하는 성경의 권위에 대한 근거는 무엇인가요?

4. 그렉은 성경이 유일하게 영감으로 기록되었다는 사실을 믿는 것이 편협하지 않다고 주장합니다. 그의 견해에 동의하시나요, 반대하시나요? 그 이유는 무엇인가요?

편지 24. 그리스도인이 아닌 사람들은 모두 지옥에 가는가?

1. 전통적인 기독교의 지옥 교리에 대해 어떤 문제점을 느낀 적이 있나요?

2. 성경에 인간의 이성을 초월하는 가르침이 담겨 있음을 인정한다는 것
은 어떤 의미가 있나요?

3. 그렉에 따르면, 인격적으로든 의식적으로든 예수 그리스도를 알지 못
하는 사람도 구원받을 가능성이 있을까요?

4. 이 가르침은 예수 그리스도를 모르는 사람들에 대해 당신이 들었던 내
용과 어떻게 다른가요?

5. 그렉의 견해에 동의하시나요, 반대하시나요? 그 이유는 무엇인가요?

편지 25. 하나님은 사랑이라면서 어떻게 사람들을 영원한 지옥에서 괴롭히는가?

1. 그렉은 자신이 지옥을 완벽히 이해한 적이 없음을 인정하면서도 지옥
의 존재를 믿습니다. 왜 그런가요? 그의 입장이 타당하다고 생각하시나
요? 그 이유는 무엇인가요?

2. 이 편지를 읽기 전 지옥에 대해 어떻게 생각해 왔나요? 성경의 비유에
대한 그렉의 설명이 당신의 생각에 어떤 도전을 제기하나요?

3. 사람들이 스스로 지옥을 '선택'한다는 사실이 하나님을 바라보는 관점
을 어떻게 바꾸나요?

4. 사람들이 스스로를 지옥에 들어가게 한다는 말은 무슨 뜻인가요?

5. 그렉이 제안하는 지옥에 대한 '멸절주의적 관점'에 대해 어떻게 생각하
시나요?

숙고와 나눔을 위한 질문

※ 에드워드는 나중에 그렉에게 자신이 지옥에 대한 멸절주의적 견해를 받아
들였으며, 이것이 결국 그리스도께 나아가는 데 결정적인 계기가 되었다고
말했다.

편지 26. 그리스도인의 삶을 산다는 것은 불가능한 일 아닌가?

1. 그렉은 "우리 힘만으로는 하나님께 이를 수 없습니다. 그렇기 때문에
   우리에게 구세주가 필요한 거죠!"라고 썼습니다. 이에 대해 어떻게 생
   각하시나요?

2. 스스로 의롭다고 생각하는 사람들에게 예수 그리스도가 그들이 행하기
   에 불가능한 기준을 제시하는 목적은 무엇이었나요?

3. 우리가 하나님으로부터 선물로 받아야 할 것은 무엇인가요?

4. 성경에서 율법의 목적은 무엇인가요?

편지 27. 어떻게 다른 사람의 죽음으로 내 죄가 용서받을 수 있는가?

1. 완벽주의와 율법주의는 어떻게 우리를 하나님으로부터 멀어지게 하나
   요?

2. 우리가 하나님 앞과 서로에게 진실하고 정직해야 한다는 그렉의 조언
   에 대해 어떻게 생각하시나요? 이 조언이 당신이 기존에 경험했던 종교
   적 경험과 일치하나요, 상충하나요?

3. 하나님이 직면하신 딜레마는 무엇이었으며, 예수 그리스도가 인간이

되어 십자가에서 죽으신 사건이 어떻게 그 문제를 해결했나요?

4. "하나님의 사랑은 예수님 안에서 그분의 정의를 받아냈습니다"라는 그
렉의 말이 뜻하는 바는 무엇인가요? 이 말이 어떤 질문들을 떠오르게
하나요?

5. 그렉의 답변이 하나님이나 예수 그리스도를 이해하는 데 어떤 영향을
끼치나요?

편지 28. 어떻게 내가 거룩하면서 동시에 죄성을 지닐 수 있는가?

1. '우리가 거룩하면서 동시에 죄인일 수 있다'는 그렉의 설명이 이해가
되시나요?

2. "안에서부터 바깥으로 재창조"된다는 것은 무엇을 의미하나요?

3. 우리의 '노력'은 하나님의 거룩하심을 드러내는 데 왜 효과가 없는 걸
까요?

편지 29. 이 모든 것이 사실이라고 어떻게 확신할 수 있는가?

1. 자신 또는 주변 사람들 가운데 에드워드처럼 '믿고 싶지만 믿기 어려운
상황'에 처한 사람이 있나요? 그런 상황에서 어떻게 하시나요? 이 편지
글에 비추어 앞으로 어떻게 다르게 대처할 수 있을까요?

2. 어떤 믿음을 가지려면 왜 '믿음의 도약'(a leap of faith)이 필요할까요?

3. 누군가가 너무 많은 증거를 요구함으로 결국에는 믿지 않기로 선택할
   가능성도 있을까요?

4. '파스칼의 내기'(Pascal's Wager)에 대해 어떻게 생각하시나요?

5. 기독교적인 사고와 삶의 방식을 배우기 위해서는 어떤 방법이 있을까
   요?

6. 무신론자 아버지와 신학자 아들 사이에 주고받은 스물아홉 통의 편지
   가 당신의 신앙에 어떤 영향을 끼쳤나요?

7. 예수 그리스도께 아직 삶을 맡기지 못하고 있다면, 당신을 주저하게 하
   는 것은 무엇인가요?

무신론자 아버지 vs. 신학자 아들

초판 1쇄 펴낸날 2026년 3월 25일

지은이 그레고리 보이드
옮긴이 정옥배
펴낸이 박종태

책임편집 옥명호
교열 유랑 한수경
일독 이화정
펴낸곳 비전북 | **등록** 2011년 2월 22일 (제2022-00002호)
주소 경기도 파주시 월롱산로 64, 1층 (야동동)
전화 031-907-3927 | **팩스** 031-905-3927
이메일 visionbooks@hanmail.net
페이스북 @visionbooks | **인스타그램** vision_books_
마케팅 강한덕 박상진 박다혜 권희령
관리 정광석 박현석 이용주 고준영 박한성
경영지원 김태영 최영주

공급처 (주)비전북 T.031-907-3927 F.031-905-3927
제작처 예림인쇄

ISBN 979-11-86387-67-2 (03230)

- 비전북은 몽당연필, 바이블하우스, 비전CNF와 함께합니다.
- 잘못된 책은 구입하신 서점에서 바꾸어드립니다.